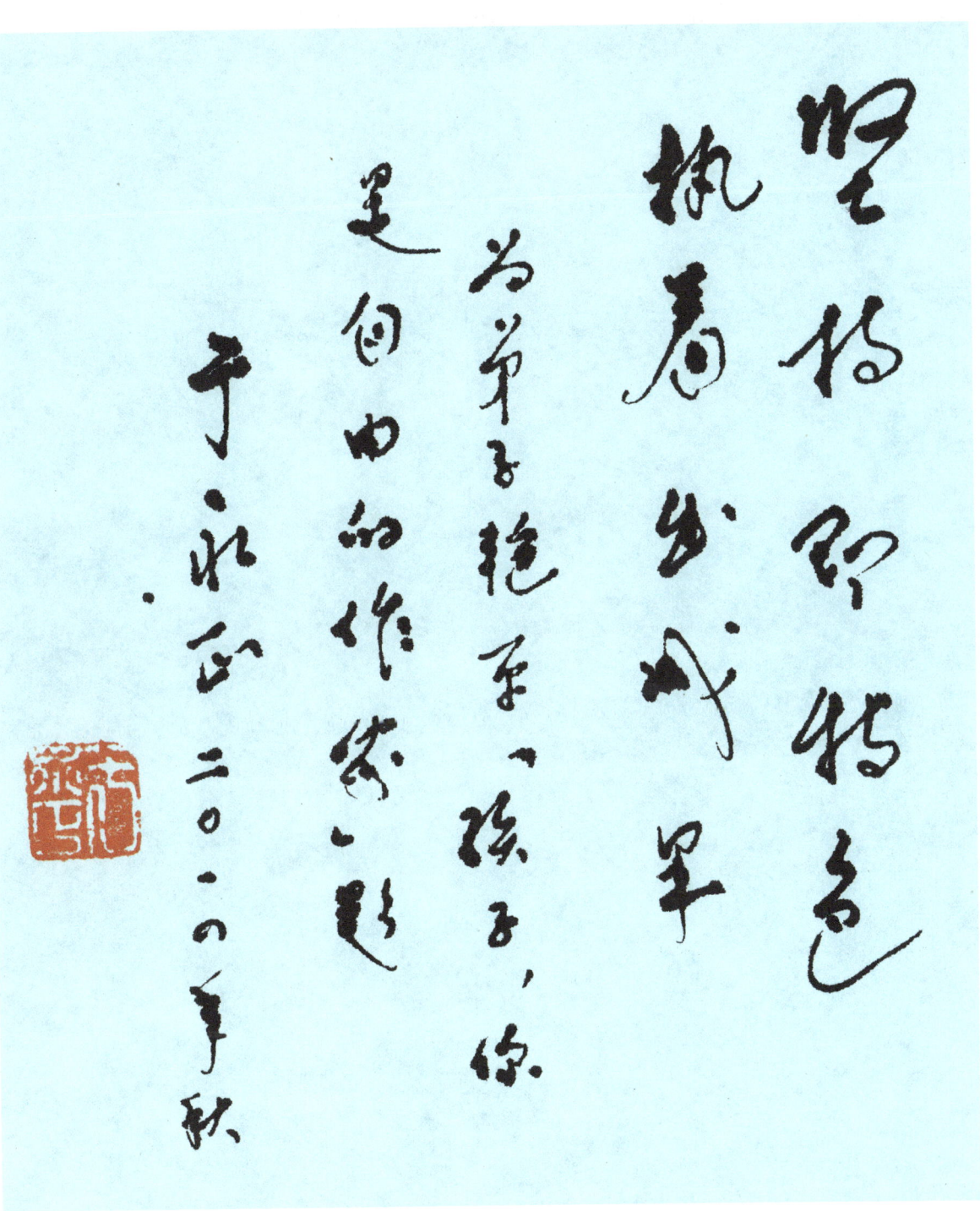

全国著名特级教师于永正为本书题词

晒晒我的小书柜

晒晒我的小书柜

晒晒我的小书柜

爱读书的我们是表扬出来的

每个周末我们都要相约去书城

夏日长廊里的读书课　　　　　　　一套好书比赛读

全班共读刘大铭哥哥的《命运之上》

张老师和刘大铭哥哥合影

我们的跳骚市场

我们都在跳骚市场淘到了宝贝

跳骚市场交换成功

我们自己的小书社

我们班的读书大王岳凌云给全年级学生讲《品味三国》

有模有样的辩论赛

我们最爱表演课本剧

我们班的孝敬老人志愿先锋队

张老师奖给我们的书

"智慧树"上都是我们读过的书

"智慧树"上的一"苹果"　　　　　我的读书记录单

我们的班级作文周报合集

作文的方法是在周报中读来的

每期周报都要评出前五名

每期周报的小作者都要合影

循环日记扉页设计比赛

每个假期我们都会编一本自己的作文集

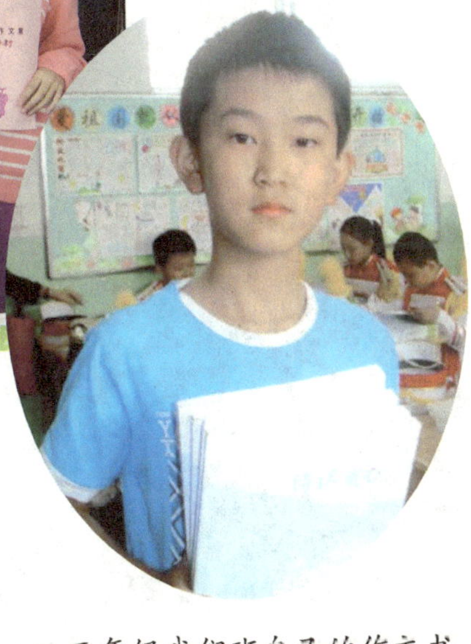

三年级我们班自己的作文书

张老师登门向全国著名特级教师于永正求教

于爷爷给我们上作文课

张老师给我们上作文讲评课

三年级时我们的全家福

六年级毕业时我们的全家福

致敬童言　遇见童年

Hai Zi
孩子
你是自由的作家

NI SHI ZIYOU
DE ZUOJIA

张艳平　/　编著

飞天出版传媒集团
甘肃文化出版社

图书在版编目（CIP）数据

孩子，你是自由的作家/张艳平编著．——兰州：甘肃文化出版社，2014.12（2024.1重印）
ISBN 978-7-5490-0777-6

Ⅰ.①孩… Ⅱ.①张… Ⅲ.①作文课—小学—教学参考资料 Ⅳ.①G624.243

中国版本图书馆CIP数据核字（2014）第289956号

孩子，你是自由的作家
张艳平｜编著

责任编辑｜李　园
封面设计｜马吉庆

出版发行｜甘肃文化出版社
网　　址｜http://www.gswenhua.cn
投稿邮箱｜press@gswenhua.cn
地　　址｜兰州市城关区南滨河东路520号　730000（邮编）
营销中心｜王　俊　贾　莉
电　　话｜0931-8454870　8430531（传真）

印　　刷｜三河市天润建兴印务有限公司
开　　本｜787毫米×1092毫米　1/16
字　　数｜350千
印　　张｜22.25
版　　次｜2016年4月第1版
印　　次｜2024年1月第4次印刷
书　　号｜ISBN 978-7-5490-0777-6
定　　价｜38.00元

版权所有　违者必究（举报电话：0931-8454870）
（图书如出现印装质量问题，请与我们联系）

序言

守护语言的根

童年的记忆中有一样东西会越来越年轻,那就是对母语的感觉。

从呀呀学语到个个成为语言的高手,张艳平老师六年多的心血终于有了回报。有的孩子读了数百万字的精品名著,有的孩子写下了数十万字的读书心得,有的孩子成为演讲高手,有的孩子成为某本著作的研究行家。本书就是一位有爱心、有智慧的老师和她六十多个孩子们共同的作品,它承载着成长的历程,一个个令人难忘的生活照面,一幅幅美丽如斯的记忆图景,一次次有趣的童年糗事。

与其说这是孩子们的作文汇编,不如说是孩子们的心灵集锦。在这里,我们目睹了每一位孩子从稚嫩的声语到自信书写的全过程,目睹了心灵发芽、绽露心景的过程,目睹了中文的小种子在他们小小的心园里播撒、生根并发芽的全过程。从对文字本能的惧怕到轻松的驾驭,再到获得喜爱的感情,我们分明看到,有的孩子已经与他们的母语须臾不可分离。

大量阅读,不急于练笔,培养语感,熟悉语言的气息,这是张老师给孩子们定下的总体培养方案。孩子们在二三年级的时候,就开始接触许多文字材料。掌握文字最好的办法是运用文字,许多同龄的孩子还在重复识字拼音,张老师已经带领孩子们向文字的山峰攀登了。

为了不让孩子们感到枯燥无味,张老师鼓励孩子们刚开始读一些妙趣横生的读物,尤其是故事情节引人入胜的文学作品。我记得女儿在读到张老师推荐的一些读物时真可谓废寝忘食,一边读一边咯咯笑个不停。

话听多了，就知道怎么说话；书读多了，就知道如何写书。果然，不少二三年级的孩子就萌发了写作的欲望。张老师顺势引导，不要求多写，也不求写得多好，只是要求孩子们多动笔，多读多写，写什么都行。我所知道的是，大多数孩子很快克服了对动笔的本能恐惧，马上投入到兴趣盎然的写作中了。

　　学习一半靠兴趣，一半靠训练，不是所有的学习一开始就充满乐趣。为了把写作从被动走向自愿，不久之后张老师要求孩子们开始写日记，每天一记，不管什么内容。女儿有时候实在没的写了，就过来逗我说话，甚至故意挑衅我，等我声音开始高起来的时候，女儿就得意洋洋地说日记有素材了，然后就高高兴兴地写自己的作文去了。

　　三四年级的孩子心灵中还没有秘密，身边发生了小事，什么挤公交、挨批评、得了几次表扬，甚至和同学打嘴架，都会变成写作素材。但写着写着，日记就不用张老师批阅了，他们都各自拥有了自己的小秘密。女儿嚷着让爸爸妈妈买一本有小锁子的日记本，为的是防范我们发现什么秘密。

　　为了给孩子们一个表达自己的机会，张老师创办了富有特色的班级周报，每期刊登那些用了心的作品。优秀的作品一般都是用了心的作品，反之则不然。张老师把一些未必优秀但有进步、用了心的作品照样刊登在周报上。在我看来，母亲无弃儿，优秀的师者眼里没有不可教的学生。有的作文在内容语言上都很稚嫩，但仍获得了张老师的赞赏。有的同学和家长难免疑惑，但不久后他们就疑云全消，因为受到鼓励的那些孩子进步神速，不久后文字靓丽起来。同样，面对优秀的孩子，张老师给出了更有挑战性的目标，让他们知道山外有山、楼外有楼，打消孩子们的骄傲自满情绪。鼓励先进，又让每一位孩子都获得应有的进步，这需要智慧，也需要爱心。

　　五六年级的时候，在张老师的要求下，许多孩子的阅读已经上升为阅读名作名著，国外国内的、古代现代的，那些靠故事情节吸引人的书籍慢慢淡了，有独特文字魅力和深刻内涵的作品慢慢进入孩子们的视野。写作不再仅仅满足于记下身边事，而是要通过事情发现生活的秘密。不仅要写景,而且要写出景色之美,美在哪里。张老师要求家长尽可能多带孩子去旅游,去增长见识,让孩子行万里路。同时,努力促发孩子们学会评价,对美丑的评价,对高下的评价,对一些事情意义的评价。作文不再是由张老师一个人来批改,张老师把教师的角色让给孩子,让同学们自己修改打分,关键是做出恰如其分的评价。表面的师生角色易位,实际上张老师隐身在后,掌控着孩子们努力的动向。

由此,我们逐渐看到了一名对母语充满感情与智慧的老师,她对培养孩子们有着清晰而系统的方法,看到了由浅入深的循循善诱,也看到了一名师者的耐心和爱心。

在一个功利主义泛滥的时代,张老师不是一名为了奖金和个人职位牟利的教师,她看重孩子们能力的提高远远超过对考试成绩的重视。在她的眼里,没有不会学习的孩子,只有是否用心的师者。由于个体差异,有的孩子刚开始的时候难免惧怕文字,作文三言两语,几乎无话可说。慢慢的,阅读量大了,训练充分了,孩子们的写作欲望也随之大大增强。有的孩子的作文竟然可以达到两万字,远远超过了其所处的年级阶段。全国著名特级教师于永正旁听了张老师班级孩子们朗诵的作文后,感慨说这已经达到或超过初中生的水平了,我相信这是一句发自内心的赞叹。

智慧的一半来自天赋,一半来自后天的修行,这修行的内容是责任、爱心与耐心。如果张老师看重成绩,呈现在这本书中的作文就会黯然失色。许多孩子刚开始的作文笨笨的、傻傻的,但仍然得到了张老师由衷的鼓励,这些孩子因此而保持了对语言的信心。或者,从更加严格的意义上说,这些孩子由此获得了对母语的信心。

在一个全民学外语的时代,守护汉语言的人越来越少,这不但关乎一种母语情感与能力的问题,更关乎一种文化自信心的问题。正是由于这个意义,张艳平老师的工作才显得更为意义非凡。本书是她和她的孩子们共同呈送给世人的礼物。孩子们在中文的世界里,刚开始时脚步歪歪扭扭,到毕业离开兰州实验小学的时候,俨然已经走稳了语言的脚步。这本书所展示的是一个个已然俊秀而又充满元气的作品,不同的孩子有不同的风格,每一篇都有自己的精彩。同时,这本书实际上是一个四维的作品集,它以时空的结构再现了孩子们如何从懵懂的学语逐渐成长为一个个握笔的小英雄。它不仅是静态的展示,更是动态的吐露,母语在此落下种子、生根发芽。我们看到的不仅仅是语言的百花园里春意盎然和一个个小故事、小酷评的宣示,更是一名辛勤的园丁用爱心和智慧多年劳作的过程。有心人不仅会获得品赏作品的快意,更应在意见证语言之种生根发芽的过程,从而获得一种具有价值的启示。

  孩子们必将长大,这些作文是他们曾经精彩童年的珍贵记忆,也是他们维系深厚友谊的集体智慧的合影,更是他们走向未来更加广阔天地的重要献礼。有的孩子笔锋已经犀利有加,语言中有超过他们年龄段的老辣,也有的孩子稚气未脱,有着满不在乎的天真。这都是力量,都是他们开启未来世界的基准线。假以时日,相信这些孩子们中间会出现真正的握笔英雄。

  张老师说她会继续关注这些孩子,因为她把心交付给了孩子们。深蒙关爱的孩子们是何其幸运,甚至,我们这些各自忙碌的家长忍不住暗自庆幸,庆幸自己的孩子在长达六年的时光里有这么一位如慈母般的心灵呵护者。春雷初绽,秋实尚远,捧起这本书,孩子们的笑脸已定格在记忆中。成长抑或老去,杰出抑或平淡,都将在岁月的长河中找到自己的位置,那是孩子、老师和一个个翘首企盼的家长共同的世界,而每一位生灵的感恩都已经融汇其中。

甘肃省委党校哲学教研部副主任

《龙》杂志副主编

甘肃中国传统文化研究会秘书长

成兆文

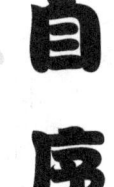

自序

笔尖上的微笑

2014年年初,想到还有几个月,相处了六年的孩子们就要毕业了;想到这六年里,我已经把自己的生命融入到他们的成长中,我的生命也因有他们而变得丰富充实,心里竟时时涌起莫名的感伤。忽然有了一种冲动,出一本书吧,用文字记录六年来我和孩子们一起读书、写作的故事,一来给即将毕业的孩子们一份记忆童年的礼物,二来用我们真实的生活经历告诉那些为作文苦恼的孩子和家长们:作文其实是甜的。写作文有快乐,更有惊喜。

就这样,有了这本书。

作为一名园丁,面对一片花园,我只不过浇了一点水,却收到了意外的惊喜:64位学生六年来传给我的作文稿件达150万字,我们编辑《班级作文周报》108期,130万字左右。三年级时,班里就有五位同学两周之内完成习作一万多字,我以他们的名字分别命名编辑了五期《班级作文周报》。三年级结束,我们有了自己的班级作文集《诗话童心》(7.8万字)。六年级,雒修国、郭泽雄同学分别在一个月内完成五万字左右的《我眼中的二战》。每个假期,孩子们都有自己的作文集欣然问世……最重要的是,孩子们以读书为乐,以习作为趣,每个人都是自由的小作家。2012年9月22日,著名特级教师于永正老师在我们班上完作文课后这样说:"我这节课,在全国很多城市上过,没有哪个班级的孩子作文能写这么好!"得到于老师的肯定,不论对我,还是对孩子们,都是一种莫大的鼓舞。

本书用老师的叙述和学生的习作真实地再现了我和甘肃省兰州实验小学2008级4班64个孩子读书、习作的全过程。从"没有什么比爱上阅读更重要"开始，到"作文如何短变长""作文如何长变短"……每一个作文的小秘诀都是我和孩子们在实践中摸索总结出来的。它们来自孩子，又在更多孩子的习作中得到验证。孩子们不怕作文，喜欢作文，在我看来，一是他们都真正爱上了阅读，二是我通过用好语文书、上好习作课、办好作文报，帮他们打开了作文和生活、作文和阅读、作文和口语表达的通道。他们自由吸收，自由表达。知道了写作文就是写生活，写作文就是用笔说话，不用虚情假意，无需矫揉造作，更非好词佳句的堆砌，作文就是真情在笔尖的自然流淌，是开在笔尖最真最美的花。这本书和其他作文书最大的不同在于它不是一本传统意义上的优秀作文集，它是全班孩子童年生活的真实记录，是他们成长的足迹。一本书，64位作者，一个都不少！我的64位学生个个是作者，人人有作品，这是令我倍感欣慰的事。读着孩子们的习作，尤其是他们对自己、对同学习作的评价，幸福之感油然而生。在108期班级作文周报的投稿、读报、评报活动中，他们不仅学会了表达，更懂得了鉴别与欣赏。每篇习作之后的"小作者的话""同学的话"就是他们综合评价能力的最好见证。

现在，《孩子，你是自由的作家》在甘肃省兰州实验小学2008级4班同学、家长、朋友以及编辑的共同努力下，竟如愿以偿将要出版了，看着孩子们的文字终于盛装出场，想象着他们看到自己的文章印成铅字、正式出版时的惊喜，我真是百感交集，心中充满了感谢、感动！

回首凝望，我和孩子们走过了一条弥漫着书香，流淌着快乐的幸福之路。这本小小的集子，是全班64位同学一路走来留下的脚印。作为他们的语文老师，通过这种微不足道的努力，不仅让他们，也让我看见了孩子们未来的无限可能性。能够让他们体验到收获的喜悦，帮助他们更上一层楼，这是一种莫大的幸福，属于教师的幸福。

我相信，世界上没有白用的功。我庆幸自己的职业是一名语文老师，能长久地和孩子们一起漫步在博大精深、馨香馥郁的语文世界里；我更庆幸自己能够用涌动的激情唤醒鲜活的童心，用自己对语文教学的热爱，用赠人玫瑰、留有余香的手，和他们一起采摘一朵朵开在笔尖的、微笑的花。

此刻，我，一名小学语文老师，除了善待孩子，感谢孩子，珍惜与孩子在一起的岁岁年年、时时刻刻，还能为孩子们做些什么呢？

以此为勉。

张艳平
2014年6月
于兰州

目录 CONTENTS

阅读 习作的肥沃土壤

没有什么比爱上阅读更重要 / 003

    我是个"多面体"　　顾苗玉 / 005

    我们班就是一个江湖　　唐 金 / 007

做播撒幸福种子的妈妈 / 009

    装在口袋里的儿子　　刘钧宇 / 011

    山的味道　　郝彦博 / 012

让孩子遇到合适的书 / 014

    借书的快乐　　邵子安 / 016

    读《绿山墙的安妮》有感　　谈弈扬 / 017

"可恶"的好词好句 / 020

    剪寒衣　　成济同 / 021

    迟到的母亲节礼物　　张永辉 / 023

    我的"闹钟"　　岳婉臻 / 025

爱读书的孩子是表扬出来的 / 027

    写书大 PK　　程雨晴 / 028

    我的幸福你来猜　　郝彦博 / 030

目录 CONTENTS

全班共读一本书 / 032

　　一本好书惹的祸　　袁铎 / 033
　　挣脱命运的镣铐——读《命运之上》有感　　徐杨梦菲 / 034

我们班的读书故事 / 036

　　那一刻,我真自豪　　岳凌云 / 039
　　读书真好　　何维彤 / 042

作文秘籍一——课文学习 / 044

　　麻雀的葬礼　　刘觐瑜 / 045
　　三只小乌龟　　师浩琨 / 047
　　挤公交的酸甜苦辣　　成济同 / 051
　　泪水过去式　　师浩琨 / 054
　　菊花开了,我长大了　　师浩琨 / 056
　　难忘的一件事　　刘觐瑜 / 060
　　乡下生活　　郭泽雄 / 062
　　第一次下海游泳　　魏烨熔 / 065

作文秘籍二——名家名篇 / 067

　　女生怕虫子　　岳凌云 / 068
　　我怕虫子　　黄诗迪 / 070
　　我怕青虫　　傅莉安 / 071
　　我长出了"大胡子"　　张永辉 / 074
　　我闯祸了　　张永辉 / 075
　　我的哥哥　　刘觐瑜 / 077
　　"爸,电话!"　　雒修国 / 080

目录 CONTENTS

作文秘籍三 ——同学习作 / 082

"九好"同学师浩琨　　顾苗玉 / 085
"将军肚"陈教练　　王雪骄 / 087
多彩的老顾　　雒修国 / 089
有趣的"狗肉"　　岳凌云 / 092
没有火的火锅　　高若森 / 094
有一天,父母老了　　黄诗迪 / 096
发黄的旧照片　　王颢璇 / 098

方法　习作的金钥匙

真实最重要 / 103

心中有"鬼"的老妈　　郑直 / 105
太太,您好吗　　马纪星 / 107
我与骆驼的亲密接触　　高若森 / 108
我战胜了馋虫　　郭泽雄 / 110

敢写更重要 / 112

斯亮的鼻涕　　傅莉安 / 113
可怜的顾苗玉　　何稼仪 / 115
爸爸减肥记　　郭锦文 / 117

围绕中心写 / 119

小动物的"天敌"　　斯亮 / 120
调皮的顾苗玉　　郭锦文 / 122

003

目录 CONTENTS

  了不起的奶奶 程雨晴 / 123

作文如何短变长 / 125

  我的"猫头鹰"爸爸 成济同 / 127
  爸爸这个人 成济同 / 128
  知心英雄 成济同 / 132

作文还需长变短 / 134

  倒霉的俞江瑞 许子晗 / 136
  倒霉的星期一 俞江瑞 / 138
  我的爸爸 唐 金 / 141

有趣的标点 / 144

  我的奶奶 徐杨梦菲 / 146
  去许子晗家做客 田芸睿 / 148
  "蛛"海 杨沐田 / 150

作文如何不"生病" / 152

  难忘的毛老师 许子晗 / 153
  第一次坐"跳楼机" 郑 直 / 155

话题作文有窍门 / 157

  照片墙 幸福墙 胡立傲 / 158
  采访幸福 甘梓辰 / 160
  孤寡老人幸福花 顾苗玉 / 163
  书的"七十二变" 徐杨梦菲 / 165

目录 CONTENTS

我的作文教学口头禅 / 167

  写作儿歌 程馨文 / 170
  我们班的"开心果" 唐 金 / 171

展示胜于批阅 / 172

  抢报风波 岳凌云 / 174
  文字"大餐" 雒修国 / 176

讲评高于指导 / 178

  漫步瑞士 黄诗迪 / 182
  五读《漫步瑞士》 郑 直 / 185

家长不要帮倒忙 / 187

  我是小小"乌鸦嘴" 何维彤 / 189
  自己挣钱买仓鼠 甘梓辰 / 190

家长能够做什么 / 192

  我家的小乌龟 徐杨梦菲 / 194
  课间"新闻联播" 刘钧宇 / 195
  奶奶家的虎虎 芮 雪 / 197

生活　习作的源头活水

身边人，多留心 / 201

  我们班的"三大活宝" 张津宁 / 202
  那双手 傅莉安 / 204

奶奶的手　　吴骥贤 / 205
给天堂奶奶的一封信　　周嘉欣 / 207

动物虽小素材好 / 209

小猫　　王蘅越 / 210
小兔团团　　郑　直 / 212
我的小仓鼠　　刘钧宇 / 216
喵喵记　　安　远 / 219
生命的祝愿　　李海诚 / 221

兴趣特长好素材 / 223

围棋，我　　王　义 / 224
精彩的篮球比赛　　史宇轩 / 225
我爱朗诵　　田芸睿 / 227
我与汉字共成长　　胡立傲 / 229

读书思考超难得 / 232

假如时间可以倒流　　傅莉安 / 233
一本书的启示　　魏镜如 / 235
贝影远去，贝影永恒
　　——读《贝影：大卫·贝克汉姆传》有感　　岳凌云 / 237
浴火重生
　　——读《科比·布莱恩特自传》　　王鸿森 / 240
听《幸福人生》有感　　张　杰 / 243

奇思妙想真有趣 / 245

奇怪的梦　　傅莉安 / 245

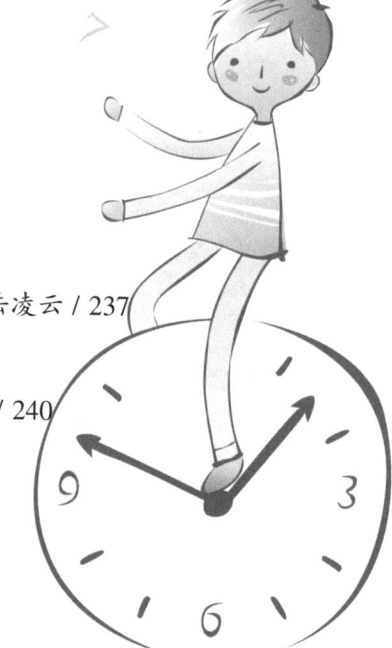

零食王国历险记　　　成济同 / 247

多彩的梦　　　徐杨梦菲 / 248

我想……　　　岳婉臻 / 251

恐龙之战　　　徐小龙 / 253

我想成为一名特种兵　　　赵昱博 / 255

我梦想成为一名……　　　师浩琨 / 257

童年生活趣事多 / 259

藏虾记　　　郭亭岩 / 260

牙齿"美容工程"　　　岳婉臻 / 262

搞不清的辈分　　　吕　田 / 264

难忘那场课本剧　　　王蔺越 / 266

鸟叔风波　　　程雨晴 / 268

"跳蚤"真好　　　岳凌云 / 270

苦涩的跳蚤市场　　　郝　晨 / 273

给张老帅过生日　　　马丽娅 / 275

我快乐，我成长　　　吴浩冉 / 277

蓦然回首，往事如烟　　　岳婉臻 / 279

花香弥漫，依依惜别　　　殷铷垚 / 282

特殊日子有故事 / 284

老家的除夕　　　吕　田 / 285

悲喜交加的"六一"节　　　张永辉 / 287

特别的生日　　　王熙君 / 289

爸爸的生日　　　白　璟 / 291

生活处处是美景 / 293

　　难忘天水　　　　王蘅越 / 295
　　老楼　　谈弈扬 / 298
　　教学楼后的那片地　　雒修国 / 300
　　小院的四季　　岳婉臻 / 303
　　敦煌游　　程馨文 / 305
　　三亚游记　　陶嘉明 / 308
　　游云南石林　　岳凌云 / 310
　　药水峡探险记　　张津宁 / 312
　　神奇张家界　　郝彦博 / 315
　　武夷山之游　　王颢璇 / 318
　　南京长江大桥　　李岩洮 / 321
　　我爱新疆　　于佳瑞 / 322

放眼社会素材多 / 325

　　"囧"途　　郭亭岩 / 326
　　砸，还是不砸　　郑　直 / 328
　　怎么办　　徐杨梦菲 / 330
　　扶，还是不扶　　岳凌云 / 332
　　兰州国际马拉松　　冉熙瑜 / 335

后记 / 337

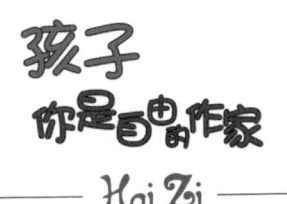

阅读 习作的肥沃土壤

没有什么比爱上阅读更重要

你从父母那里学会了哭,学会了笑,学会了怎样走路,当你打开一本书时,你发现自己长了翅膀。

——(美)奥斯卡影后 海伦·海斯

这是我最喜欢的读书名言,喜欢它的清浅和深邃。

和孩子打交道这么多年,我越来越强烈地认识到,对于小学生来说,没有什么比爱上阅读更重要。一个不读书的人,他的生命只有一次,除了他自己所经历的,他不知道还有别的;而一个博览群书的人,他的生命体验就成百上千倍地增加了。

前苏联著名儿童文学家谢尔盖·米哈尔科夫在他的散文集《一切从童年开始》里讲到,无论孩子的家庭生活和学校生活多么有趣,如果不去阅读一些美好、有趣和珍贵的书,就像被夺去了童年最可贵的财富一样,其损失将是不可弥补的。他说,有些书,一个人如果不在童年时读到它们,不曾在童年时代为它们动过真情、流过眼泪,那么这个人的本性和他整个的精神成长,就可能有所欠缺,甚至"将是愚昧和不文明的"。

阅读是孩子成长的"精神面包"。遗憾的是,我国的阅读现状令人担忧。多年前,当我从杂志上看到犹太人的年平均读书量为 64 本/人,而中国人每年仅为4.5本/人时,作为一名语文老师,我很痛心,也很惭愧,自然地想起犹太人让孩子爱上书的故事:为了让孩子喜欢读书,犹太人在孩子很小的时候,就把蜜糖水洒在《圣经》上,然后让孩子用小手翻书。孩子不经意间把小手放进嘴里,会感到书上的甜味,在他幼小的心灵里对书本留下美好的印象:书是甜的!

我们的语文教育,很多时候还是素质教育面纱下的应试教育。不少地方、不少教师仍然把语文学习窄化为一本本语文书、一张张呆板的试卷、一道道机械的阅读题,把优秀的标准仅仅定为100分。100分,对语文而言,不是要求高了,而是低了。成绩赢得一时,读书赢得一世。只会读语文书的孩子很难写出灵动的文字,感受到文字的美妙。当下小学生作文困难的一个主要原因就是读书少,甚至不读书。肚子里没有"货",提起笔来自然无话可说。这让我想起一个古代的故事:一个秀才在家写文章,想了半天写不出一个字。妻子嘲笑他:"你写文章怎么比我们女人生孩子还难呢?"秀才说:"你们女人生孩子是肚子里有,我肚里没有,如何不难?"静下来想想,秀才说的倒也有一些道理。女人怀胎十月,自然分娩,不算难事,写文章则不同,没积累、没内容,的确是难。

"腹有诗书气自华"的语文教学就是通过读书,帮孩子们突破这一难题。

2008年8月至2014年6月,我和64个孩子一起走过六年美好的阅读时光。六年时间,让我亲眼见证了书如何丰盈了一个个稚嫩的生命,知道了如何才能让他们爱上文字、爱上表达,让作文变成快乐的游戏。

我是个"多面体"

◆ 顾苗玉(三年级)

妈妈说我是个"多面体",为什么呢？

大馋猫

每天放学,我的口袋里总会冒出五角钱。我就到小卖部买可乐牛排之类的东西吃。虽然学校不让吃这些"三无"食品,但我总是管不住自己。同学对我说:"老顾,这些东西不干净,吃什么吃呀？"我却说:"不干不净,吃了没病。"唉,我真是个无可救药的大馋猫。

作文狂人

每次作文课,张老师让我们写作文,我总是比别人完成得快。上学期老师要求我们每天写日记,有的同学感到困难,可我每天中午放学时就跑到老师面前央求:"张老师,日记批完了吗？我想拿本子中午再写一篇。"回到家,我宁愿不吃饭,也要写出一篇日记来。这还不算什么,有一次上作文课的时候,张老师让我们写一篇自由作文,我写了十页,最后连纸都没有了。上次期末考试,答完前面的题后,就剩下作文了。我心想:大展身手的时候到了。于是我唰唰唰,转眼就写了五行。我一鼓作气在作文纸上写了一千多字,还不

罢休,最后连监考老师都佩服我了。真是读书破万卷,下笔如有神呀!

小书呆子

"阅读是写作的基础,写作是阅读的提升。"(呵呵,深奥吧?书上看来的。)从一年级开始,我就和书结下了深厚的友谊。二年级以后,每个假期我都能读一百本左右的好书,要说字数,有七八百万呢。可每次老师统计,妈妈都让我少写一些,说要谦虚。我心想,凭啥呀?前几天,岳凌云给我借了本《二战风云》,我坐上公交车后一直看,入迷了,最后下车都错过了站。等我发现时,已经晚了。

你们说,我是不是个"多面体"?

老师的话

顾苗玉是班里最早痴迷读书的孩子之一。写作文对他来说是最容易、最快乐、最得意的事。他知道作文就是怎么做怎么写,怎么说怎么写,怎么想怎么写。清晰的小版块、率真的儿童化语言,让他的这篇小习作一下子就成了大家学习的范文。

我们班就是一个江湖

◆ 唐　金(五年级)

我们班就是一个江湖。在这江湖上，人人都有各自的才艺。

岳凌云，我们的老班长之一，一听这名字就觉得霸气外漏。他在我们班是一个各方面都突出的好学生，也是学校光荣的大队委之一。他把各种版本的《三国演义》都读过了，是我们实验小学小讲坛第一人，他讲的《品味三国》让许多男生疯狂。这学期我们的课文《草船借箭》就是他讲的，讲完教室里响起雷鸣般的掌声，连张老师都说自愧不如。他唯一的缺点就是喜欢说粗话。

郑直，老班长之二。为人就像他的名字，很正直。在军事和政治方面有自己独到的见解，他的作文总是真实感人，他写的《小兔团团》成了我们永远的记忆。老师讲评这篇作文时，我的心里也酸酸的，还有同学流泪了呢。郑直唯一的缺点是喜欢挖鼻孔。

师浩琨，人称"师胖胖"，很是高大，口才奇好。不管是上课发言、下课讨论、还是演讲比赛，他都发挥得淋漓尽致。自从学了相声《打电话》这篇课文后，我们才知道他还是个相声爱好者。他和顾苗玉表演的相声《阴阳五行》《北京话》给我们带来很多欢乐。因为表演惟妙惟肖，他俩还在学校"实小小讲坛"上大展风采呢。说到流行歌曲，他更是行家里手。

傅莉安，班上的"小批判家"，善于说出自己最真实的想法，也是发言高手和古筝高手，她还在我们班开过古筝独奏音乐会呢！

谈弈扬、郝彦博——这学期的新班长。一个是"书法家"，一个是"数学家"，做事认真负责，对同学们也很亲切。

雒修国、郭泽雄、王泓森，三个"蜘蛛兄弟"是我们班的"小法布尔"，对昆虫的知识很有了解，还在班上开过两次关于蜘蛛的讲座呢。还有二战专

家俞江瑞、航模专家张永辉、奥数奇才何维彤、灌篮高手王泓森、运动健将于佳瑞、舞蹈明星周嘉欣、思想家斯亮……五年级四班简直就是一个高手如云的江湖！

这个江湖里，竞争十分激烈，每个人都卖力地发挥自己的特长，汲取别人的优点，占据自己的一席之地。因为江湖上有一位"武功"高强的师傅——张老师在适时点拨，所以，这个江湖也是一个团结的集体。

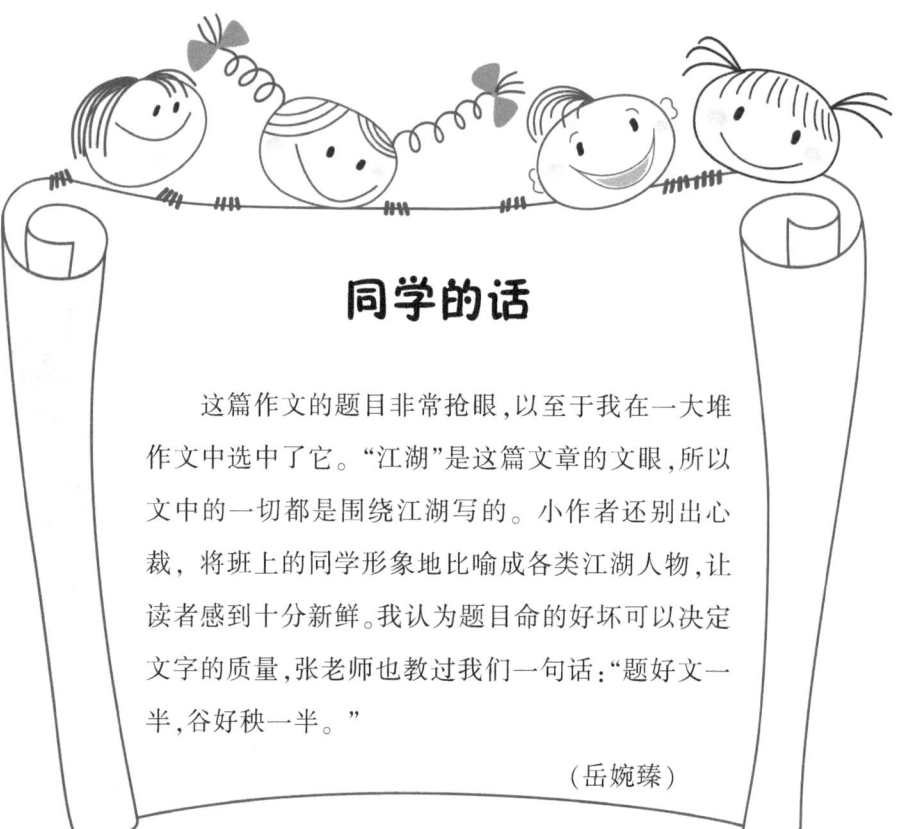

同学的话

这篇作文的题目非常抢眼，以至于我在一大堆作文中选中了它。"江湖"是这篇文章的文眼，所以文中的一切都是围绕江湖写的。小作者还别出心裁，将班上的同学形象地比喻成各类江湖人物，让读者感到十分新鲜。我认为题目命的好坏可以决定文字的质量，张老师也教过我们一句话："题好文一半，谷好秧一半。"

（岳婉臻）

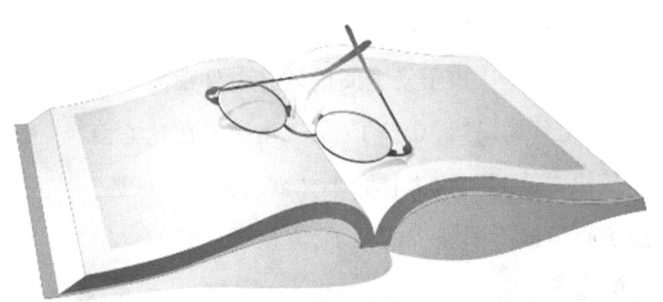

做播撒幸福种子的妈妈

不要奇怪为什么把这个主题放在如此重要的位置。多年的一线教学让我看到家庭,尤其是母亲对孩子成长的深远影响!难怪著名母亲教育研究专家王东华在他的力作《发现母亲》扉页写下这样一句话——推动世界向前发展的手是摇摇篮的手!

母亲在孩子成长的道路上有许多重任,而在孩子童年时做一位播撒阅读种子的妈妈尤为重要。

"你或许拥有无限的财富,一箱箱的珠宝与一柜柜的黄金。但你永远不会比我富有——我有一位读书给我听的妈妈。"这是《朗读手册》作者吉姆·崔利斯说的一句话。对低年级同学而言,亲子阅读是最重要,也是最容易让孩子和书建立美好感情的方式。

如果家长能经常为孩子朗读,坚持亲子共读,不仅能使孩子在语言、智力方面得到更好的培养,更重要的是,能使孩子在情感和心理上得到健全发展。因为朗读可以使孩子增强自信心,促进他们的表达、交际以及对环境的适应能力。

对孩子来说,有些书,有些故事,童年时读到了、听到了,也就是永远地读到了、听到了;相反,童年时错过了、省略了,也可能是永远地错过和省略了。它们可能会成为一个人终生的缺失和遗憾。从学作文的角度来

看，我真的认为作文是"读"出来的，不是"教"出来的。

　　学校阅读和亲子共读紧密配合，让孩子爱上阅读就是一件很简单的事了。在我们班里，很多家长，尤其是妈妈，在孩子一、二年级时在这方面做了不少工作。他们和孩子从绘本读起，从《大林和小林》《乌丢丢的奇遇》《洋葱头历险记》读起，在孩子心里播下了幸福的种子，为孩子后期的自主阅读、自主作文打下了坚实的基础。

装在口袋里的儿子

◆ 刘钧宇(三年级)

最近我和妈妈一直在读《装在口袋里的爸爸》这套书。有一天,我忽然受到启发,也想写一本书,就叫《装在口袋里的儿子》。

这本书的内容是:妈妈每骂一次或者打一次儿子,儿子都会变小一厘米。日积月累,儿子越变越小,最后只有大拇指那么大了。儿子变小以后,妈妈打不着儿子的屁股。儿子可以天天待在妈妈的衣服口袋里,跟着妈妈一会儿去单位,一会儿去开会,一会儿去旅游,非常开心。但是生活、学习却一点儿也不方便了。如,笔太重,拿笔就像抱一根1吨重的铁管;上课看不见,被同学捉弄,不能上操等。生活上的问题也不少:被人踩,因为步子太小老迟到,不能玩电脑,被老鼠偷袭等。儿子想了很多办法解决这些问题:上课踩着梯子看黑板,拿着望远镜看前面没有人时再走,自己开着遥控车去上学……

可是还有更倒霉的事。一天,儿子趴在书上津津有味地读着。突然,手一松,书向儿子扣来,"啪"地一下子就把他压扁了。妈妈过来说:"咦?人呢?"打开书一看,一个人肉饼子!

变小真不好!

老师的话

读到这样一篇充满童趣的文字,不论是谁,都会露出微笑。孩子奇妙的想象来自《装在口袋里的爸爸》,来自和谐的亲子阅读,来自读书后的交流,来自对经常出差的妈妈的思念,这就是阅读的力量。并不是每一篇作文都需要老师讲如何开头,如何写具体。阅读中有了感觉,孩子就会愉快地动笔。作文就这么简单,健康的生活、幸福的阅读会给孩子无限的创作灵感。

山的味道

◆ 郝彦博(五年级)

寒假期间,我在榆中县的大山中有幸品尝到了美食"山的味道"——烤土豆。

首先,我们用一个小时征服了一座陡峭的、1500多米高的大山。站在山顶眺望远方,一排排整齐的砖瓦房映入眼帘,远处白色的蔬菜大棚像一个个舒适、宽敞的蒙古包,外面寒风呼啸,大棚里的蔬菜却享受着贵宾的待遇。

我们翻过山头,接着往下走,来到了一座山丘旁。舅舅告诉我,就要在这里挖烤土豆用的炉子。说实话,这建造炉子的工序可不简单。舅舅先用铁锹从山丘的中间铲出一块长方体的土地,在长方体的上面挖一个半径10厘米左右的洞,然后在长方体的前面也挖一个半径10厘米左右的洞,把上面和前面的洞挖通,只留下一个圆环,这样,火炉就大功告成了。接下来,要在上面的圆洞上用小土块垒成一个高三十公分左右的圆锥体。大家可别小瞧了这道工序,这可是个技术含量很高的工程,如果操作不好,圆锥体就会坍塌,就得重新找土块,从头搭起。圆锥体搭好后,土块和土块之间留着数不清的小洞。然后把柴火放进前面的圆洞中,把火点着。起初根本看不到火苗的影子。几分钟后,随着火势的增强,通过小洞可以看见火苗时隐时现,好像在跟你捉迷藏。十几分钟后,熊熊燃烧的火焰改变了土块的颜色。经过火烤,土块脱去了黄色的外套,露出了黑色的衬衫。又过了十几分钟,土块又脱了黑衬衫,露出了红色的身体,经过半个多小时的燃烧,土块都变成了一个个红彤彤的小火球。最后,舅舅用铁锹把燃烧的柴火熄灭,把土豆挨个从炉子的前面扔进去,把烧红的土块压在土豆上面,再用旁边的土把火炉整个埋起来。舅舅告诉大家还要烘烤四十分钟,大家需要耐心等待。

嘀嗒、嘀嗒,时间一分一秒地走过。四十分钟后,令人垂涎的烤土豆终于出炉了。在大家期盼的目光中,舅舅用铁锹铲去埋在土豆上的土。香味立刻扑鼻而来,我的嘴里已满是口水。在大家的欢呼声中,舅舅扒出烤好的土豆,"颁发"到每个人的手中。轻轻剥去褐色的土豆皮,黄灿灿的土豆让人口水直流。大家狼吞虎咽,扫完了二十多个土豆,口中那土豆的香味一直挥之不去。

该下山了,我轻轻挥手,告别山中的一切。坐在车上,那大山的影子由近到远,渐渐消失……不过,那山的味道却弥漫在整个车厢里,令人久久不能忘记。

同学的话

题目"山的味道"一下子就能抓住读者的眼球。如果我没猜错,这个题目一定来自《窗边的小豆豆》。特别佩服你能把书中读到的文字巧妙地和自己的生活结合起来,这个题目真是太妙、太恰当了。还佩服你对炉子工程、土豆变化的细致描写,可见观察仔细。美丽的文字,多彩的描写,简单又朴实,真正打动了我的心,不得不赞一个。

(陶嘉明)

让孩子遇到合适的书

小学生并不明白阅读的重要性,即使知道,也不会因此而爱上读书,他们只会因为书中的内容好玩、有趣才会迷恋其中。千万不要一提读书,就首选三四百字的作文书,或者是四大名著。其实,除了作文书,除了四大名著,除了安徒生、格林兄弟,世界上还有许多专门为孩子写书的作家,只是我们知道的太少。如果我们没有在合适的时间给孩子推荐合适的读物,也不允许孩子自己选择,甚至把作文书、课本以外的读物都称为没用的"杂书",那孩子很可能一生错过阅读,错过无数良师益友,错过他生命以外的精彩世界。

要想让孩子喜欢读书,关键是要为孩子选择合适的读物。许多家长带孩子逛书店,面对琳琅满目的书籍往往无所适从。事实上,不同年龄阶段的孩子,心理特征不同,喜好也不同,即使同一年龄的孩子,他们的阅读兴趣也不尽相同,所选的图书当然也会有所不同。让孩子在合适的年龄遇到合适的读物,是老师和家长的责任。

不论是哪个年级的学生,老师、家长在推荐书目的同时,还应该给他们自由选择的权利。只要是健康的书籍、孩子感兴趣的书籍,都可以阅读。对于学前阅读不多的大部分小学生而言,图大字少、充满幻想的绘本是一年级最好的读物,《爷爷一定有办法》《猜猜我有多爱你》《肚子好饿的毛毛虫》等都是孩子爱上阅读的最好"诱饵"。二年级的孩子，我相信不会有谁不喜欢《大林和小林》，不喜欢《乌丢丢的奇遇》，不喜欢《吹牛大王历险记》，不喜欢《丁丁历险记》。关键是我们怎样让孩子和这些迷人的童书相遇。三年级，如果你介绍孩子认识了瑞典老人林格仑，带他走进《吵闹村的孩子》《长袜子皮皮》《淘气包埃米尔》《疯丫头马迪根》……一路走，一路读，你会发现孩子每天都是快乐的，你每天都是幸福的。始终从孩子的角度出发，尊重孩子的兴趣，给他推荐，让他选择，允许他自由地阅读，这最重要。

学生习作

借书的快乐

◆ 邵子安(三年级)

今天我太高兴了,因为很多同学向我借书。

下课的时候,一大堆人围着我借书,感觉他们都是我的粉丝。有的同学是冲着我的《寄小读者》来的,有的是冲着我的《装在口袋里的爸爸》来的,还有的是冲着《漫画加智慧》来的。他们一窝蜂似地大喊:"借给我!""给我借!"

我说:"一天只能借三个人。"他们又开始叫:"我先借,你再借。""凭什么,我先说的。""我是他同桌。"我的头都被吵大了,生气地喊了一声:"停!"他们一下都闭嘴了。我问:"谁先预定的?"何维彤一脸得意:"我先预定了,岳凌云和郭泽雄也预定了。"我就说:"先借给他们仨。"其他人一听,失望地说:"那好吧。"

上课铃响了,我心里美滋滋的:给别人借书真快乐!

老师的话

小学生的文章之所以被称为"习作",就是因为小学生对文章的内在规律要求还缺乏足够的把握,写起来很稚嫩,属于练习写作文。小作者抓住了"动情点"——高兴,写出了"动情点"背后的故事——给同学借书,简简单单,清清楚楚,这就是三年级孩子的真实水平。

读《绿山墙的安妮》有感

◆ 谈弈扬(五年级)

最近,《绿山墙的安妮》带我走进了纯真女孩安妮的生活和内心,我在阅读中努力寻找自己、发现自己、改正自己。

可怜的安妮自小失去父母,又在养父母的一再抛弃下进了孤儿院。好心的马修和马瑞拉收养了她,让她得到了爱,受到了教育,也改正了不好的习惯,最后还考上了女王学院。

我喜爱安妮的想象力。她把充满敌意的坚冰化为温暖与热情，无论是挑剔的雷切尔太太，还是一丝不苟、雷厉风行的马瑞拉，都被她改变了。而且，想象力让她拥有自信与坚定，让她在成长的道路上昂首挺胸。

看到安妮有一位知己——戴安娜时，我的嘴角不禁露出了微笑。有朋友，真幸福。在我的生活中，也有很多好朋友与我一起学习、一起玩耍、一起开心，甚至一起悲伤。在这字里行间，我找到了自己和朋友的影子。

我更佩服安妮的乐观与坚强。安妮有一个让人恼火的酗酒养父。在养父母家中，她只能孤孤单单地对着镜子里的自己说话，可这一切，安妮都挺过来了。她靠的是一颗坚强、勇敢的心！安妮有很多地方值得我学习，比如在穿上自己不称心的裙子时，她也会乐观面对，甚至被别人嘲笑时，她也无所畏惧。

看到《误入歧途的出色想象力》这一章时，我不禁哑然失笑，因为我也怕鬼，晚上睡觉脑子里就想着鬼，有时自己把自己吓得非要与父母挤一张床。记得一次我被迫冒着"生命危险"晚上八点下楼，结果被吓得浑身冒冷汗，好惨啊！看来，谁都怕鬼呀！哪怕是勇敢的安妮。

后来安妮长大考上了女王学院，让我惊诧的是她竟毅然选择了放弃，而是回去与马瑞拉做伴，真让人意外。这，又有几人能做到呢？

我在书中不仅品味着安妮的成长，也幻想着自己的未来。我相信，只要努力，就一定会成功！

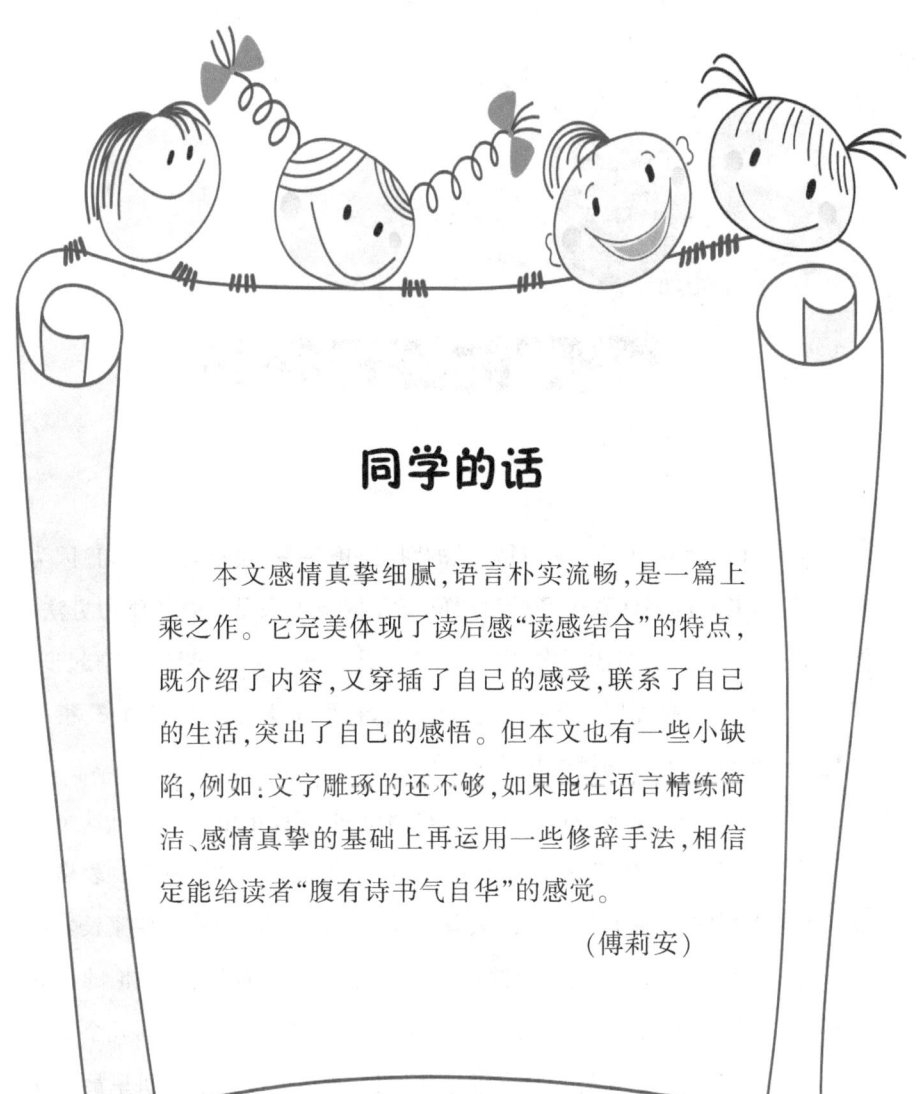

同学的话

　　本文感情真挚细腻,语言朴实流畅,是一篇上乘之作。它完美体现了读后感"读感结合"的特点,既介绍了内容,又穿插了自己的感受,联系了自己的生活,突出了自己的感悟。但本文也有一些小缺陷,例如:文字雕琢的还不够,如果能在语言精练简洁、感情真挚的基础上再运用一些修辞手法,相信定能给读者"腹有诗书气自华"的感觉。

(傅莉安)

"可恶"的好词好句

在儿童阅读方面,还有一只常见的"拦路虎"——摘抄好词好句。因为它,很多本来爱读书的孩子开始讨厌阅读。摘录本来是很好的学习方法,但一定要因年龄、因阅读层次、因人而异。对于识字不多、阅读刚刚起步、还没有和书建立起深厚感情的孩子而言,这种做法无异于拔苗助长,很有可能彻底摧毁孩子对书籍的热情。

一年级时,我请家长每周帮孩子填写简单的"阅读记录单"。设计这个表格,一是为了激励孩子,二是为了防止家长因为忙碌中断亲子阅读。表格只要求记录书籍的名称,每天阅读的大概页数、字数。可是,总有一些家长要求孩子每天总结故事主要内容,摘抄好词好句,积累四字词语,更可怕的是竟然有家长要求二年级的孩子总结修辞手法。试想,这对于还不会写几个字的小朋友来说,是多大的难题啊!渐渐地我发现,这些学生都成了班里最不喜欢阅读的孩子。后来我反复和家长沟通,逐步制止了这种做法,但孩子已经错过了阅读的敏感阶段,不论是对阅读的热情,还是阅读的速度,都明显没有一开始就无负担自由"悦"读的孩子高。

有人说,中国现在进入了一个"快时代"。吃饭要快餐,出门就打的,旅游坐飞机,邮件是电邮……总之一个字,"急"。这边才读了书,那边恨不得孩子立即写出一本相似的书。十年树木,百年树人。教育是慢的艺术。急功近利，只能适得其反。尤其是语文的学习，更是滴水穿石之功。

一、二年级的孩子只要在阅读中感到快乐，就有收获，起码说明读书给他们带来了乐趣，他们和书的感情是融洽的、亲密的。慢慢地，只要孩子离不开书，其余的问题都简单。无论如何，阅读起步阶段，快乐最重要。积累好词好句并没有错，但它出现的时机是有讲究的、内容是有选择的，而且一定不能机械摘抄。何况，离开了语境，好词好句如何界定？"冒"是好词吗？单独放这里，肯定不是。可当你读到叶圣陶在《荷花》中这样的描写——"白荷花在这些大圆盘之间冒出来"时，你是否体会到了它才是真正的"好词"。"好词好句"的真正意义在于帮助儿童形成良好的语感，而不是在写作过程中生搬硬套，否则"好词好句"就像堆积在儿童脸上的浓厚的胭脂，只有外观的俗气，而没有内在的气韵。下面这篇小习作，全篇可能没有一个"好词好句"，可它却多次让听课老师潸然泪下，为什么？

学生习作

剪寒衣

◆ 成济同（三年级）

昨天是农历十月初一，是我们给去世的人们送寒衣的日子。往年，妈妈都是从外面买寒衣，今年却是自己动手在家剪寒衣。

昨天下午，妈妈剪了一大堆"衣服"，一层的代表单衣，两层的代表夹衣，三层的是棉衣，四层的是羽绒服。

看着妈妈在那儿剪，我也忍不住拿起剪刀剪起来。

第一次剪的"衣服"袖子短了，我问妈妈："袖子短了，怎么办？"

妈妈说："没事，袖子短了夏天穿。"

第二次剪的"衣服"袖子又太长了,我又问妈妈:"袖子长了怎么办?"

妈妈笑着说:"没关系,袖子长了跳舞、唱戏的时候穿。"

第三次剪的比例比较合适。

"这次剪得真好!"妈妈夸奖道。得到妈妈的肯定,我也很高兴。

接下来,我发挥自己的想象,又剪了一些裙子、裤子和手套之类的。剪着剪着,我的眼泪一滴一滴地掉下来了。爸爸在一旁故意逗我说:"奶奶'穿上'你剪的这些'衣服'肯定很高兴!"

吃完晚饭,我们就拿着剪的"衣服"和纸钱,去给奶奶送寒衣了。但愿这些"衣服"能告诉奶奶我们很想她。

老师的话

我曾不止一次在教学交流中跟大家分享这篇习作。一次活动后,有位男老师找到我,他说听了这篇小习作忍不住流下了眼泪,问我能不能把这篇作文给他复印一份,他想回去读给妻子听。我很佩服济同同学"白描"的功力。没有华丽的辞藻,没有奇妙的构思,就这样一段清清浅浅的对话,字里行间流露出了一家人对已逝奶奶的无尽哀思。什么年龄说什么话。对孩子而言,只要有真情实感,写出来就是"好词好句"。

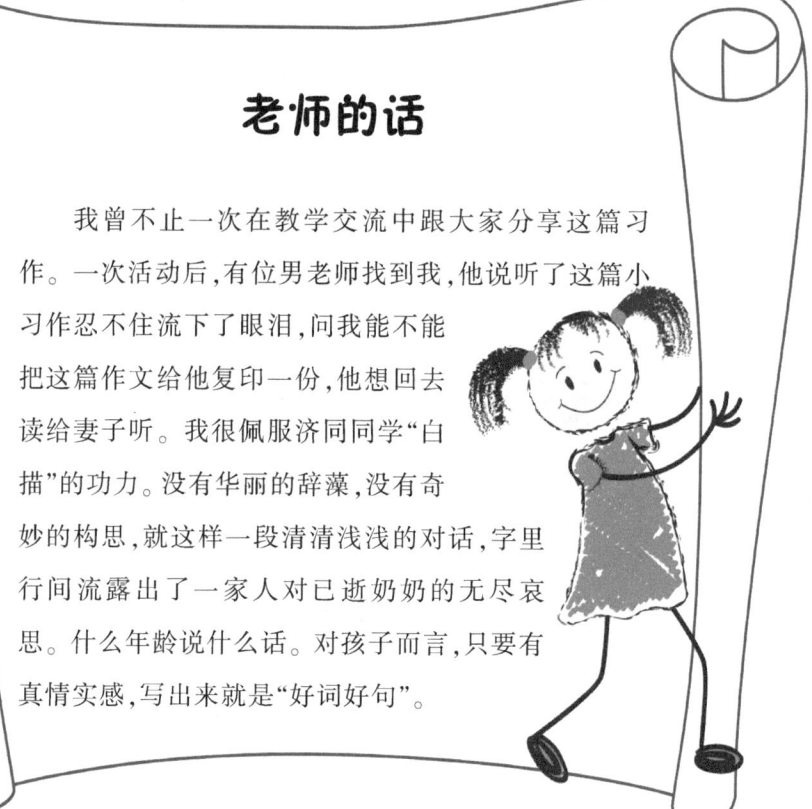

迟到的母亲节礼物

◆ 张永辉(三年级)

昨天是母亲节,我没送妈妈什么礼物,所以我决定今天补送。昨天晚上,我一直激动得睡不着,想象着妈妈得到礼物时的情景。

今天早上,我想送妈妈一个钻石纽扣,可是裁缝店的店门都还没开呢!我有些失望,又想了想,我们学校门口不是有一家叫"梦空间"的商店吗?里面有许多装饰品,我去买一件吧。

我到"梦空间"一看,里面的饰品琳琅满目,应有尽有。我左瞧右瞧,突然发现了一条项链,很漂亮。我一问叔叔这条项链的价钱,天啊,10元钱!我只带了两元钱啊。还是再看看吧。

我又左转右瞧,忽然眼前一亮,发现了一套花指甲。白色的底子上嵌着粉色的小碎花,妈妈戴上它一定很漂亮。一问姐姐,一元五角钱。刚好!

回到家,我手捧花指甲,猛地冲到妈妈面前,大喊:"妈妈,母亲节快乐!这是我补给您的礼物。"妈妈先用惊奇的目光看着我,然后激动地抱住我说:"谢谢儿子!"

妈妈欢欢喜喜地粘好花指甲,我马上觉得妈妈的手更细更白了。我又为妈妈创作了一首小诗:

五星慈母助我长,天天饭菜做得香。

双手白嫩变粗糙,我乘鹏鸟飞得高。

小作者的话

这篇文章做到了一步三回头,步步扣主题。第一段我写自己忘记买给妈妈母亲节礼物。第二段我写了到"梦空间"买礼物的过程和挑好礼物钱不够的尴尬场面。第三段写了给妈妈挑好礼物及想象妈妈戴上这份美丽礼物的情景。最后用一首小诗结尾。精炼明了,总结全文。这篇文章表达了我对妈妈的感激和爱。

我的"闹钟"

◆ 岳婉臻（五年级）

告诉你一个秘密：我有一个特别的"闹钟"，可以在上学的路上准确地报出时间。

早上一出门，只要看到邻居阿姨，就知道是7点25了。哎呀，有些迟了。下了楼，走一会儿，看见来上早班的保安叔叔，不用问，现在绝对是7点30整！

我哼着不成调的曲子，不时用脚踢着路边的小石子，愉快地走在上学的路上。半路上有一间菜铺，每天早上都有一位阿姨骑着电瓶车给那家菜铺送豆腐。如果我路过那儿阿姨还没来，那就说明时间是7点35分，还早，不用着急；如果阿姨已经过来了，情况不妙，7点40分整，我得加快速度了。当然，也有那么几次，我路过那里时刚好碰到送豆腐的阿姨，不早不晚，刚好是7点37分。

在体育馆家属院门前，遇见同学程馨文。我们一起往前走，在一座花坛前，我停住了脚步，小心地把头伸进花丛中，急切地开始寻找。终于找到了！"你看，开了！"我的手指着一株牵牛花，声音中透露出控制不住的喜悦。

"一株牵牛花，有什么奇怪吗？"程馨文有些纳闷，"你没见过？"她已经找不出比这个更合适的问句了。"你知不知道现在几点了？"我没有回答她的问题，却开始反问。她摇摇头。我清清嗓子："如果我没有判断错，现在北京时间7点41分。"

她不相信，问旁边健身的爷爷几点了。"天哪，真是7点41分，你是怎么知道的？"程馨文满脸疑惑。

"暂时保密！"

穿过一条小巷，就能看见学校斜对面的天主教堂。谁也不会想到，庄

严肃穆的教堂里居然养着一只大公鸡!不认真观察绝对发现不了,这可是我的独家新闻。

"嘘,不要吵。"我一把捂住了程馨文正要说话的嘴巴。"又怎么啦?"她有些不耐烦了。

"喔喔喔——"院子里的大公鸡鼓足了劲儿,开始叫。"啊哈,我知道了,现在是7点43分。"

程馨文惊得下巴都要掉了。我开始揭秘:"这一路的景和人其实都是我的'闹钟',我每天上学都在观察这些,时间长了自然会发现规律。"生活也是这样,只要你留心观察,久而久之就会有所收获。"生活中并不是没有美的存在,而是缺少发现美的眼睛。"

今天,你发现了吗?

小作者的话

我认为这是我写得最好的一篇作文。虽然辞藻不怎么华丽,文笔还透着稚嫩,但却充满生活的情趣。这篇作文的选材曾让同学们感到不可思议——这么普通的事儿有什么可写的。大家可能觉得没有新颖的素材,就写不出吸引读者的文章。对此,我想说的是:普通的生活也可以写得很精彩。这要看你是不是生活的有心人。还要看你想不想写好它,因为态度决定高度。

爱读书的孩子是表扬出来的

我坚信,好孩子是表扬出来的。阅读也好,作文也好,要想激发全班同学的热情,除了表扬,还是表扬。

为了让每个孩子都爱上阅读,我尝试了各种方法。如,一年级刚开始提倡读书时,为鼓励孩子们周末去书城,每个周一的早晨我做的第一件事就是问孩子们:"这个周末去了书城的小朋友请举手",然后给去的孩子发小奖品或盖米老鼠印章。记得第一次只有十几个孩子举手,到了第二周,马上增加到三十多人,之后每个周末去书城的孩子不少于五十七八人。我坚信,小时候爱去书城,长大与网吧结缘的可能性会小很多。对于能及时认真填写"阅读记录单"的同学,我也用同样的方法给予表扬。孩子们最喜欢的当然是获得一张"读书王子""读书公主""读书明星"的小奖状。全班背诵《弟子规》《笠翁对韵》《小学生必背古诗八十首》时,为了激励孩子们诵读的积极性,又不至于给能力弱的同学太大的压力,我规定:时间不限,只要背完一本书,拿着家长的签条,通过背诵小考官的考查,就可以来找老师领奖。我还会当着全班同学的面郑重地给表现优秀的孩子发一张喜报,表扬他的勤奋(注意,不是聪明哦),并奖励他一本书。

三年级,当读书成为孩子们的一种自觉行动时,奖励更多以展示的形式出现。如,孩子们每读完一本书就把书名写到一个"苹果"贴纸上,贴到教室后面

黑板的"智慧树"上，周一的班队会上摘"苹果"，"苹果"最多的同学就会获得奖励等。

为了给读书大王们展示、竞争的机会，也为了推动家庭阅读，我们还开展了"晒晒我的小书柜""跳蚤市场"等活动，受到了孩子和家长们的极力推崇。

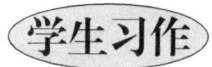

写书大PK

◆ 程雨晴（三年级）

"我这书出来以后，同学们人手一本。到时候呀，你们就只能羡慕嫉妒恨了！""哼！我出书时，估计你一个字还没动吧，谁怕谁呀！"一听就知道，我和甘梓辰又为写书的事吵架了。

前几天，我迷上了《猫武士》，打算写本《狗武士》，同桌甘梓辰不服气，说要写本《虎武士》。于是这场笔战就此开始。"唰唰唰，唰唰唰。"以前下课最闹腾的我们，现在却安静地坐在课桌前奋笔疾书。"你写这么多族群，肯定写不成功！"甘梓辰轻蔑地对我说，我一时无法反驳，气得团团转。第二天做操时，吕田对我说："甘梓辰的《虎武士》肯定写不成功，因为老虎不是群居动物。"我一听，得意洋洋，哈哈，他写不成喽！

"啊，才十个字，我都写四页了！"昨天，我无意中看到甘梓辰的本子，便取笑他。他红着脸气愤地说："拿来！"但我知道，我不能太得意，万一人家来个大爆发怎么办？

这不，早上一见面，我俩就火药味十足。这时，爱凑热闹的李岩洮提议，让我和甘梓辰来一场口头"写书"比赛。比谁的想法奇妙，谁能让对方无话可说。比就比、谁怕谁。我们俩面对面,双方都面红耳赤,眼睛直愣愣地盯着对方,裁判李岩洮一声令下:"预备,开始!"

"我的族长后面一个字是'羽'!"我脱口而出。

"我的族长后面一个字是'天'!"甘梓辰毫不示弱。

"我的副族长叫闪电,很强壮!"我得意洋洋。

"我的副族长也叫闪电,超帅气!"他停了一下,但不服输。

"你耍赖,不许和我的重名!"

"这叫英雄所见略同。"

……

……

就这样,我们你一句,我一句,不分胜负。

不知经过今晚的奋战,明天谁会更胜一筹?

老师的话

当作文和生活的通道被打开,生活就是作文,作文就是生活。在小作者笔下,两个爱读书、爱习作、不服输的孩子形象跃然纸上:由读书,到写书,到斗嘴,到比赛……

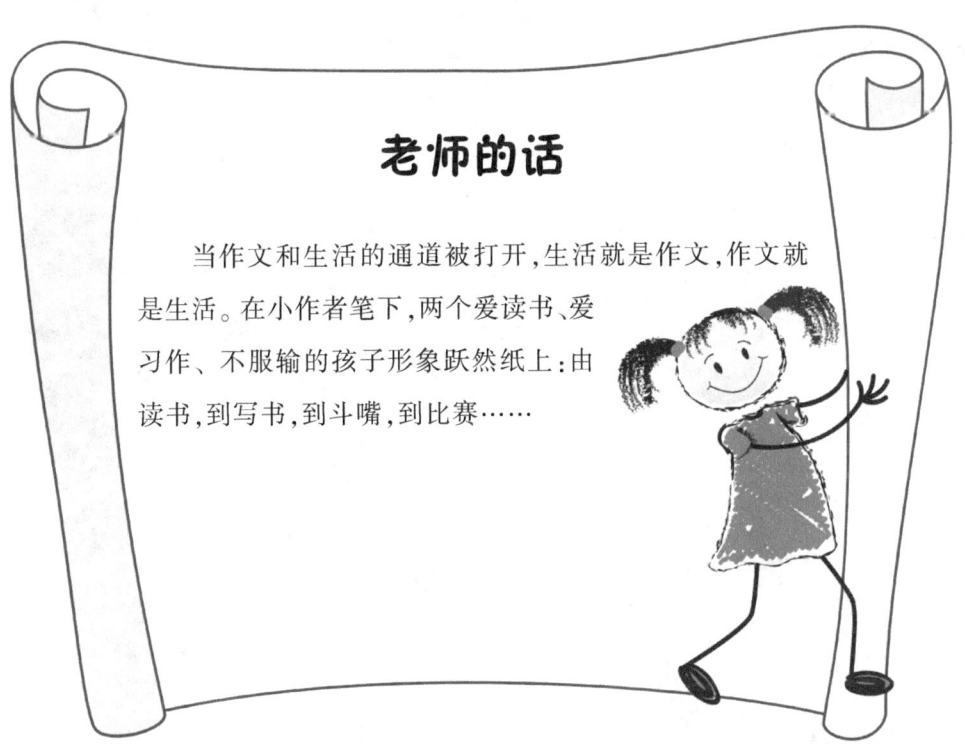

我的幸福你来猜

◆ 郝彦博(四年级)

老鼠的幸福是吃大米,小猫的幸福是吃小鱼,我的幸福你能猜到吗?

一天上午,我们正在认认真真地早读。突然,张老师把我叫出了教室,我的心怦怦直跳,肯定有什么事。只见张老师手里拿着一个包裹,我一看,上面写着张老师和我的名字,并且有"收"这个字。我紧张得连气都不敢出。张老师打开包裹,我的眼睛马上放出光芒,竟然是奖状,上面写着:在2011年"文心杯"全国小学师生作文大赛中,你的文章《水银"中毒"记》荣获学生组二等奖。接过奖状,我欣喜若狂,连蹦带跳地进了教室,等待张老师为全班同学宣布这件让我兴奋不已的事。没等张老师说完,教室里就是一片欢呼,好多同学兴奋地站了起来,全班同学都向我投来羡慕的眼光,

并为我鼓掌喝彩。更没想到的是,下课的时候,作文大王顾苗玉竟然对我说:"郝彦博,你是怎么写的?求你教教我,我拜你为师吧。"当时我很惊讶,心想:他这样写作高水平的人竟然向我请教,真是不可思议。我想了想告诉他:"这篇作文是我三番五次才修改出来的,张老师不是说过嘛,作文是写出来的,好作文是改出来的。"

再把镜头转到去年春天,我们三年级参加了鼓号队,每天早晨6:50到校练习。我每天都早早地来到学校,冷飕飕的风迎面吹来,可我身子一动不动,鼓着腮帮子吹号。每天下午,头顶烈日,晒得我满头大汗,累得我口干舌燥,但是我依然坚持练习。经受了40多天特训后,终于到了比赛那天。由于我平时表现优秀,吹奏的小号声音响亮、气势宏伟,最后毫无悬念地被评为"优秀鼓号队员"。

现在你们知道我的幸福了吧?幸福就是用辛勤的汗水浇灌的,幸福是经过坚持不懈的努力获得的!只要坚持,只要付出,你就会收获幸福。

小作者的话

这篇文章题目很新颖,能激发读者的好奇心,让人忍不住往下看。开头直奔主题,中间用事实说话,对事情的描写有详有略,对场面的烘托很到位,最后还用上了谚语。文中四字词连用,读来朗朗上口。结尾总结出一个道理——只要坚持,只要付出,就会收获幸福。这就是"多事一道理"的写作方法。

全班共读一本书

　　班级读书活动开展一段时间后，我发现总有一些同学"走"不到书里去，始终没有和书成为朋友。正在我为此苦恼时，王颢璇同学的爸爸给了我启发和信心。他在给我的信中说，颢璇同学以前读书很被动，但自从见了《丁丁历险记》以后，就再也离不开这套书了。我立即把这套书推荐给家长，并在班里开展全班共读活动。这套书真是好"鱼饵"，全班同学都被它深深吸引。颢璇同学更是一发不可收，从此手不释卷。三年级第一学期全套的《明朝那些事儿》她就读了三四遍，四年级开始读《复活》《战争与和平》《傲慢与偏见》《简·爱》等世界经典名著。最让我佩服的是六年级第一学期她利用课余时间读完了《约翰·克利斯朵夫》。

　　一、二年级时，我们全班还一起读过《大林和小林》《乌丢丢奇遇记》《吹牛大王历险记》《爱的教育》《小时候的鬼样子》等。阅读起步阶段，这些书的贡献真不小！充满童真童趣的故事，贴近孩子的语言，让每一个遇到它们的孩子一下子就爱上了故事，爱上了文字。有人说，教育是一朵云推动另一朵云，一棵树撼动另一棵树，一个生命影响另一个生命。的确，我班里的孩子就是这样你影响我、我推动你，大家快乐地往前走。有些书，需要共读；有些孩子，需要引领。

学生习作

一本好书惹的祸

◆ 袁 铎(三年级)

这几天,不知为什么,同学们都爱看《明朝那些事儿》。

今天早上,我刚把《明朝那些事儿》从书包里掏出来,郑直、安远、郝彦博、郭泽雄等人便一窝蜂似的涌到我这来借书。不,应该是抢书!我还没说借给谁,就被他们压在了地上,都快喘不过气了。几个人抓着书,谁也不松手,你争我抢:"袁铎是我的哥们儿,我先看!""凭啥,我先看!"郝彦博被郑直一个"后空翻"碰到了座位上。我总算趁机爬了起来,还没站稳,安远就扑向了郭泽雄。郭泽雄一动不动,还用了"看家大法"——铁头功。可怜的安远被撞倒了。我一看这情况,无法定夺。借给这个,那个生气;借给那个,又得罪另一个。突然,一个鬼点子涌上心头。我一清嗓子,厉声吼道:"知书达理。你们这样子像读书人吗?想要这本书——比赛!胜者拿走。"几个人一听,立刻停止了争夺。

"比赛内容,看谁先回到座位!一、二、三!"我号令一发,他们瞬间消失。"噌噌!"第一个到座位的是郑直。我将书"颁发"给他,他高兴得跟猴儿似的,其他几位都向我投来愤怒的目光。

唉!都是一本好书惹的祸!

老师的话

小作者开头一句奔主题,中间一步三回头,步步扣题眼,结尾回到主题来。简单的结构、简洁的文字把发生在课间的一件小事写得极有现场感。为什么?因为小作者围绕一个中心,把同学们当时怎么做、怎么说的写得清楚明了。

挣脱命运的镣铐
——读《命运之上》有感

◆ 徐杨梦菲(六年级)

《命运之上》是西北师大附中高二学生刘大铭的自传。合上书,刘大铭的故事历历在目:经历11次大型手术、多次小型复位手术,两次与死亡擦肩而过……

刘大铭自幼患有世界性罕见疾病成骨不全症。虽然身体很脆弱,一不小心就会骨折,可他的精神世界是强大、有力的,可以说在精神上完全胜过了我们这些身体健康、四肢健全的正常人。他从小就患有这种难以医治的病,医生断定他活不过十二岁。但他不气馁,不放弃,选择用一种坚强的态度书写自己的人生。他彻底粉碎了医生的预言,成为医学史上的一大奇迹。顽强、坚韧成为他的代言词。

他从小努力学习,因为他明白,自己与别人是不同的,自己身体上有缺陷,如果不付出加倍的努力,是没有资格与别人竞争的。他的心中反复出现一个词:奋斗!最终他的奋斗结出了胜利的果实。2011年6月末,他收到了西北师范大学附属中学北辰人文实验班的通知书,这是一所西北学子人人向往的名校。这巨大丰收,让他更想好好地活着。

2009年,他偶然发现小时候手术埋在腿中的钢钉凸了出来,并且马上就要破皮而出。他没有告诉父母,因为他不想放弃学习,也不想让父母担心。他忍了下来,忍住了钢钉从腿中刺出的疼痛。当读到钢钉因为腿的运动不停地穿出皮肉,鲜血顺着他的裤管流下来时,我的泪水再也止不住了!这需要多么顽强的毅力才能挺过来呀!最终被父母知道后,大铭只提了一个要求:让他上最后一天课。他是在用自己的生命学习呀。而我们呢,有一点小小的病痛就不想去学校。想想自己、看看他,我感受到了生命的差距,感受到了生命的可贵,想到自己不知浪费了多少宝贵的时间。

"上帝爱我们每一个人,她关上一扇门,就打开一扇窗。"当刘大铭听到这句话时,他被打动了,他下意识地想到了自己,他在刹那间明白了:自己也是上帝的宠儿,也有特别的礼物。他越发努力起来,克服了常人无法想象的痛苦。

19岁的刘大铭虽然身高只有一米四,体重不足二十公斤,但他在我的心目中却是高大的。他虽然身体脆弱,但意志坚韧。他是我的榜样、我的偶像。刘大铭已经成功挣脱命运的镣铐,凌驾于命运之上!

小作者的话

这篇文章,算是我六年级上学期最为满意的一篇。当我读完《命运之上》后,便一气呵成写下这篇感想。身残志不残的刘大铭那种永不言败的精神深深感动了我,我们生活在同一座城市,享受一样的阳光和空气,而他的命运却如此坎坷和艰难,和他相比我们真是上帝的宠儿。正如我文中所说:"19岁的刘大铭虽然身高只有一米四,体重不足二十公斤,但他在我的心中却是高大的。他虽然身体脆弱,但意志坚韧,他是我的榜样、我的偶像。他已成功挣脱命运的镣铐,凌驾于命运之上!"这是我心灵深处的真实感受,我写出了我的心声和感动。

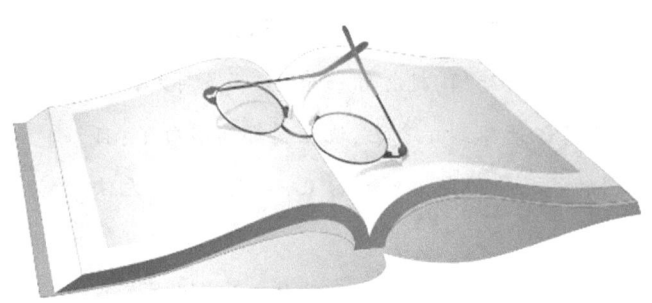

我们班的读书故事

和64个孩子一起成长的这六年里,我亲眼目睹了读书对孩子们的改变。对于多数同学来说,真的因为遇到了童书、遇到了这样一个班级,他们的生命航向转向了更好的一面。与成百上千本好书为友,让孩子们看到了自己生命以外的世界,他们在书中穿越时空,跨出国门,与名人对话,向先哲讨教,他们的精神世界因书而丰盈,他们因此对一切充满好奇。他们和身边一些沉迷电子产品的同龄孩子有所不同。他们的口头禅是"饭可以一日不吃,觉可以一日不睡,书不可以一日不读"。"一本好书随身带"成为全班同学共同的习惯。理发等车的闲暇,他们会随手打开心爱的书;外出旅行,他们会偷偷藏几本书在旅行箱;课间闲聊,最喜爱的话题也是书……三四年级,叶圣陶笔下的稻草人,张天翼笔下的大林和小林,杨红樱笔下的马小跳,曹文轩笔下的油麻地小学的孩子们,郑渊洁笔下的舒克和贝塔,还有沈石溪笔下那一个个鲜活的动物,不知给孩子们带来了多少快乐!还有那些让他们痴迷的外国儿童作品:瑞典作家林格伦的《吵闹村的孩子》《淘气的埃米尔》《长袜子皮皮》《小飞人卡尔松》,美国作家E·B·怀特的《夏洛的网》,英国作家格雷厄姆的《柳林风声》,加拿大作家蒙格玛丽的《绿山墙的安妮》,美国作家塞尔登的《时代广场的蟋蟀》……这些温馨的故事,为孩子们打开了一扇又一扇通向世界的窗,带孩子们踏上了一段又一段奇妙的旅程。因为这些美丽的故事，孩子们格外爱班级、爱老师、爱同学。每个假期他们都等不到开学！因为有太多的故事要和同学、老师分享。再也没有家长抱怨孩子不爱读书。

我相信每个孩子天生都是爱故事、爱读书的。问题是我们能不能让孩子在合适的年龄用合适的方式读合适的书。在这个问题上，老师的引导作用、班级的阅读氛围至关重要。为了让每个孩子都能做到整体阅读，我主要做了三方面的工作。一是争得家长支持，二是做到"三保证"，三是搭建多样平台。面对家长对大量阅读的顾虑，我通过在家长会上给家长讲杨振宁、李政道的读书故事，讲江浙沪等发达地区的亲子阅读盛况，讲身边的典型事例，请兰州一中老师站在高考的角度讲阅读的重要性等，最终和家长达成共识："成绩赢得一时，读书赢得一世。""三保证"即：时间保证——不论平时还是假期，减少作业负担，留给学生充足的阅读时间；书籍保证——通过家长购买、图书漂流、同学互换，每周去书城，办理借书证等办法，保证每个孩子随时随地有自己喜欢的书可读；奖励保证——每周、每学期、每个假期结束都创设各种机会表彰读书小明星。如：每节课前请同学推荐好书，办"好书推荐"主题板报，开展"我读故事给你听"比赛，开设班级小讲坛，评比"读书记录单"等。

当读书成为一种习惯，孩子们便会自由组合，成立各自的小书社，有

模有样,快乐无限。他们有自己的图书管理员,有具体的营业时间,有相关的借阅制度。班里的每一个孩子都有讲不完的读书故事。

先说顾苗玉同学。他入学不久就因为调皮不进教室,上课经常恶作剧,过马路被车撞伤,在学校放"臭屁炸弹"等事件,让老师们伤透脑筋。就是他,在班级阅读中爱上读书后一发不可收。二年级时他妈妈一次就从当当网给他购书79本。他的阅读速度非常快,一个假期的阅读量超过一百本,一千多万字。三年级开始学写作文,他简直就是无缝衔接、无师自通。记忆最深的是三年级几次考试,他每次考场作文都超过一千五百字。

因为一本《昆虫记》,虎头虎脑的雒修国再也离不开两样东西——书和蜘蛛。四年级,他两周时间写了一万五千多字关于蜘蛛的文章;六年级第一学期,他用40天时间完成《我眼中的二战》五万多字。

岳凌云同学可谓达到了爱书如命的地步。三年级末,他的阅读量就已超过两千本。他是一个地道的"三国迷"。只要他见到的各种版本的《三国演义》都读过。《三国志》《易中天品三国》《曾仕强论三国智慧》等也都读过不止一遍。所以五年级时,他在激烈的竞争中脱颖而出,一举成为甘肃省兰州实验小学"学生小讲坛"第一主讲人。他的讲座《品味三国》深入浅出,精彩流畅。学校领导听了大加赞赏,安排全校巡讲。

中低年级借助儿童文学让孩子真正爱上阅读以后,五年级我们全班共读名人传记、四大名著。《世界名人传丛书》让孩子们认识了编程天才、商业奇才、慈善大师比尔·盖茨,认识了生物学领域高高站立的一代巨人达尔文,认识了视名利如粪土的居里夫人,认识了"平民"总统林肯,认识了把毕生精力、全部遗产献给科学事业的诺贝尔……循着这些伟大的足迹,孩子们走进了一个又一个传奇。正如萧伯纳所说:"我认为,读传记像到外国旅行。你到了一个与你自己的国家很不相同的国家,你了解一些那里的生活方式和语言,你的生活就因这种经历改变了。"《中国100杰出名人传记》让孩子们在阅读中发现了伟大人物的成功之路虽有千差万别,但却拥有共同的秘诀:远大的理想和不懈的努力,敏锐的目光和果敢的行动,顽强的意志和坚定的决心。著名学者朱永新说:"一个人的精神成长史一定意义上就是他的阅读史。"我认为,让四、五年级的孩子读完这两套名人传记是人生重要的必修课。一个读过名人传记的孩子面对困难是勇敢的,看问题有自己的高度和不同的角度。五年级下学期,我在班里开展四大名著主题阅读活动。我建议孩子们边看影视作品边读原著,一学期下来大部分同学选读了自己喜欢的两部著作。六年级,《莫泊桑短篇小说集》《复活》《巴黎圣母院》《安娜·卡列尼娜》《三个火枪手》《百万英镑》等世界经典名著水到渠成地成了孩子们手头的读物。

如果不是每天和孩子们亲密接触,真的不敢相信这一本本大部头会成为他们的朋友,更不相信作文就在这样的阅读中越来越容易,成为了孩子们的文字游戏。

那一刻,我真自豪

◆ 岳凌云(五年级)

"三国时代是一个战火纷飞、英雄辈出的年代。虽然三国时代已离我们远去,但三国那些……"咦,这些话出自三国的评书吗?NO,它正是我——实验小学"学生小讲坛"第一人讲稿中的精彩开场。

说起这"小讲坛第一人"的名号,那可真是有来头的啊!记得张老师刚给我安排任务时说,学校为了锻炼我们,成立了"实验小学小讲坛",第一个开讲人从我们班选,因为我们爱读书。之所以让我去,是因为我对三国比较有研究。当时老师告诉我这讲坛大致就像百家讲坛一样,让我讲自己对三国的理解。要说三国,我还真不陌生,可要在四十分钟里给大家讲三国,我就老虎吃天、无从下手了,这可真不亚于盘古开天地的混沌。但机会

难得,再说,怎么着我也不能给四班丢人,让六年级的哥哥姐姐笑话呀!从此以后,我的生活便不再悠闲,课余时间满脑袋都是三国。脑袋被讲稿《品味三国》充斥,整天除了上课,就是备课,再备课……

养兵千日,用兵一时;备课百天,讲在一刻。令人忐忑而又兴奋的主讲日终于到了,我既紧张又自豪:紧张的是这头炮万一哑火了怎么办?自豪的是我有幸成为实验小学学生小讲坛第一人。

临近开讲,步入学校座无虚席的多功能会议厅,看着台下黑压压的几百名听众,我内心顿时像揣了只兔子怦怦跳个不停。主持人介绍我的"光辉事迹"时,我啥也没听到,不停地在心里念叨:阿弥陀佛,大慈大悲的观世音菩萨,保佑我吧!我这可是大姑娘上花轿——头一回呀,千万千万别让我出丑啊!

我不断提醒自己:今天的讲台属于我,我才是这儿唯一的主角!渐渐地,我的内心平静了下来。随着情节的推进、讲稿的翻动、课件的变换,紧张不再占据我的心头,取而代之的则是澎湃的自豪。我渐入佳境,望望台下:同学们有的在笔走龙蛇地记着,有的津津有味地听着,有的恍然大悟地点头……再看看杨校长、张老师、妈妈,频频向我投来赞许的目光,我的心中已满是自信。此时的我,仿佛与讲稿、与课件融为一体,一页一页地翻动着。我越讲越放松,越讲越流利,越讲越生动,越讲越兴奋。

页止课完,幻灯片定格在了"谢谢大家"几个醒目的大字上,三秒的沉寂后,台下响起了雷鸣般的掌声,经久不息。我陶醉于那片热烈的掌声中,小小的内心充满了无比的成就感。

那一刻,我真自豪!

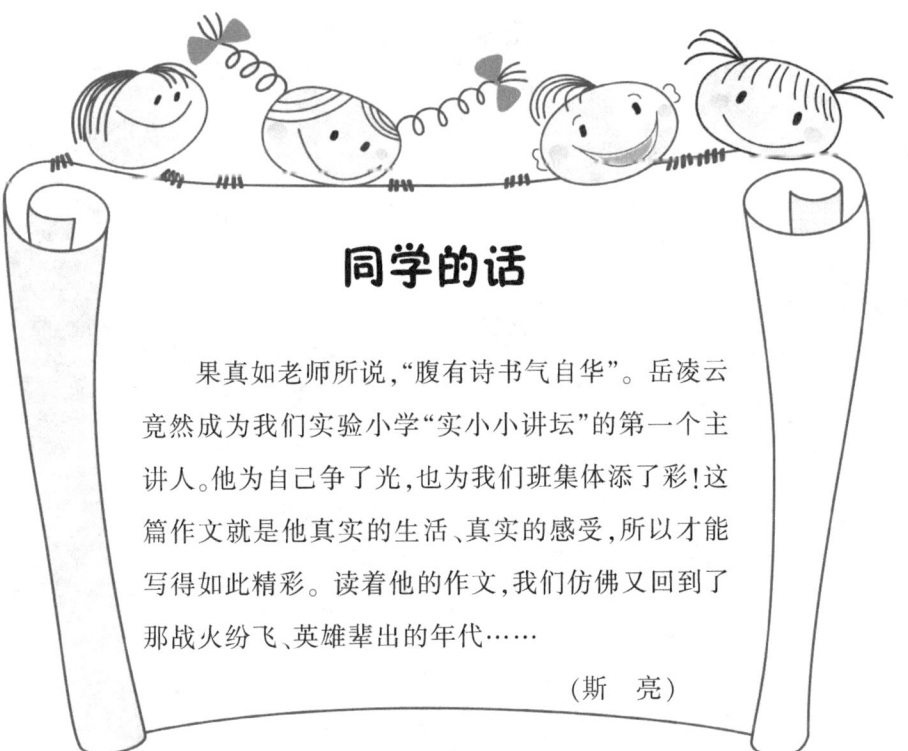

同学的话

果真如老师所说,"腹有诗书气自华"。岳凌云竟然成为我们实验小学"实小小讲坛"的第一个主讲人。他为自己争了光,也为我们班集体添了彩!这篇作文就是他真实的生活、真实的感受,所以才能写得如此精彩。读着他的作文,我们仿佛又回到了那战火纷飞、英雄辈出的年代……

(斯　亮)

读书真好

◆ 何维彤(五年级)

早晨,出了门,天空一片晴朗,一阵清风吹走了我还未褪去的倦意,早晨好清爽。带着满怀的好心情,直奔我心中的那片圣地——纸中城邦。

从一年级到现在,我读了许多书,感受了各种各样不同的情义。这些不同的情,不同的义,让我为之感叹,如痴如醉。这些情,这些义,如徐徐微风,吹进我脑畔,吹进我心田,让我记忆犹新。

从唯美的《安徒生童话》到搞笑的《淘气包日记》,从言简意赅的《男生日记》到充满诗意的《背影》,从令人感动的《夏洛的网》到精彩绝伦的《三个火枪手》,从《吴姐姐讲历史故事》到《三国志》,从《狼王梦》到《野性的呼

唤》,从《牛虻》到《双城记》,无一不让我流连忘返,受益匪浅。

我最爱历史书,在书中我感受着"将军百战死,壮士十年归"的悲壮,感受着"人生若只如初见,何事秋风悲画扇"的凄婉,感受着"大漠孤烟直,长河落日圆"的惆怅,感受着"但愿人长久,千里共婵娟"的思念,感受着"月有阴晴圆缺,人有悲欢离合"的潇洒……遨游在书的海洋,我心中洋溢着饱满又充实的感觉,真正领悟了"书籍是人类进步的阶梯"这句话。

在这花样的年华,是书,让我更加充实;是书,让我热爱生活;是书,让我勇往直前;也是书,让我永不言败!好书如美酒。此时此刻,我只想说四个字:"读书真好!"

同学的话

你终于把读过的东西"倒"出来了。文章非常有韵律感,尤其是第四段,我忍不住读了一遍又一遍,我找到了你富有节奏感的秘诀——精美诗句外加自己的感受。呵呵,这个方法我也学到了。相信我的文字也会上一个大台阶!谢谢哦。

(岳婉臻)

作文秘籍一——课文学习

（一）

孩子作文困难的一个重要原因是我们没有用好语文书，忽略了学生接触最多也最宝贵的习作资源——教材中的课文。如何在课文学习中发现语言的秘密，习得作文的方法呢？首先要用课文，学好对话。

小学作文以写人、叙事为主。人离事不活，事离人不转。不论写人还是叙事，很多时候都离不开对话。小学生只要能熟练掌握对话的写法，作文就轻松了一半。

三年级开始，我借助《小摄影师》《灰雀》等课文中的对话，和学生研究对话在习作中的重要作用以及对话的四种形式：

×××说："……。"提示语在前。

"……。"×××说。提示语在后。

"……，"×××说，"……。"提示语在中。

"……。"没有提示语。

清清楚楚告诉学生写好对话的四个要点。

1. 分段写。

2. 提示语的位置要变化。

3. 提示语位置变化,标点随之变化。

4. 各说其话,不得"说"病。

这四点中,提示语位置变化后标点的相应变化是一大难点,尤其提示语在中间时,"说"字的后面是逗号、上引号,需要反反复复的练习、巩固。

写好对话的具体步骤是:借助典型课文,让学生用不同符号勾画提示语和人物语言。分清这两部分是掌握对话的前提。然后在形式多样的朗读中熟悉对话的四种形式,并有计划、有针对性地反复抄写。重点示范、讲解标点的占位及用法。听写四种形式的句子,注意标点的应用。最后进行综合训练:给一段对话,勾出提示语、加标点,提供对话内容,学生练写提示语,重点指导提示语位置变化。也可进行专项训练,"说"还可以换为"叫""喊""嚷嚷""嘀咕""自言自语"等,有时动作、表情后也可直接引出人物语言。

经过这样扎实具体的训练,学生作文时,自然就会写对话了。掌握了对话的写法,作文就会具体、生动许多。因为写人、叙事的文章,一般情况,对话开始,故事开始,对话结束,故事结束。

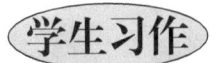

麻雀的葬礼

◆ 刘瑾瑜(三年级)

前几天一直在下雨。今天课间时,郝晨拿来一只奄奄一息的小麻雀,大家见了都围了上去,我也是"追随者"之一。郝晨来到张老师面前说:"张老师,我从外面捡了一只麻雀。"

张老师问:"它怎么了?"

"腿受伤了。"

"噢,可能是冻僵了,"张老师说,"外面特别冷,给它盖点东西暖一暖,也许就好了。"

"那咱们把它焐一焐吧!"郝晨说。

于是,我们拿了张纸把小麻雀包了起来。

可是过了一会儿,郑直摸了一下麻雀,说:"冰凉冰凉的,再把外套给它盖上吧。"

郝晨一听,立刻脱下外套,说:"用我的吧!"

于是,郑直便把麻雀放了进去。结果,小麻雀被闷死了。

我们急忙跑向一棵大树,在树底下挖了一个坑,把麻雀埋在里面,还在它的坟堆上插了一支羽毛,当做墓碑。做完这些,我们站在原地默哀了三秒钟。

要是我们懂的知识再多一点,说不定能救活它呢。

老师的话

作为一名刚开始学写作文的孩子,不但自如地写出了对话的四种形式:提示语在前、在中、在后、没有提示语,还能借助对话将事情经过写清楚、写明白,用丰富的提示语将人物动作描写细致,真不错!

三只小乌龟

◆ 师浩琨(三年级)

我家有两只小乌龟,在它俩来我家前,我还有一段伤心的往事呢!

一天,姥爷带我去黄河边买风筝,意外发现地上有一只小乌龟,我们看它很可怜,就决定收养它。这时,来了一个大哥哥,他告诉我:"你一直让乌龟待在陆地上,它会被旱死的!"

我问:"那该怎么办?"

"很简单,你去搬几块大石头来,放在水里,把乌龟围住。你快去吧!放心,我看着乌龟。"大哥哥认真地对我说。

"行,我马上来。"我愉快地回答。

我刚搬了一块石头回到原地时,大哥哥还在,可第二块石头刚搬过来,我就傻眼了,大哥哥已经跑得无影无踪,小乌龟也被拐走了。我非常伤心,不知那个大哥哥会不会虐待小乌龟,我哭着嚷着要姥爷给我买两只乌龟。姥爷答应了我的请求。于是,两只小乌龟就来到了我们家阳台的盆景中,享受着"皇家待遇"。

我的两只小乌龟,颜色各异。红色的那只叫"圈圈龟",背上的花纹一

圈一圈的,像荡漾开去的水波;绿色的那只叫"咔咔壳",如果用手指轻轻弹一下它的壳,会发出清脆的响声。

这两只特别的小乌龟很胆小,每次我去看它们,它俩不是藏在假山后面,就是使用"伪装术"。看来他们跟我一样,都需要练练胆子呀!

我爱小乌龟,它们为我家的盆景增添了许多生机,也给我带来了许多快乐和思念。

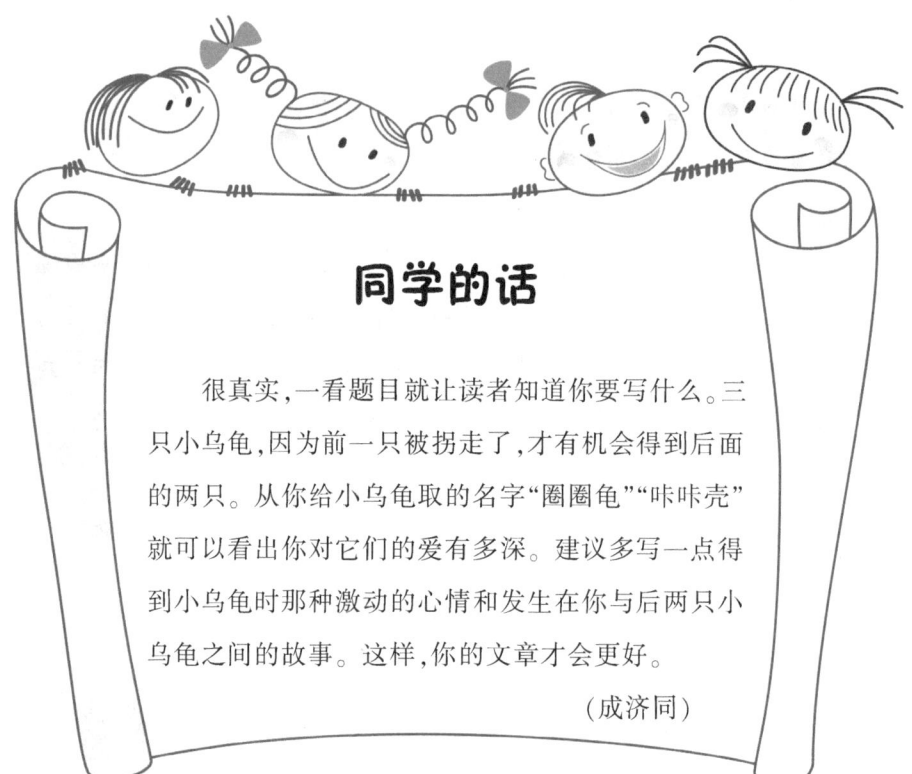

同学的话

很真实,一看题目就让读者知道你要写什么。三只小乌龟,因为前一只被拐走了,才有机会得到后面的两只。从你给小乌龟取的名字"圈圈龟""咔咔壳"就可以看出你对它们的爱有多深。建议多写一点得到小乌龟时那种激动的心情和发生在你与后两只小乌龟之间的故事。这样,你的文章才会更好。

(成济同)

(二)

用课文,学命题,学选材。

课文是学生学命题、学选材的好例子。用好这个例子,功夫在平常,窍门在多读。

下面以小学语文四年级下册第七单元第一课时的教学为例来说明。

每个单元开课前,总有一项固定作业:通读整单元,注意单元作文。

师:这个单元的作文是什么?

生:我敬佩的一个人。

师:敬佩的人可以写哪些人?本单元的四篇课文就是最好的范例。读了课文,你们有什么发现?

生:《两个铁球同时着地》写的是科学家伽利略,《全神贯注》写的是艺术家罗丹,《鱼游到了纸上》写的是陌生人,《父亲的菜园》写的是亲人。

师:有没有一个题目这四篇文章都能用?

生:(思考片刻)我敬佩的一个人。

师:原来"我敬佩的一个人"可以写科学家、艺术家,也可以选陌生人、

亲人来写。可作者为什么选用了不同的题目?

生:都用一个题目。太单调。

师:所以你们写"我敬佩的一个人"时要注意什么?

生:命题要与众不同。

师:你们从这几篇课文中发现了哪些命题的窍门?

生:《两个铁球同时着地》直接用事情命题,《全神贯注》用人物品质命题,《鱼游到了纸上》用人物语言命题,《父亲的菜园》用事物名称命题。

师:这几篇文章的作者是如何把人写具体的?

生:用具体的事情。他们都用了"一事一品质"的写法。

……

我的作文教学,就是在这样的阅读教学中不断孕育学生的写作意识,如篇的意识、段的意识、剪裁意识、选材意识,等等。换句话说,作文教学在每一节阅读课上。

学完课文《假如没有灰尘》,当晚就有同学创作文章《假如我们班没有顾苗玉》。顾苗玉同学爱读书、爱写作、爱闯祸、爱搞笑的特点被描写得惟妙惟肖。这让我想到了同学们写他的另一篇佳作——《多彩的老顾》。第二天我在班里点评完这两篇习作,《调皮的顾苗玉》《奇特的"小蒜苗"》《可怜的顾苗玉》《我们班的"三大活宝"》《"猫"捉"老鼠"读书记》《顾氏借读"三法"》等一篇又一篇习作纷纷呈现。真正的语文学习就是这样,一篇带出多篇,一人启发多人,老师引导学生,学生带动学生,学生推动老师,老师提升学生。

在感同身受的阅读中,作文的大门就这样悄然打开,灵感就这样不断涌现。

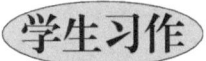

挤公交的酸甜苦辣

◆ 成济同(三年级)

自从妈妈的自行车被小偷偷走之后,我和妈妈就开始了挤公交的生活。现在就请你们来听听我挤公交车的酸、甜、苦、辣吧。

酸

挤公交,最常有的是酸味。每次看到一个座位,刚要坐下时,就被别人抢走了,心里总是酸溜溜的难受。有一次,一位小姐姐刚下车,我心中一喜,正要去坐这个座位,结果半路杀出个程咬金,简直就是横空出世,一位又高又胖的叔叔一屁股坐下去,还把我的脚给踩了,痛得我差点叫出声来。我只好背着沉重的书包继续等,盼望着下一站有人下车,最好是坐在我眼前的那位阿姨。

甜

挤公交，也有甜的时候。有一次，好不容易有个空位置，我刚坐下，上来一位白发苍苍的老爷爷，过了半天一直没有人给这位老爷爷让座。这时，我站起来，妈妈把这位老爷爷扶到了我的座位上，老爷爷坐下后，连声说："谢谢，谢谢！"

"不客气！"我笑眯眯地说。虽然我又站了起来，但心里甜滋滋的。脑海中竟然冒出一句歌词："甜蜜蜜，我笑得甜蜜蜜，就像花儿开在春风里。"

苦

大多时候，挤公交车真是苦啊！有一天早晨，我和妈妈好不容易等到了109路车。我俩匆匆跑过去，但已经有很多人围在车门口，像挤奶油似的一下一下往里挤。最后两块"奶油"是我和妈妈，可我们这两块"奶油"怎么挤也挤不进去。开车的司机大喊道："坐不上了，等下辆吧！"说着，无情地关上车门开走了。

好不容易挤上下一辆车，谁知又堵车，眼看就要迟到，我的眼泪都快下来了，真恨自己不是一只小鸟。

辣

今天，我好不容易挤上一辆109路公交车，到了第三站家居市场时，又是一次"奶油风波"。车上的人挤呀挤，竟然把站在后门口的几个人，包括我和妈妈，又从车上挤了下去。这时，我心里像吃了麻辣烫一样，火烧火燎。

后来，妈妈算是撞了大运，意外地叫到一辆出租车，但一路红灯，我毫无悬念的又迟到了！班里其他同学迟到，张老师总要问原因，但对我，她也无奈了。

天天都在挤公交，我感觉自己越挤越瘦，都快给挤成相片了！我好想对老爸说:"在学校附近买一套房子吧!"但这句话我怎么也说不出口。听说兰州要建地铁了,我多么盼望能早点儿建好呀!

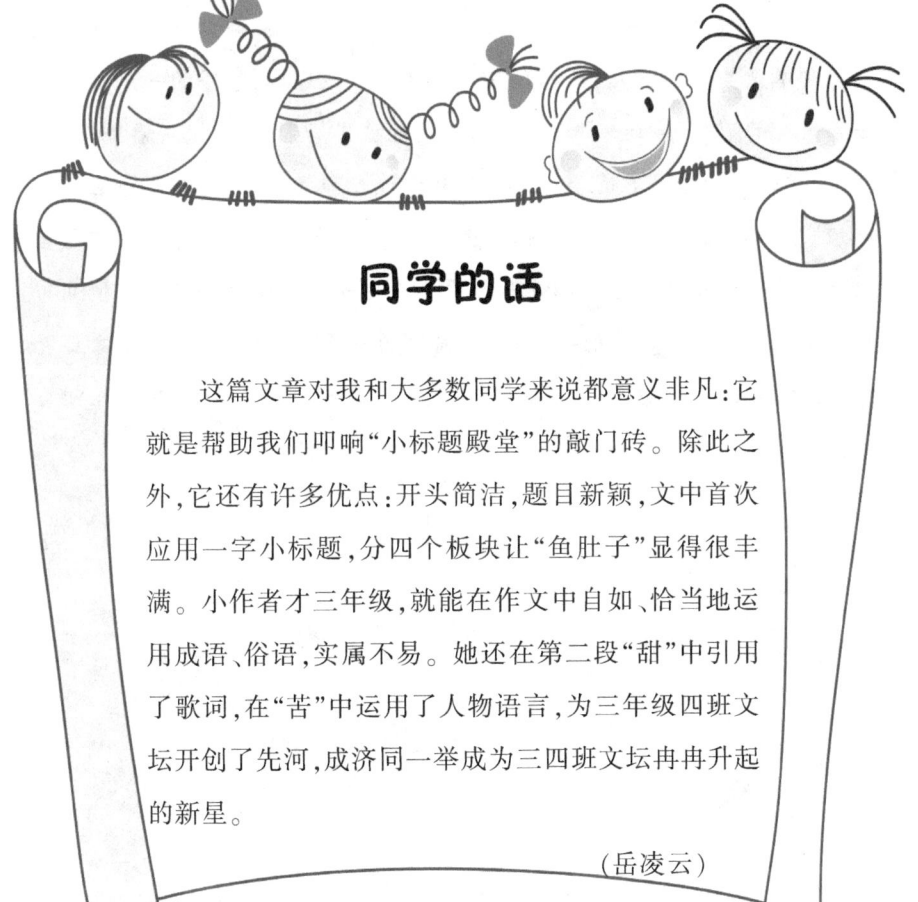

同学的话

这篇文章对我和大多数同学来说都意义非凡:它就是帮助我们叩响"小标题殿堂"的敲门砖。除此之外,它还有许多优点:开头简洁,题目新颖,文中首次应用一字小标题,分四个板块让"鱼肚子"显得很丰满。小作者才三年级,就能在作文中自如、恰当地运用成语、俗语,实属不易。她还在第二段"甜"中引用了歌词,在"苦"中运用了人物语言,为三年级四班文坛开创了先河,成济同一举成为三四班文坛冉冉升起的新星。

(岳凌云)

泪水过去式

◆ 师浩琨(四年级)

　　这个暑假,满满都是悲伤和泪水,因为我失去了最疼爱我的爷爷。
　　那本是美好的一天,我和郑直正开开心心地玩耍,爸爸的一个电话打破了当时的宁静。我还不知出了什么事,就被妈妈带出门,说去看爷爷。一路上,我的心情起伏不定。到了医院,我们连忙奔向病房,爸爸正跟医生谈话。过了一会儿,门开了,我急忙问医生:"叔叔,我爷爷怎么样了?"可医生叔叔的一句话让我顿时泪流满面:"你爷爷去世了。"这六个字像六把利刃瞬间刺向了我的心。我们进了病房,看到的一幕让我惊呆了:爷爷双目紧闭,仍然那么慈祥。这时,"滴"的一声震撼了我的心灵。啊!是爷爷在回应

我们吗?是爷爷听到了吗?也许,爷爷会在天堂过得更加幸福;也许,爷爷还会记得我们……此刻,正是七月七日七点整。

爷爷走了,留下奶奶一个人,失去老伴的痛苦,让她展现出了脆弱的一面。我不希望奶奶整天无精打采,于是就用了一个假期来陪伴奶奶。尽管很无聊,尽管不能出去玩,但我愿意为奶奶付出一切。

当我写完这篇文章时,已泪流满面。也许看到这篇文章的人也会深受感动,但所有的一切已经永远成为了过去式,新的生活在等待我们,新的世界在等待我们。生死离别,世事难料,每个人都会有离开人世的这一天,就让这充满泪水的过去式,永远沉睡吧!

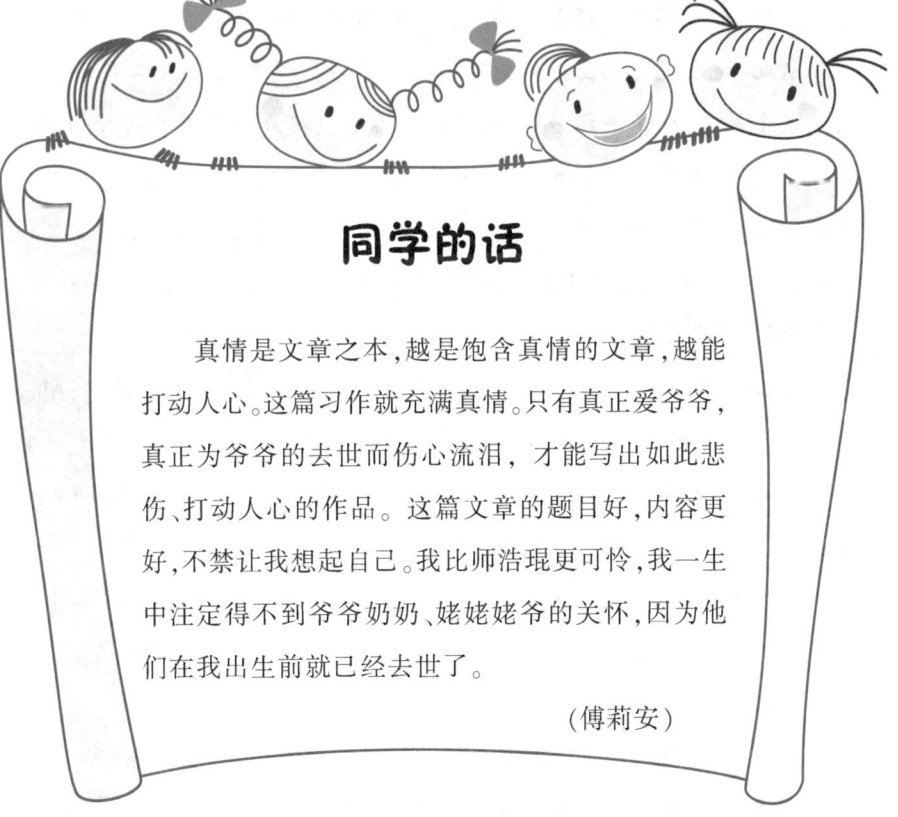

同学的话

真情是文章之本,越是饱含真情的文章,越能打动人心。这篇习作就充满真情。只有真正爱爷爷,真正为爷爷的去世而伤心流泪,才能写出如此悲伤、打动人心的作品。这篇文章的题目好,内容更好,不禁让我想起自己。我比师浩琨更可怜,我一生中注定得不到爷爷奶奶、姥姥姥爷的关怀,因为他们在我出生前就已经去世了。

(傅莉安)

菊花开了，我长大了

◆ 师浩琨(五年级)

童年是最美好的，可我觉得，我的童年即将逝去。

三岁时，我走进了一个陌生的英语课堂，第一眼，便望见了和蔼可亲的Rose老师。她耐心地教我们学习英语，陪伴我度过了五年美好的时光。

两年前的一个周日，我没有像往常一样见到Rose老师。刚开始我还以为老师出差了呢！代课老师告诉我："Rose老师打破了一个水壶，被校长开除了。"顿时，我的眼泪像断了线的珠子一般淌落下来。不就打破了一个水壶嘛，至于那么小题大做吗？我的眼泪再也收不住，哭了一整天。

从此，我发现自己变得爱哭了。

这个暑假，也是一场噩梦，因为我失去了最疼我的爷爷。慈祥的爷爷闭上了眼，永远地离开了我。我又哭了。这次，离开我的是亲人，走了，就再也回不来了。怎么办？我非常迷茫，前进的道路变窄了，我根本不知自己以后该怎么办。我痛哭了几天，可这又能怎样？我也只能自己承担一切了。

上周，我又受到了打击。

Rose离开后，我在新东方上英语课，由Alice教我。可这才两年，Alice也要被调去西安了。不，不，我不要这么多人离开我！不，我不要！我痛哭着。这时，忽然下起了雨，难道老天也在为我哭泣吗？我再也无法忍受。Rose，爷爷，Alice，都随风而去了吗？

一个寒冷的夜晚，我怎么也睡不着，好像一只无助的小鸟，在巢中瑟瑟发抖。这时，我在想：Rose冷吗？爷爷睡着了吗？Alice过得好吗？我忽然发现自己想得太多了。

第二天，我看见楼下的菊花开了，那么鲜艳，那么婀娜。它在万物凋零之时盛开，它不害怕吗？我忽然明白了自己的责任：做自己，好好学习，让大家开心,让家人因为我而感到骄傲。

菊花开了,我,再也不是小孩子了,我,长大了!

同学的话

本文感情丰富,个人认为它是师浩琨"泪水三部曲"中最让人感动、最富有深意的一篇。题目参考"作文宝典"《城南旧事》中的一篇文章,使我们又学会了一种写作方法——模仿借鉴。文中运用的三个事例很好地诠释了"大胖子""小瘦子""骨架子"这三个写作要点;中间的过渡句十分简洁,却很好地起到承上启下的作用;文中的省略号更能给读者遐想的空间;而倒数第二段则证实了"多事一启发""多事一道理",通过菊花来借物喻理,突出了中心——成长。最后一段更是值得学习:通过恰到好处的模仿,让读者觉得这句话的原作者仿佛不是林海音,而是师浩琨。

(岳凌云)

（三）

用课文,学构段,学谋篇。

"总分总"的结构方式是三年级的一个训练重点。学完《富饶的西沙群岛》,我结合《赵州桥》《荷花》,将课文中有总分结构且含有"有的……有的……还有的……"句式的三段话摘出来,对学生进行集中训练。

一

白荷花在这些大圆盘之间冒出来。有的才展开两三片花瓣儿。有的花瓣儿全都展开了,露出了嫩黄色的小莲蓬。有的还是花骨朵儿,看起来饱胀得马上要破裂似的。

二

桥面两侧有石栏,栏板上雕刻着精美的图案:有的刻着两条相互缠绕的龙,前爪相互抵着,各自回首遥望;还有的刻着双龙戏珠。所有的龙似乎都在游动,真像活了一样。

三

鱼成群结队地在珊瑚丛中穿来穿去。有的全部布满彩色的条纹;有的头上长着一簇红缨,好看极了;有的周身像插着好些扇子,游动的时候飘飘摇摇;有的眼睛圆溜溜的,身上长满刺儿,鼓起气来像皮球一样圆。各种各样的鱼多得数不清。正像人们说的那样,西沙群岛的海里一半是水,一半是鱼。

学生默读这些文字,说发现,复习总起分述,体会"有的……有的……还有的……"句式的好处。通过研讨交流,引导学生明白这种段落的结构就像一条鱼,头和尾(中心句)要小,肚子要大。这也就是古人说的凤头、猪肚、豹尾。

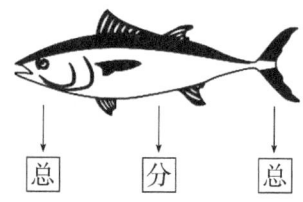

  我用简笔画教孩子们学会画头小尾小肚子大的鱼，并告诉他们记住这条鱼就学会了如何写总分总结构的段落、总分总结构的作文。然后，我给学生一个"鱼头"——"天上的云样子真奇特！"让他们围绕中心句一人说一句话，再用上"有的……有的……还有的……"的句式，把这些话组织到一起就是胖胖的"鱼肚子"。家庭作业是给学生一盘"鱼头"——"下课了，操场上真热闹""天上的风筝五颜六色，各种各样""超市里的商品琳琅满目"等等，学生选择自己感兴趣的中心句，加上"鱼肚子"，组成总分总结构的段落。之后结合课文、习作反复朗读，反复体会，反复训练，直至熟练掌握。这就为写篇打下了扎实的基础。

  课文是学生学习谋篇布局的最好范例。这些年的语文教学中，我深深体会到，只要老师用好每篇课文，用课文教会孩子如何"搭架子"，作文就会容易很多。正所谓"操千曲而后晓声，观千剑而后识器"。在学课文的过程中，我尤其注意练就自己"善于发现的眼睛"，让学生也在潜移默化中拥有这样一双慧眼。我们共同发现课本中藏着的语言秘密，发现属于这一课的独特语言现象。我总在备课时将这些语言现象进行个性化处理，引领学生"到课文中走个来回"，不仅清楚课文的内容，更要清楚这样的内容是如何用文字表达出来。这样，"如何表达"这层纸捅破了，学生就会一课一得，逐步在课文的学习中习得遣词造句，尤其是谋篇布局、表情达意的方法。

  教学中年级课文，我引导学生发现写人一事一特点、一事一品质，写事注重一事一道理、一事一心情、一事一启发。高年级则选择有特点的文章教学生体会写人多事一特点、多事多特点、多事一品质、多事多品质，写事多事一中心。

学生习作

难忘的一件事

◆ 刘觐瑜(四年级)

三年级时,有一天,我拿一个铁盒子换了赵昱博的大蜘蛛。

我把蜘蛛带回家,将它放进纸盒子里,扎了个孔,给它透气。写作业时,我满脑子都是蜘蛛,时不时把它拿出来看看,拿铅笔逗它,忘记了学习。玩了好一会儿,才从那股新鲜劲里缓过来,开始学习。

快睡觉了,我忽然听见纸盒子里有声音,我有些害怕,又有些好奇。最终,我鼓足勇气,打开盒子。里面竟然结了一张网!而且不知什么时候,一只蛾子被粘在了网上。只见蜘蛛慢慢爬过去,在蛾子身上吐了一圈丝,把

它拖到一个角落,准备慢慢享用。可是蛾子似乎并没有死,挣扎了一下,又一下,竟把网弄破了!蜘蛛仿佛在恶毒地诅咒蛾子,它一面爬向飞蛾,一面紧紧盯着蛾子,就好像那是一个对它威胁极大的敌人。

而蛾子呢?它使劲扑腾,将网震动得不住摇晃。蜘蛛也似乎快掉下去了,八只脚死死地抓住丝线,努力使自己保持平衡。就在这时,蛾子从网里挣脱出来,逃跑了!蜘蛛脸上仿佛带着怨恨的表情,愤愤地去补网了。

直到现在,这件事仍让我记忆犹新。那只飞蛾让我知道,在自己最危险的时候,绝不能放弃!就是一只小小的飞蛾也有可能死里逃生,更何况人呢?只要将自己的潜能开发出来,就有无限的可能!

老师的话

这是刘觐谕同学在学完课文《生命 生命》之后即兴创作的一篇佳作。习作文字不长,却一波三折!一个四年级的小学生,能有如此细致的观察能力,如此细腻的表达,着实令人佩服。留心观察,"留心"在前,"观察"在后,只有留心了,观察才会细致。这篇习作成功的原因也在于此。

乡下生活

◆ 郭泽雄（四年级）

我的暑假是多彩的，最快乐的是和妈妈去武威老家体验乡村生活。

那是个星期天，不到六点，我迫不及待地起床，催妈妈背上行李，直奔火车站。

十一点，我们到了武威，又乘班车向五和乡驶去。乡村的空气清新极了。到了大姨家，只见古色古香的四合院，盖得很别致。大院里还有个凉棚。院里摆着茶几和凳子，真是乘凉的好地方。院子中央种着黄瓜、豆角等各种各样的蔬菜。坐在院子里，就能看到外面的田野。一眼望去，一望无际的玉米秆长得又粗又高，肥厚的叶子全都舒展开来，玉米穿着黄色的衣服，像是威严的士兵，一个个露出了头。这时，大姨已经做好了鸡块炒面。这可是真正的土鸡肉呀！那个香，就甭提了。

吃过午饭，我怀着好奇的心情来到门前。门口拴着一头母牛，取名西门塔花母牛。刚开始我怕母牛踢我，便推着独轮车拉了一车青草，推到母牛跟前，给它喂。我拿着青草故意逗它，草刚要进到嘴里时我以飞快的速度移开，气得牛哞哞叫。慢慢地我不怕牛了，摸摸它的头，拍拍它的背。它好像也接受了我这个外地来的亲戚。这时我让哥哥把我放到牛背上。我骑着牛，满心欢喜地一个劲儿叫唤，时不时拿着青草拍打牛的屁股，而牛呢，气得直用脚蹬地。我乐呵呵地不想下来，一直骑着牛，一会儿高歌两声，一会儿大叫几下。大姨和姥姥笑得直不起腰，把牛也惊得伸长了脖子。要不是哥哥叫我下来给牛喂水，我才不下来呢。我端了一盆水给牛喝。没想到牛喝水的速度那么快，不到一分钟就把一盆水喝光了。谁知，过了一会儿，牛不给我面子，对着我的脸撒了一泡尿。

乡村的各家门前总是拴着一只狗。大姨家竟养了两只。院门南面的一只是大狗,咖啡色的毛,两只腿长而细,一条细而短的尾巴总是翘起来,不停地来回摆动,一对漂亮的耳朵宛如两座小山耸立在它的头上。只要一有人走过来,它就会汪汪地叫个不停,真是一条看家的好狗。院门北面是一只黑白的花狗。它的毛乌黑发亮,两只圆溜溜的大眼睛闪动着柔和的目光,小小的鼻子总是东闻闻、西闻闻,每一个角落也不放过。我一走近它,它那矫健的身子立刻迅雷般冲过来,使尽浑身力气,像鲤鱼跃龙门似的跳起来,两只前爪搭到我的手上,两条后腿走来走去,像是在演杂技,真是好玩极了。

  第二天早上,我们一大家人来到了大姨家的田里,准备除杂草。地里种的全是玉米,一望无际的田野像绿色的海洋,玉米秆已经长得很高很高,玉米包了芯,还没成熟。这里的杂草根长得可真深,不使劲拔,一时半会拔不出。我费了九牛二虎之力才拔了一根草,再看看大姨,已经拔了一大堆。我赶紧向大姨请教,大姨给我讲了拔草的要领,手要放到草的根部,

抓紧根部快速拔出来。我按大姨的话一试,还真有效。很快我也拔了一大堆草。我脸上的汗也像豆珠似的滚下来。草已经拔了好几堆,我用独轮车装好,推到大姨家的院门前,堆放到一起,供牛吃。这样来回跑了好几趟,累得满头大汗,可是我开心极了。

到了下午,我又忙着给鸡喂食。大姨家养了20多只鸡。我抓了一把小米,一挥手,小鸡们立刻拥过来,生怕自己吃不到,一个个眼巴巴地望着我,好像在求我:"给我点吃的吧!"我再一挥手,它们跟着跳起了舞。瞧,它们的屁股圆鼓鼓的,可见有多能吃!

到了傍晚,乡村的景色更独特。哥哥带我和妈妈到田野。凉风徐徐,青青的草味扑面而来,可清新了。早起的鸟儿这时也累了,无精打采地趴在树权上休息。乡下的孩子们来到田野的小径上追逐嬉闹。美丽的晚霞已经染红了半边天,云儿急着找自己的妈妈,把整个天空装扮得绚丽多姿。不远处传来蟋蟀的叫声。乡下的田野多么美丽,多么让人留恋。

要不是作业没拿,我真不愿意回兰州。真盼着明年的夏天快点来,我要再次去体验乡下生活。

老师的话

我以我手写我心,小作者真的做到了。读着这些文字,扑面而来的是泥土的芬芳、青草的味道,眼前浮现出小作者在牛背上撒欢、在院门口逗狗、在田地里劳动的情景。每一个文字,都透露着小作者对农村生活发自内心的喜爱。可见,真情的流淌是一篇成功习作的灵魂。对于孩子来说,灵感和真情往往比方法更重要,这篇习作的灵感就来自课文《乡下人家》。

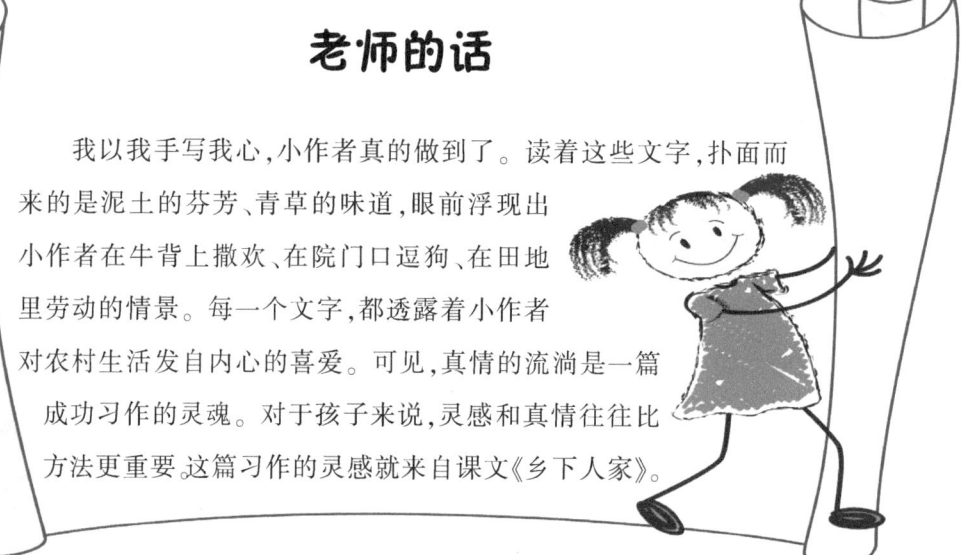

第一次下海游泳

◆ 魏烨熔(四年级)

这个寒假在海南,我第一次体会到了下海游泳的滋味。

海南的冬天阳光依然明媚,真是不可思议。椰树的枝叶随着海风轻轻摇曳,海风夹杂着浓浓的咸味扑面而来。我不禁皱了皱眉头:"好难闻啊!"虽然嘴上这么说,脑袋里却是满满的兴奋:因为我终于可以下海游泳了。

到了海边,第一件事就是给游泳圈充气。我和妈妈鼓着腮帮子,四只眼睛瞪得像铜铃,妈妈的脸涨得像一个红彤彤的大苹果。我们使出吃奶的劲儿,终于给游泳圈吹好了气。换好泳衣,我们便轻装下"阵"了。

海水碧蓝碧蓝的,一望无际,看起来是那么遥远、那么宽广。我小心翼翼地伸出脚试了试海水,咦,没想到海水还是热的呢!我生怕被海水呛着,怎么也不敢下水,就在那儿玩"足浴"。我将脚泡在水里,一边享受着海浪的按摩,一边沐浴着温暖的阳光,心里那叫一个爽。适应海水之后,我心里便开始痒痒,小心翼翼地准备下水。

　　我套着游泳圈，一步一步往前挪。虽说我会游泳，可还是一定要带游泳圈的，毕竟是在大海里。"哧溜"一下，粗枝大叶的我不小心滑倒了。"哎呀"，我四脚朝天，乱了阵脚，被呛了好几口海水。我紧闭眼睛，脑海里回放着教练教的自救方法，正想着，又呛了好几口海水。"好咸啊！"就在这时，妈妈一把拉起我，我得救了。有了前面的教训，这次我小心多了。在海水里，我不停地变换姿势：一会儿"狗刨"、一会儿"蛙泳"、一会儿漂浮……不知不觉，我的胆子大了，再也不害怕了。没有了担心，取而代之的便是快乐与享受。尤其是漂浮时，我双手平放，仰面躺下，利用海水的浮力浮了起来。很快，我便像一片叶子似的被海浪带回了沙滩，这种感觉真是太奇妙了！

　　好景不长，正在我游得惬意时，导游姐姐过来催我们，下海时间结束了。可我还没享受够在大海里游泳呢。无奈的我最后还是被妈妈拉上了岸。

　　唉，都怪我前面"足浴"浪费了太多宝贵的时间。

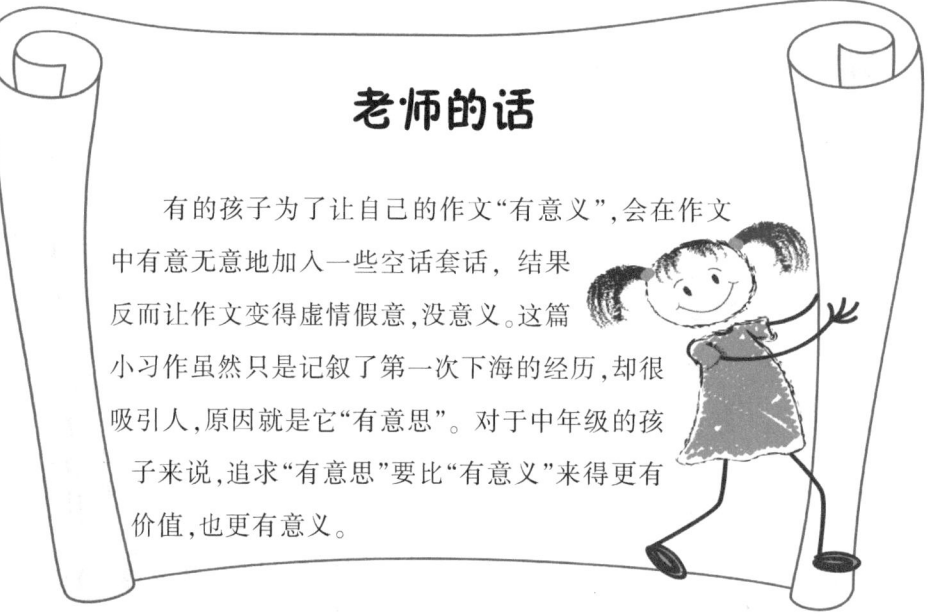

老师的话

　　有的孩子为了让自己的作文"有意义"，会在作文中有意无意地加入一些空话套话，结果反而让作文变得虚情假意，没意义。这篇小习作虽然只是记叙了第一次下海的经历，却很吸引人，原因就是它"有意思"。对于中年级的孩子来说，追求"有意思"要比"有意义"来得更有价值，也更有意义。

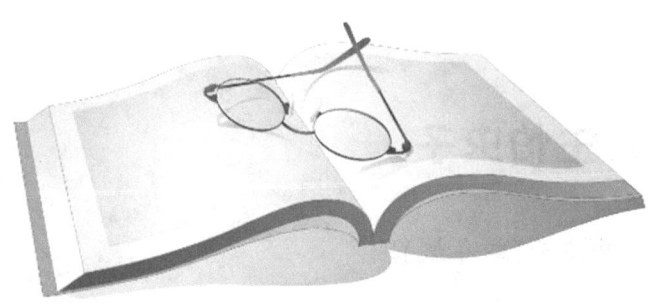

作文秘籍二——名家名篇

（一）

　　三年级刚开始学写作文，为了让孩子们明白作文其实并不难，就是用笔说话，就是围绕一个中心记录自己的生活，我用名篇佳作引路，起到了很好的效果。名家作品特别有带入感，一下子就消除了孩子们对习作的畏难情绪。听我读名家作品，他们笑了：原来大作家的文章也不过如此，并没有那么多的"好词好句"呀。这些名家的文字特别容易唤起孩子们的回忆和联想，它们就像鱼饵，钓到了学生肚子里的大鱼。这在写作理论上，叫做写曾经的生活，写积淀了一段时间的生活。

　　这样的阅读没有更多的写作指导，但我发现这些美文，读过了，学生慢慢就意会了、领悟了。孩子们最喜欢听我给他们读梅子涵的《小时候的鬼样子》中的"我怕黑"，还有《童年》中的"外祖母怕蟑螂"。读完这些章节，我告诉孩子们，大作家无非是比他们多读了一些书，多了一些写作的经验，多了一些观察生活的角度和表达情感的途径罢了。我给孩子们出了一个双空式半命题作文"_____怕_____"，请同学们自由创作。几位同学关于怕虫子的小习作给我很大的启发。的确，从阅读到写作，是一种模糊的、长时间的迁移。和传授写作技巧相比，唤醒学生"曾经的生活"更为重要。

> 学生习作

女生怕虫子

◆ 岳凌云(四年级)

女生怕虫子,这是地球人都知道的。她们一见虫子,平日再勇敢的也会抱头鼠窜。

女生害怕的头号恶虫就是青虫。因为它由一根线吊着,所以"来无前兆,走无迹象"。女生在树荫下只好像芭蕾舞演员一样"足不点地",以防冷不丁和青虫来个照面。

有一次,甘梓辰决心吓唬吓唬那些畏虫如虎的女生!因为他拿出了杀手锏——虫子博物馆——虫皿,所以惹出了一次人间少、天上无的闹剧。

"不知有虫子没?"这是曾怡杨在和女生耳语。

"待我试探。"徐杨梦菲自告奋勇,不愧是女中豪杰。

"小心隔墙有耳。"成济同这女子兵书没白读。

"一万个放心!百分之一百二没有!"王泓森拍着胸脯向众女生保证。

"果真?"魏烨熔半信半疑。

"没有！"甘梓辰头摇得像拨浪鼓,一脸真诚地给女生放"烟雾弹"。

这下,女生解除了戒备心理。可她们还是一群胆小鬼呀。这不,盖着虫子的布还没揭开,她们就脚底抹油——溜之大吉了。剩下几个胆大的女生也不咋样,布一揭开,各个蹿得像着了火的箭——冲进了女厕所。

再拉回镜头,甘梓辰得意地仰天大笑,王泓森幸灾乐祸地转着圈庆祝胜利。不过,明天恐怕就是他们的末日了。因为他们的这一举动成功激起了女生的熊熊怒火！

哎！服了！女生,为什么你们那么怕虫子呢？

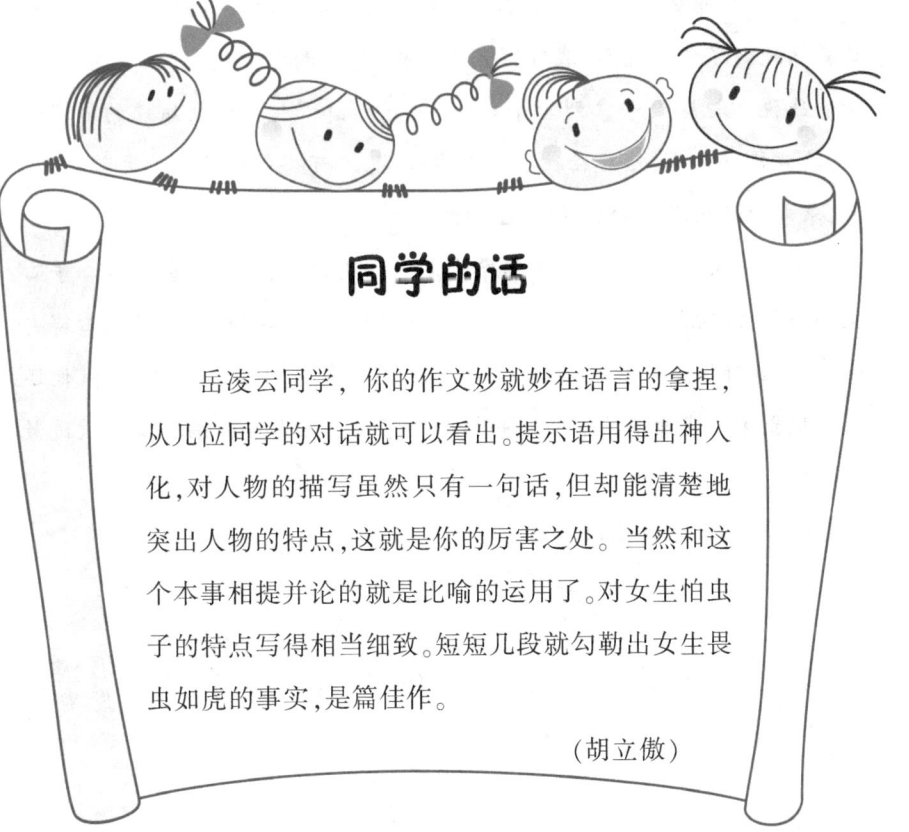

同学的话

岳凌云同学,你的作文妙就妙在语言的拿捏,从几位同学的对话就可以看出。提示语用得出神入化,对人物的描写虽然只有一句话,但却能清楚地突出人物的特点,这就是你的厉害之处。当然和这个本事相提并论的就是比喻的运用了。对女生怕虫子的特点写得相当细致。短短几段就勾勒出女生畏虫如虎的事实,是篇佳作。

(胡立傲)

我怕虫子

◆ 黄诗迪(四年级)

我什么都不怕,就怕恶心的虫子!

班里的男生老爱抓蜘蛛,不知那些虫子给他们施了什么妖术,让他们那么着迷。

有一次,我们在上信息技术课,坐在我旁边的赵昱博忽然从手里拿出一个盒子,我想该不会是虫子吧。没想到他把盒子打开以后,一只彩色蜘蛛竟然跑到了盒子外面。我吓得差点喊出声来,两眼一闭,心跳加速,哆哆嗦嗦地说:"把这虫子拿到盒子里去,快,快点!"赵昱博把蜘蛛的腿提起来,故意拎得老高,然后在我眼前左右摇晃。我吓得转过头去他才放下。老天,求求你让世界上的虫子都死了吧!

还有一次,我看到一个男同学拿着一只花大姐,还把花大姐放在手心里翻来翻去,玩得那叫个开心。我不巧看到了花大姐的肚子,被恶心得尖叫了起来,连滚带爬逃到走廊里。那个男生真淘气,看到我吓成这样,他还故意把虫子往我面前拿。我飞一样地冲下楼,上课铃声响了都不敢进教室。

唉,我怕虫子胜过怕老虎啊!

老师的话

有人说,你有一个苹果,我有一个苹果,两人一交换,仍然是每人一个苹果。但你有一种思想,我有一种思想,两人一交换,每人就有两种甚至更多的想法。孩子们写作文也是这样,灵感、素材需要分享。黄诗迪这篇习作的灵感就来自岳凌云的习作。如果说岳凌云的习作胜于对话,黄诗迪的习作则长于细节描写,小作者的胆小、男孩子的调皮虽然都是三言两语,但极具现场感。

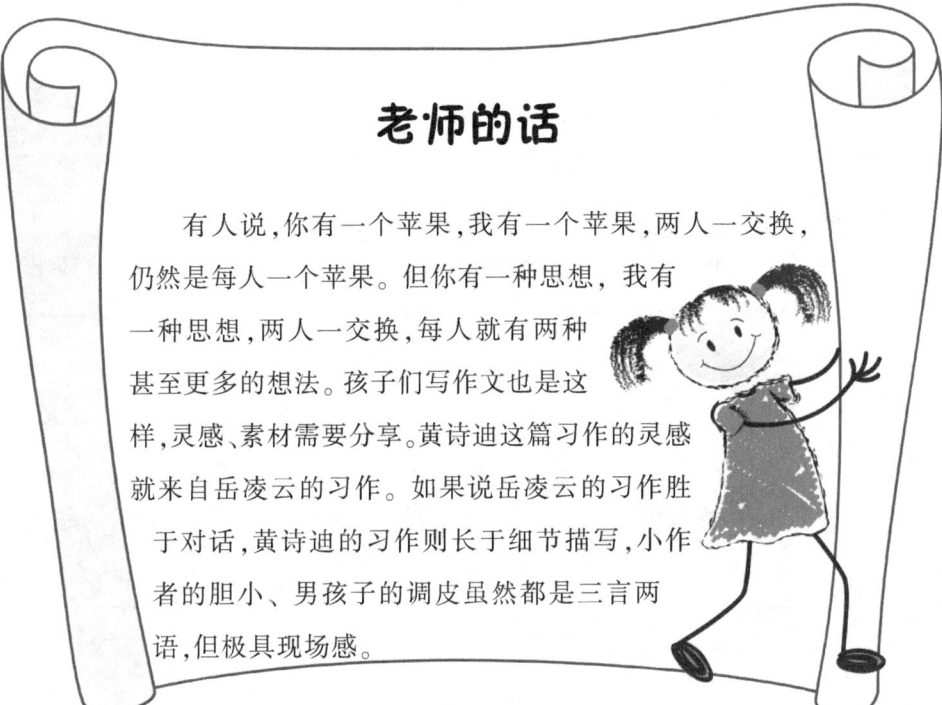

我怕青虫

◆ 傅莉安(四年级)

我是个胆小鬼,什么小虫、蜗牛我都害怕,但最怕的还属青虫。

夏天来临了,青虫疯狂了,有树的地方就有青虫。中午回姥姥家,姥姥家门口有几棵大树,大树下全是青虫,好像在开会。青虫还会吐丝把自己挂在树上,如果不注意,虫子就会爬到头上。我只要进了院子,就开始跳"芭蕾舞",踮着脚尖,眼睛紧盯着地面,还要防着在树上荡秋千的青虫。看着青虫蠕动它的身体,我就想吐,有时还会大叫。

有一天回到家时,我早出了一身汗。

"怎么了?"妈妈问道。

我哆哆嗦嗦地站起身来，指着大树说："青虫……虫……青虫。"

"嘿！"妈妈把嘴往上一撇，"我以为是啥呢，原来就是只小虫。"

"哎，老妈，你真牛。"我不禁夸赞道。

"那当然。"老妈更得意了，"不就是只虫子，你别忘了，你妈小时候还捉青蛙呢！"

唉，我哪能跟老妈比呀，她啥都不怕，看见青虫，见一只踩一只。我啥时候也能不怕青虫啊！

同学的话

傅莉安先用举例子的方法，列出几种虫子，最后说明青虫是最令她害怕的。这跟黄诗迪的作文有很大的区别。虽说都是写怕虫子，黄诗迪写多种虫子，而傅莉安却是专写青虫。对细节描述得很清楚，有的词语用得很好，如：芭蕾舞，踮着，紧盯，蠕动等。小作者还用隔行对话的形式，突出了中心。

(郝彦博)

（二）

　　除了《小时候的鬼样子》《童年》《爱的教育》，冯骥才的《俗世奇人》也是我们班孩子们最好的作文"老师"。生活是平凡的，但并不平淡。平凡的生活同样也会波澜起伏、妙趣横生。《俗世奇人》中的刻砖刘、泥人张、风筝魏、机器王、刷子李等，个个都是俗世里的奇人。孩子们从这本书中学到的是命题的方法、简洁的表达、材料的删减及中心的凸显。每篇文章，冯骥才都活灵活现、栩栩如生地告诉读者主人公因何而"奇"，"奇"在何处。如何写人，怎样才能做到写谁像谁，怎样抓人物特点，怎样写人物特点，不用多讲，只需要孩子们反复读《俗世奇人》，说出自己的发现，交流自己的收获，写人的很多难题就迎刃而解。书中有篇文章《大回》这样开头："大回姓回，人高马大，手大脚大嘴大耳朵大，人叫他大回，叫惯了大回，反倒没人知道他的名字。"什么叫"每句话都要围绕题目写"，读完这段，孩子自然明白。

　　叶圣陶曾说："听人家的语言，读人家的文章，对于锻炼语言习惯很有帮助。只是要特别注意，如果只大概了解人家的意思，对于锻炼我们的语言就不会有什么帮助了。必须留意别人怎样用词，怎样表达意思，留意观察怎样把一段长长的语言按顺序说下去。这样才能得到有用的资料。人家的长处我们可以汲取，人家的短处我们可以避免。"可见，写文章的能力不是"教"出来的，而是"读"出来、"写"出来的。读多了，就能品味出文章的优美之处；读多了，面对别人的好文章就会心有所动；读多了，孩子就会觉得自己能写作了，至少会经常有用文字来表达自己内心情感的想法。好的、适合孩子的文章带给孩子的不仅是写作的方法，更是创作的灵感。

　　很多时候，作文不需要老师教什么，我们只要发现适合孩子的文章，投入地读出来，绘声绘色地读出来，让它们和孩子相遇，好作文就会喷涌而出。冯骥才的《花脸》把自己幼年时的调皮可爱写得入木三分。我把它印发给孩子们，每个学期都会让他们读一读。每次阅读，都能激发孩子们写作的灵感。

> 学生习作

我长出了"大胡子"

◆ 张永辉(三年级)

星期天的晚上,妈妈准备了好多好吃的,打算吃烛光晚餐。我很高兴,脑海里立刻出现动画片里诱人的美味佳肴,怀着激动的心情期待那一刻的到来。

终于开饭了,我抓起一个鸡腿,大口大口地吃起来,然后倒了一杯橙汁,边吃边喝,享受着浪漫的晚餐。我太开心了,拿着杯子在嘴上玩游戏。扣上去,拔下来,拔下来,扣上去。可能是我玩得太久了,杯子里面的空气越来越少,最后扣在嘴上的杯子怎么也拔不下来,越吸杯子粘得越紧。我一下紧张了,害怕嘴上一直带着这个杯子,那不就变成怪兽了!我赶紧找妈妈帮忙。妈妈一看很不高兴地说:"你多大了,还玩这种幼稚的游戏。"她边唠叨边帮忙。没有经验的妈妈费了九牛二虎之力才把扣在我嘴上的杯子拔下来,让我恢复了"原形"。

晚餐结束了,我去卫生间洗手擦嘴的时候,忽然发现嘴上有一个黑色的大圆圈,像长了胡子一样。我心里很不舒服,因为明天就要上学了,如果老师问我,我可怎么回答啊!

这两天,我一直戴着口罩上学,同学们都问我怎么了,我就吓唬他们

说:"我长了水痘,我得了H1N1流感!"大家听了吓得不敢靠近我。

今天,我的不速之客黑色的"大胡子"终于消失了,我又变成了小帅哥。

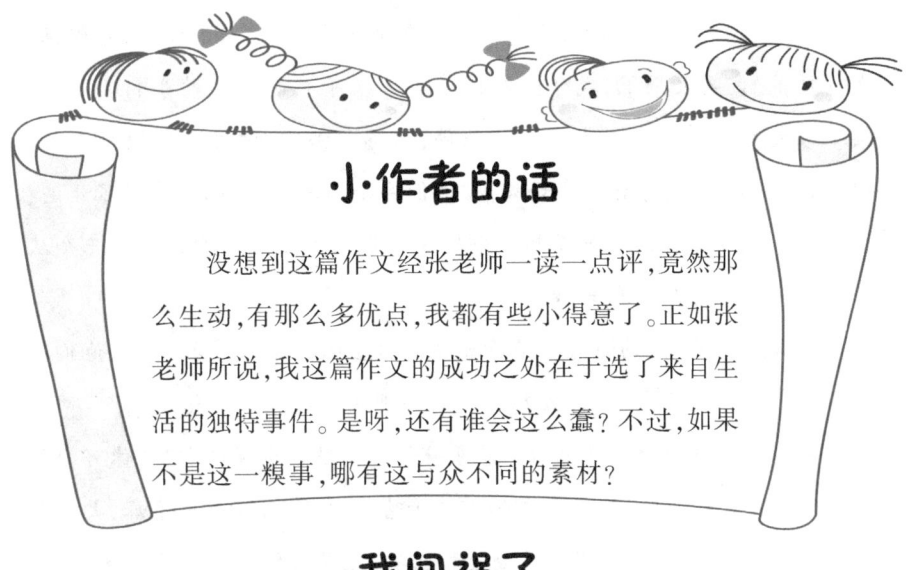

小作者的话

没想到这篇作文经张老师一读一点评,竟然那么生动,有那么多优点,我都有些小得意了。正如张老师所说,我这篇作文的成功之处在于选了来自生活的独特事件。是呀,还有谁会这么蠢?不过,如果不是这一糗事,哪有这与众不同的素材?

我闯祸了

◆ 张永辉(四年级)

寒假去奶奶家,那里冰天雪地,可冷了。我和姐姐妹妹在雪地上堆雪人,打雪仗,玩得可开心了。玩了一阵,她俩去上厕所了,我无所事事,就在旁边的草垛前等她们。左等右等,还不见她们回来。我冻得直跺脚,就拿出之前放炮用的打火机,堆了一些草点燃了取暖。不一会,她们回来了,我急忙把未燃尽的草踢开,就飞也似地去玩了。

突然,有人喊:着火了,着火了,救火呀……我们回头一看,妈呀!前面小场上燃起了熊熊大火,火光冲天,黑烟滚滚。村里的人从四面赶来救火,他们叫着、喊着,手里有的拿着铁锹,有的提着水桶。我们三人也冲向小场。天哪,一层楼高的草垛眨眼的工夫烧成了半堆,眼看就要烧着旁边的草垛了。大家用雪扑、土盖、水浇,奋力灭火。不知过了多久,火终于被扑灭了。

大家七嘴八舌地开始找起火的原因,我一听慌了,是不是我的那把火惹的祸。再一看草垛,明白了。我一口气跑回家,假装没事。大家问我们三人:"你们没去小场玩吧?""没有!"我们齐声回答。过了一会,邻居伯伯和阿姨进来了。说着火前看见我家的孩子在草垛旁玩,还点了火。阿弥陀佛,我闯祸了,我闯大祸了,我吓得双腿哆嗦。这可不是挨K的事啊,不知道接下来大家会怎么解决我。阿弥陀佛,阿弥陀佛,我嘴里不停地念叨着。"你们三个出来!"舅舅和妈妈喊。"你们去小场没有?"他们连问了几遍,我们都不吭声。妈妈顺手提起一根棍子:"有人说着火前看见你们三个从小场过来,是不是?"我只好承认。

妈妈和舅舅、舅妈还有小姨开始谈怎么去给那家人道歉。后来他们提了不少水果和礼品出了门,我想可能是去那户受害人家赔礼了。

一两个小时后他们才回来。舅舅一进门就黑着脸说:"宝贝,你可给舅长脸了!现在就放火,长大了不知道要干啥。""行了行了,孩子嘛,火烧财门开。说不定是好运呢。"舅妈赶紧打圆场,完了又给我们讲了很多道理,草烧了,没关系,万一烧了房子、伤了人,那可就闯大祸了。

后来听说舅舅、舅妈不但给受害人道了歉,还挨个谢了救火的人家。我心里很难过,我给舅舅和奶奶惹了祸,连累姐姐和妹妹陪我挨训。我真是个惹祸精。

老师的话

让小学生写"有意义"的事,十有八九的孩子会抓耳挠腮,无从下笔。但是,如果让他们写写自己做过的错事、闯过的祸,孩子们反而觉得容易、有话可说。张永辉同学不仅把闯祸的原因写了出来,还把当时的紧急情况也描写得全面细致,尤其闯祸后"受审"时的心理描写很生动,真实地再现了一个孩子犯错后的心理活动。

我的哥哥

◆ 刘觐瑜（六年级）

我有四个哥哥，他们年龄不同、长相不同、性格当然也各不相同。

胖哥——王浩吉

胖哥王浩吉是我大哥，今年18岁，正处在高三的冲刺阶段。胖哥的胖可谓名不虚传。他身高186厘米，体重180斤。整个人浑身上下都是肉，走起路来一颤一颤的，仿佛大地都在颤抖。他之所以这么胖，全是因为他爱吃，而且食量大得惊人。每次吃饭，他都好像有三个胃一样，怎么吃都吃不饱。每次不吃个痛快，就绝不罢休。所以，虽然是高考生，有繁重的学业，可是胖哥一点都没瘦。

胖哥曾经是一个不拘小节的人，比如不爱洗澡、不爱换衣服、不爱理发等等。可是随着他的成长，我发现胖哥变了。好像从高二开始，我发现他经常洗澡、经常换衣服。这是怎么回事？我向妈妈讨教。原来胖哥就像孔雀一样，开始注重仪表，希望在女同学面前有好印象。这真让我困惑。

说起来，胖哥还是我的师哥呢。胖哥也毕业于实验小学，并且也曾是邱老师的学生，加上又是大哥，因此，除了经常带我玩以外，他还常常站在师哥的高度教育我，让我无法反抗。听，胖哥又开始说教了："刘觐瑜，不准挑食，必须吃蘑菇！""刘觐瑜，今天上完体育课为什么不洗澡！"……

才子——宋雨霖

要说二哥宋雨霖，那可是一个让我们其他兄弟又爱又恨的家伙。他从小天资聪颖，喜欢读书，是个学富五车的才子。上学后，他的文学素养更加出色，从小学四年级开始就在报刊、杂志上发表文章。小学五年级毕业时，

因为已经把六年级的课程全学会了,直接跳级,上了初中。初二一次考试,他的语文成绩全年级第一,数学成绩全年级第二。高三时他计划出国留学,于是苦练英语,以优异的成绩考上了加拿大的多伦多大学。你一定会问这么优秀的哥哥怎么会招人恨?那是因为家里有这样的优秀青少年代表,爸爸妈妈就常常让我把他作为学习的榜样,少了很多的玩耍时间,当然会令人气恼,自然要迁怒于哥哥喽!其实,哥哥对我很好,带我玩魔兽、看电影、看书,还给我压岁钱,所以,我也很爱哥哥。

孝子——董理

董理哥哥是我二姨妈的孩子,比我大四岁,是一个时髦又帅气的家伙。他的前额发总是像鸡冠子一样竖着,裤子也总是穿细腿的,衣服就不用说了,一定是有型有款的名牌。董理哥哥爱看漫画书,爱玩iPad,爱看电影,爱吃烧烤,喜欢一切新鲜刺激的东西,还常常说我听不懂的时尚话。他说这叫艺术青年范。啊哦,忘了说哥哥是学美术的艺术生,而且画得还很不错。

虽然董理哥哥是一个看似桀骜不驯的少年,但是其实是一个孝子,对她妈妈尤其孝顺。一次,我二姨妈面部中风,有些面瘫,怕风,不能干家务,每天都是哥哥跑出去给二姨妈买可口的饭菜。平时在家,他也常常主动给二姨妈帮忙,拖地、扫地、洗碗筷都是他干。二姨妈的话,董理哥哥说那是太后懿旨,必须听从。

少年老成——张富程

小哥张富程,是一个少言寡语,性格从容淡定的人。他一般很少说话,要说话,也只是寥寥数字。问他吃得怎么样,他说:"还行。"问他玩得怎么样,他说:"还行。"问他感觉怎么样,他还是说:"还行。"家里人都戏称他是"淡定哥"。小哥大多数时间都在沉默中度过,深刻地践行了"沉默是金"这个真理。即便有我这个话痨弟弟在他身边聒噪不休,也不见小哥烦躁。但是小哥做事却很可靠,带我出门过马路时,他一定会牵着我的手,不慌不忙;带我买书,一定要他看过才行,等等。小哥心中有自己的目标,他的学习计划、健身计划等,无论别人怎么说,都不会改变。我想小哥的性格就像他的爸爸(我的舅舅)一样,沉默内敛,又坚实可靠。

这就是我的哥哥们,我爱他们每一个!

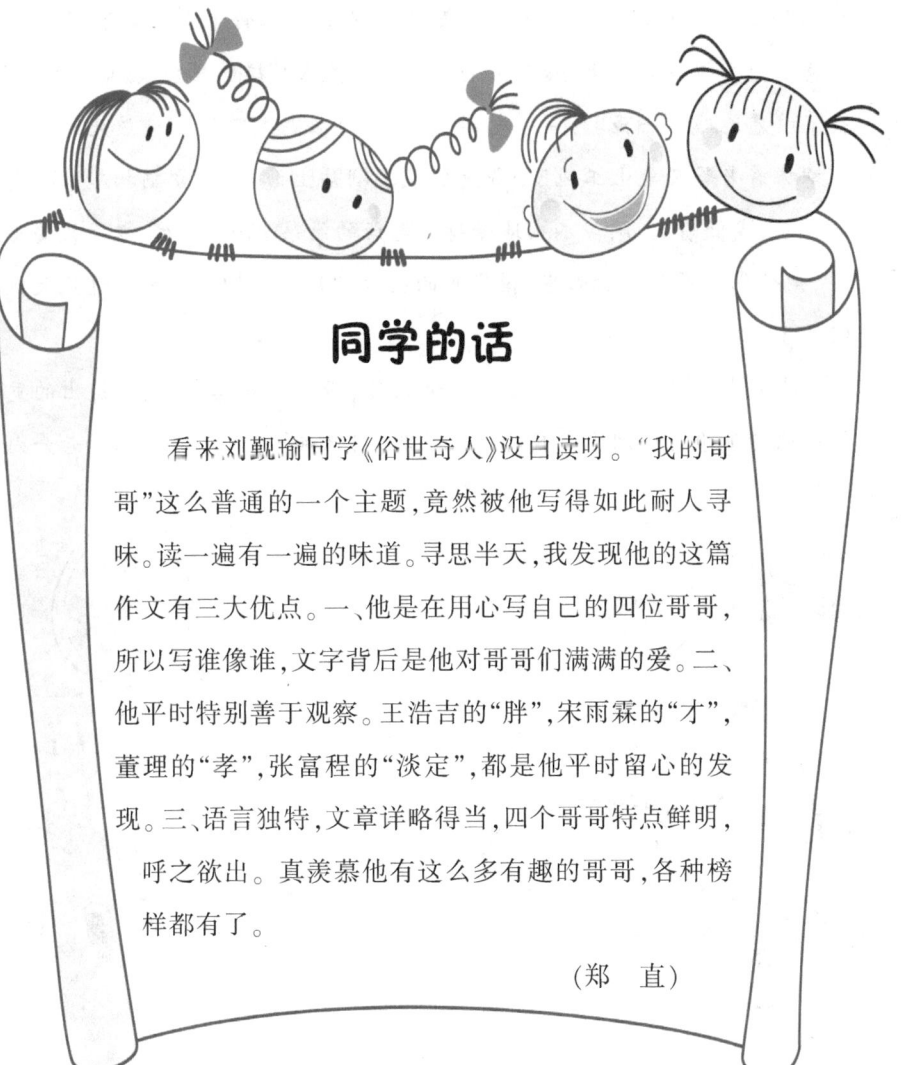

同学的话

看来刘觊瑜同学《俗世奇人》没白读呀。"我的哥哥"这么普通的一个主题,竟然被他写得如此耐人寻味。读一遍有一遍的味道。寻思半天,我发现他的这篇作文有三大优点。一、他是在用心写自己的四位哥哥,所以写谁像谁,文字背后是他对哥哥们满满的爱。二、他平时特别善于观察。王浩吉的"胖",宋雨霖的"才",董理的"孝",张富程的"淡定",都是他平时留心的发现。三、语言独特,文章详略得当,四个哥哥特点鲜明,呼之欲出。真羡慕他有这么多有趣的哥哥,各种榜样都有了。

(郑　直)

"爸,电话!"

◆ 雒修国(五年级)

"爸!电话!"这是我对老爸常说的一句话。我爸在家里真是个"电话狂人"。只要他从庆阳工地上一回来,那烦人的电话铃也就跟来了。这不,老爸刚把手机放到桌上,铃声又响起来了:"主人!接电话啦,接电话啦!"我不情愿地喊了一声"爸——电话——"心情立刻灰暗了。这该死的电话铃意味着老爸又要上工地了。爸爸的屁股刚沾上沙发,就立刻抬起来接电话去了。我低着头,闷声不响地等待着电话的结果。果不其然,老爸又要走了。他仿佛看穿了我的心思,摸摸我的头说:"儿子,别生气,爸爸过几天就回来了!"

我哭丧的脸上努力挤出一个机械的笑,想安慰安慰老爸,可挤出的竟然是两行不争气的泪水。我赶忙转过头,用衣袖擦掉泪水,不想让老爸因

为我而耽误了工作,幸好老爸这时只顾着收拾行李,没有注意。

　　我的眼泪还没干,电话又响了。我便大喊一声"爸!电话!"老爸接上电话,我才感到有些后悔,假如那是朋友叫他到外面去吃饭那该怎么办?结果我真猜对了。我的心情立刻从多云变成了狂风加暴雨,愤怒又伤心。我伤心的是老爸怎么连陪我一个晚上的时间都没有,老爸跟我在一起的时间为什么总那么少?但我只能把这些埋在心里。几年来,就因为这样的电话,老爸从一个大帅哥变成了大老爷们儿。

　　每当电话响起,我都在纠结到底要不要告诉爸爸。告诉,那爸爸又不能陪我了。不告诉?可爸爸是为了这个家,才这样辛苦工作的呀!所以,每次在那一瞬间的犹豫后,我都会使劲从嗓子眼里蹦出这几个字:"爸!电话!"

同学的话

　　"爸,电话"是这篇文章的题目,它一下子就吸引了我,雒修国也由这一句话展开全文。他的文字充满了真情实感,句句都表达了对爸爸的不舍,写出了自己的纠结。这一点我很理解他,因为我爸爸也在外地工作,我有同样的感受。特别是文中的这段话:"我哭丧的脸上努力挤出一个机械的笑,想安慰安慰老爸,可挤出的竟然是两行不争气的泪水",这明明写的就是我嘛。

(徐杨梦菲)

作文秘籍三——同学习作

（一）

孩子意会的知识，要比单纯靠老师讲解获得的知识灵动许多。与其说是我教学生写作文，不如说是学生教学生写作文，学生教我如何给他们教作文。学生阅读身边的人写的身边的故事，不论是选材、命题，还是内容、谋篇，都更容易吸引他们，引起他们的阅读期待。在我的班级里，借助一份作文周报，学生从同伴那里学到的作文方法，远远多于我教给他们的。

如小标题在语文教材中是高段才接触的知识，我平时的教学也从未涉及。可不少学生在三年级就会用小标题了。孩子们学会用小标题的过程非常简单。在第16期作文周报中，徐杨梦菲同学的一篇《海南之行前奏曲》大受追捧，其中一个重要原因就是她的习作运用了小标题。紧接着，第17期、18期作文周报中就出现了不少应用小标题的作文。《"多彩"的老顾》《"五一"节的"五个一"》就是其中两篇。一时间，你学我，我学你，你促进我，我推动你成了一种自觉行为，这就是真正的自主学习。当"要我学"变成"我要学"，孩子们真的就无师自通了。

师浩琨爱编小口诀，这是他独一无二的特点。《百分秘诀》(上课盯师口，作业超认真，不过六七点，知识全掌握。考前要复习，基础不发愁。答题静下心,要求看清楚。周报仔细读,佳作多又多。要想作文好,方法藏其中。秘诀记心中,百分属于你)出自一堂试卷分析课,因为是他当堂完成,让我吃惊,所以当天通过校信通、QQ群发给了全班。"一字活一句,一句活一段,一段活一篇,一篇活一本。如果你做到,作文不用愁"则出自课文《绝招》的学习过程中。课堂上孩子们读到"二胖早把嘴撇到了下巴颏上"这句时,我们一起体味了"撇"的妙用,我随口总结:"这就叫一字活一句",没想到师浩琨同学又拓展了后面的内容。写了"一字活一句,一句活一段,一段活一篇……"善于发现的顾苗玉同学抓住师浩琨这一特点,给我们带来佳作《"九好"同学师浩琨》。这篇习作编在我们班第18期作文周报上。我同时编了王雪骄同学的《"将军肚"陈教练》。原文如下:

　　在训练鼓号队的一段时间里,学校请来了一位教练,这个人就是陈教练。

他个子不高,圆圆的脑袋顶着一小撮稀少的头发,皮肤黑黝黝的,最好玩的是陈教练的"将军肚"。同学们有的说:"教练的肚子肯定装了两个西瓜!"有的说:"教练的肚子里有十碗米饭!"还有的同学说:"陈教练进门时,人还没有来,他的'将军肚'就先进来了!"

我认为陈教练挺着"将军肚"绝对看不见自己的脚,因为我爸爸也有一个"将军肚"不过在我看来,陈教练在训练场上威武地指挥着我们几百人,多像一个真正的将军啊!

周报讲评课上,我用师浩琨同学的习作引导孩子修改了这篇习作。

师:请你们从欣赏的角度在这篇习作中"摘花"。

生:她最大的优点是写陈教练时能抓住他突出的特点——肚子大。

师:能不能给这篇文章挑挑刺儿?

生:太短了。

师:所以不够具体。这篇文章的题目"大"了,内容"窄"了。改这篇文章,有两个办法。一是把题目改"小",变成"陈教练的'将军肚'",二是添加内容。加什么呢?一般写老师,要写老师如何教学生;写医生,当然要写他怎样治病。陈教练的工作是什么?

生:给我们教鼓号。

师:对呀,老师教几十个学生都累得够呛,陈教练在这么短的时间怎么教会你们二百五十人吹号打鼓的呢?

生:他让我们吹号的、打大鼓的、敲小鼓的、打大叉的分成好多组练习。

师:那你们几百人变换队形时怎么就不乱呢?

生:他给我们教了口诀。我们背着口诀走,当然不乱。

师:对呀,这就是陈教练独特的语言,特有的智慧,像顾苗玉一样,抓住陈教练的语言,就能把他写生动。

因为有顾苗玉同学的习作为例,孩子们一下就明白该怎么改了。

"九好"同学师浩琨

◆ 顾苗玉(三年级)

高出我一个脑袋的大个子,特爱眨巴眨巴眼睛,加上一对装满福气的大耳朵,这就是我的同学师浩琨。

师浩琨是个成绩顶呱呱的好同学。每次考试,他门门功课都在98分以上。我对他佩服得五体投地。上课时,他总是聚精会神地盯着老师的嘴巴。当老师讲到重点时,他总会拿出一个小本子来,认认真真地记录下来。他不但会听,更会写。那天老师讲完期中试卷,他当堂写了一个《百分秘诀》:"上课盯师口,作业超认真,不过六七点,知识全掌握。考前要复习,基础不发愁。答题静下心,要求看清楚。周报仔细读,佳作多又多。要想作文好,方法藏其中。秘诀记心中,百分属于你。"我把这个秘诀读了一遍又一遍,都背下来了。原来师浩琨就是照这个秘诀来做的,怪不得他的成绩那么优异。

师浩琨都快成大诗人了。他呀,差不多每天的语文课上,只要张老师讲了什么,总结了什么,他一提笔,就变成了一首押韵的小诗。有一次,张

老师上课告诉我们"一个字用得好,就可以救活一句话"。下课时,师浩琨马上做了一首小诗:一字活一句,一句活一段,一段活一篇,一篇活一本。如果你做到,作文不用愁。

学习好还不算,师浩琨还是一个拾金不昧的好少年。

一次桂老师在全校的降旗仪式上读了一封信,我们才知道放寒假时师浩琨在超市捡到一位叔叔的手机。他想办法和叔叔联系上后,和姥爷一直在马路边等到晚上十点,才和失主见了面。因为手机里有公司的重要资料,失主特别感激,要给他钱表示感谢,他拒绝了,问他是哪个学校的,他也不说。最后还是他姥爷告诉失主他是我们学校的。

师浩琨的优点还多着呢,比如字写得像印刷体,和我一样是个热心肠,等等。不过,金无足赤,人无完人。师浩琨也有一样不好,明明是个男孩子,可是和谁说话都会歪着脑袋,眨巴眼睛,表情也太丰富、太妖娆了,像个女孩子。如果他改了这一点,我就封他"十好"同学。

同学的话

我特别佩服顾苗玉的观察能力。他怎么一下就发现了师浩琨最大的特点,爱编小口诀,还有一点——有点女孩子气。其实,作为同学,我们都知道他的这两个特点,但唯独顾苗玉能写出来,可见"留心"可能比"观察"更重要。顾苗玉写同学师浩琨,抓住了他的语言特点,给我们活灵活现地展现了一个勤于思考的好学生的形象,教会了我如何写同学。

(唐 金)

"将军肚"陈教练

◆ 王雪骄(三年级)

我们训练鼓号队的那段日子里,学校请来了一位教练,这个人就是陈教练。

陈教练六十有余,个子不高,胖乎乎的脑袋上头发稀少,脸上的皮肤黑黝黝的,圆鼓鼓的"将军肚"走起路来一颤一颤。同学们觉得他很好玩。每次休息时,我们都会对他的肚子议论纷纷:"教练的肚子里肯定装了两个西瓜!""教练肚子里全是智慧!""陈教练进门时,人还没有来,他的'将军肚'就先进来了!"我想,陈教练挺着"将军肚"绝对看不见自己的脚,因为我爸爸也有一个"将军肚"……

我们鼓号队有大鼓、小鼓、大叉、小叉,还有号,两百多人同时训练,难道陈教练有分身术?不,陈教练把我们两百多人分成了好多组,由不同的老师负责。他先教会老师,再由老师各教各的队。最开始,我们打小鼓的女同学每人拿个碟子和一双筷子,嘴里念着节拍,用手敲着节奏,用脚点着

节奏,真的很好玩。教练让我们在碟子上练会节奏,再给我们发小鼓。陈教练可真有办法呀。鼓号队最大的队伍、最难管的大部队就是小号队,由他亲自教。八十多个男生一个比一个调皮,但陈教练自有高招。每天训练,他都层层选拔,最先挑出来的同学被编成北京队、上海队,稍差的组成广州队、江苏队,再后面是山西队、河北队,等等。被选出来的同学骄傲地站在前面给吹不响的同学示范。为了能进北京、上海队,男生们每天都使出吃奶的劲儿吹,因为谁都不想留在甘肃、西藏队,太没面子。这样,就没人顾得上捣乱了。

各队都练好了,两百多人要合到一起,还要不停地变换队形,陈教练的"点子"又来了。他根据谱子编了一段口诀:"一号谱,作引线,浩浩荡荡进台前;一号谱,作引线,大鼓大镲向后转;二号谱,作引线,小鼓号队交叉演;二号谱,作引线,四个方块尖对尖;一号谱,作引线,红军会师宝塔山!"背着口诀练习,没过两天,我们就走出了整齐的队形。大家都不禁从心底里佩服"将军肚"陈教练。同学们说他肚子里装的全是"金点子"。

正式表演的那天,陈教练挺着"将军肚"在训练场上威武地指挥我们几百人,多像一个真正的将军啊!

老师的话

陈教练何以统帅二百五十多名学生,让孩子们一个月之内就能跟着乐谱、打着节奏变换漂亮的队形,这得益于他的队形变换口诀,得益于他的智慧。王雪骄同学从顾苗玉那里学到了如何写人,他用陈教练的口诀来写陈教练的智慧,人物一下子饱满了、鲜活了。

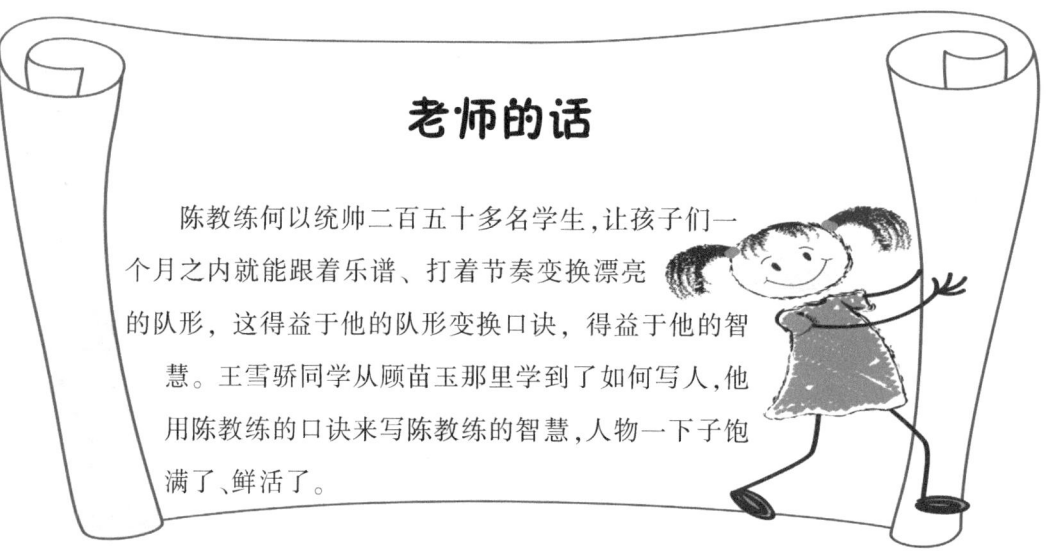

多彩的老顾

◆ 雒修国(三年级)

实验小学三年级四班的同学谁不知道大名鼎鼎的老顾?顾苗玉呗!翘翘嘴,大板牙,一双圆圆的大眼睛滴溜溜地转,一看就是个机灵鬼。老顾最开始出名,完全是因为调皮捣蛋——过马路胡蹦乱跳被车擦伤,上课不进教室,三天两头在班里闯祸,最有影响力的就是和我们几个调皮鬼一起制造了影响极大的"臭屁炸弹"事件,惊动了学校领导。不过如果你以为老顾是个不学无术的调皮蛋,那可就错了,现在的老顾在班里可是牛气冲天哪!谁让他是多彩的老顾呢!

作文狂

老顾可是我们班的高产作家,一个寒假就写了18篇作文。18篇呢!和他相比我都不好意思说自己了。每天晚上老师布置作业,我虽然不怕作文,但还是想着作业少点儿好。但老顾总要大喊一声:"老师,怎么又没自由作文呀?"张老师一听,自然喜上眉梢:"好吧,愿意写的同学可以再写一篇自由作文。这是选择作业。"哼,说是选择,谁愿意落后?这还不算,上学期我们每天写日记,中午放学顾苗玉就会向张老师要回日记本,中午都要写一篇作文来。一次作文课,他竟然一下子写了10页!还有,只要一有空,他就会写作文。这次运动会,知道我们班为什么被评为"精神文明班级"吗?老顾可立大功了!全校稿件我们班第一!老顾一个人就投了128篇稿子!运动会那几天,他可是整天趴在小凳子上,一刻不停地整整写了两天哪!我心想,这次他立的大功正好可以和我们上次放臭屁炸弹的坏事相抵消,哈哈。

大书迷

知道老顾的作文为什么那么牛吗？人家可是个大书迷呀。从一年级到现在，每次评比，他都是班里的读书大王。他一年级时一个假期就能读七八十本书呢。上次寒假直接读了102本。他妈妈一次就从当当网给他买了79本书。谁让他读书的速度那么快呢！

课间操，顾苗玉经常抱着一本书藏在厕所里，一边闻着书的香味，一边闻着厕所的臭味津津有味地看书！张老师被他气得哭笑不得。

热心肠

老顾是个超级热心肠。向他借东西，只要他有，二话不说就借给你。有时他没有，还热心地找别人帮你借。有一次我没带美术工具，结果他爽快地把工具借给了我。开学老师排座位，他主动举手和班里学习最困难的同学坐同桌。我真佩服他。半学期下来，他学习进步了不说，还帮助同桌也进步了不少。你说老顾牛不牛？

这就是我们多彩的老顾！

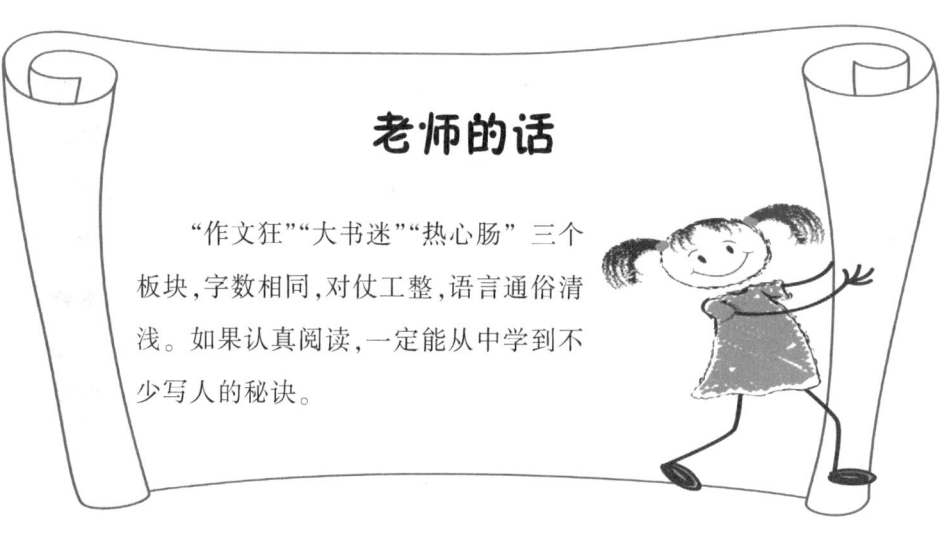

老师的话

"作文狂""大书迷""热心肠"三个板块，字数相同，对仗工整，语言通俗清浅。如果认真阅读，一定能从中学到不少写人的秘诀。

（二）

每个周末的"读周报、评周报"是孩子们最喜欢的作业。在这一万字左右的《班级作文周报》中，有同学的影子、亲人的影子、自己的影子，有生动的故事、创作的灵感、习作的秘籍。编辑周服固然重要，但引导学生在同学的习作中寻素材、找灵感、悟方法才是编报的目的。我经常对孩子们说："阅读是寻找，你一定能在周报中找到自己。"事实证明，他们在阅读同学习作的过程中，时常会忽然想起发生在自己身上的事儿，发生在亲人、朋友身上的故事，灵光一现，文如泉涌。就这样，读着一期期周报，孩子们你启发我、我启发你，选材的难题逐渐被破解，习作的大门慢慢被推开，习作的兴趣迅速被点燃。

孩子们的创作热情空前高涨。记的三年级第二学期，学生传到邮箱的稿件我已经来不及编辑。为了不挫伤孩子们的创作热情，我在班上宣布：如果哪位同学能在两周之内完成一万字的习作，我就以他的名字命名一期周报，为他出专辑。

让我惊喜的是，两周内，竟然有五位同学按要求完成习作，其中一位同学九天时间完成习作一万五千字。对于三年级的学生而言，他们并没有掌握太多的写作技巧，凭什么能在有限的时间里做到这一点？我和孩子们总结的经验有三点。第一是阅读，第二是阅读，第三还是阅读。读喜欢的课外书，读课本，读同学的习作。

学生习作

有趣的"狗肉"

◆ 岳凌云(四年级)

俗话说,"狗肉包子上不了桌",大家一听就知"狗肉"不是什么好词语。然而,桂林一行让我知道了"狗肉"一词另有妙用。

那天刚上车,导游的自我介绍就让我们一车游客笑弯了腰。"在我们桂林,朋友称作'狗肉',我姓曾,大家以后就叫我曾狗肉吧。"不听不知道,一听吓一跳,称一个年轻小伙子"狗肉",这能好听吗?有几个游客试着喊了句"曾狗肉",我觉得很刺耳,然而小伙子却爽快地答应着。"曾狗肉"介绍说,在桂林,好朋友叫"热狗",最好的朋友叫"血狗",因为他们血脉相

通。于是大家把车上一位年龄大的老爷爷喊了声"老狗肉",这时老人非但没有生气,反而哈哈一笑。我想这要是在兰州,老人家不抢起棍子才怪哩。

　　桂林人为什么把朋友叫做狗肉呢?我们都很好奇,通过请教导游,终于明白原来桂林人很好吃,天上飞的、地上跑的无所不吃,同时也爱好吃狗肉。冬日里,三两好友相约,围坐于香气四溢的狗肉火锅旁,谈天说地,其乐融融,渐渐地有了好朋友才在一起吃狗肉的说法。狗肉朋友由此而来,其实是指可以同甘苦、共患难的兄弟朋友,而不只是吃吃喝喝的酒肉朋友。

　　不过一是一,二是二。狗肉就是狗肉,朋友就是朋友。我们可千万别用狗肉朋友来称呼当地人。如果这样叫他,估计你会鼻青脸肿地回宾馆。因为狗肉朋友用来称呼陌生人可是贬义的。

同学的话

　　这篇文章很有趣,开头引用了一句俗语,让人眼前一亮。文中也讲清了"狗肉"这个词的来龙去脉,让人不禁捧腹大笑,"狗肉"原来还有这个意思,真是让我长了见识。文中的每句话都紧扣题眼,为中心服务。读完全文,"狗肉"的有趣跃然纸上。看来,旅游趣闻也是写作的好素材哦。

(徐杨梦菲)

没有火的火锅

◆ 高若森(四年级)

假期的海南之旅最让我难忘的是那顿"没有火的火锅"——温泉泡餐。

这火锅的锅其实就是一个圆形的大台子,中间是一个正方形的洞,只要一开阀门,滚烫的泉水就从洞口源源不断地涌出来,泉水温度高达摄氏94度呢。所以刚开始爸爸妈妈总是牵着我的手,不让我到处乱跑,生怕被烫着。

就餐的食物一切准备就绪,有白菜、萝卜、香肠、丸子、豆腐等,竟然还有鸡蛋!我们拿了两个筐子,放在泉水中,一个煮蔬菜,另一个煮鸡蛋。过

了七八分钟,鸡蛋就熟了。我用筷子在蛋壳上戳了一个洞,蛋清刚凝结住,嫩嫩的,像果冻一样。我把鸡蛋一点一点吸进嘴里。嗯,口感很好,感觉像吃鸡蛋味的果冻,我吃了一个还想再吃一个。

再看看那边的情况,蔬菜和肉已经煮好了。我迫不及待地夹起一个丸子,闭着眼细细品味。哎呀,怎么还没熟呢。过了一会儿,妈妈睁大眼睛观察着锅里的蔬菜,时不时夹起一小块尝尝,嘴里还念叨着:"熟了没有啊?熟了没有啊?"突然,妈妈一声欢呼:"哈哈,熟啦!熟啦!"紧接着三双筷子同时伸向锅里。"嗯,真好吃!""……美味呀。""简直太太太……香了!真是人间美味。"在一阵赞叹声中,我们狼吞虎咽地吃起来。

耶!这是我长这么大吃的最香、最独特的火锅!

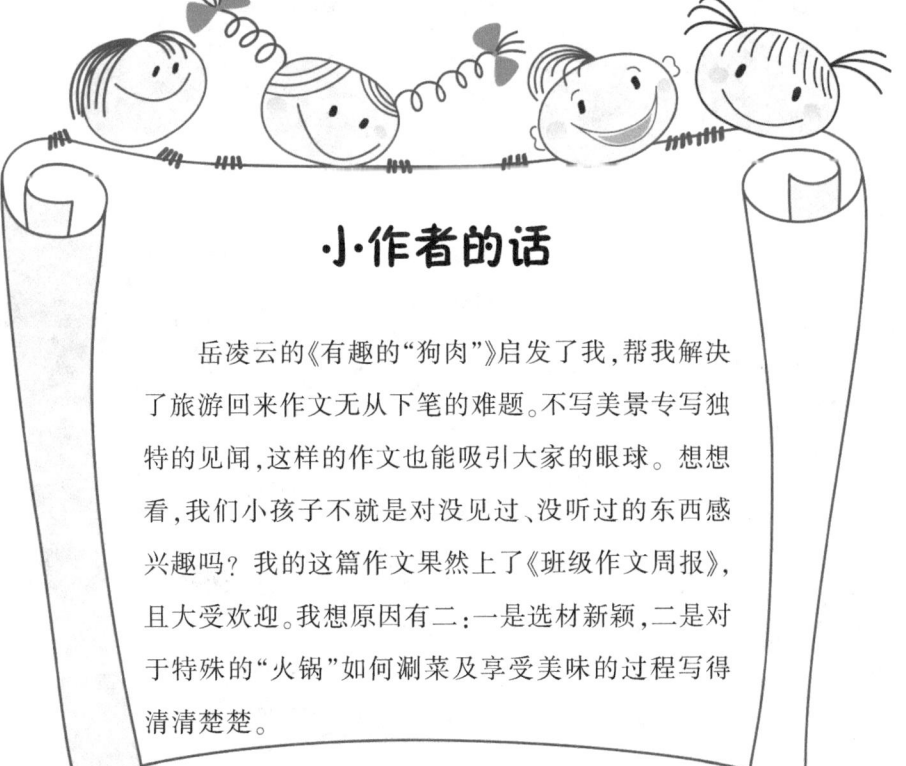

小作者的话

岳凌云的《有趣的"狗肉"》启发了我,帮我解决了旅游回来作文无从下笔的难题。不写美景专写独特的见闻,这样的作文也能吸引大家的眼球。想想看,我们小孩子不就是对没见过、没听过的东西感兴趣吗?我的这篇作文果然上了《班级作文周报》,且大受欢迎。我想原因有二:一是选材新颖,二是对于特殊的"火锅"如何涮菜及享受美味的过程写得清清楚楚。

有一天,父母老了

◆ 黄诗迪(五年级)

有一天,父母会老,会离开我们,可怎么办呀?这个问题有一些深奥,但我从懂事起就开始思考。

三岁时,我常常会在爸爸妈妈熄灯睡觉后,小小的脑海里闪过一个想法:如果爸爸和妈妈去世的比我早,我该怎么办?年幼的我,总会傻傻地想象着自己会像童话故事里的小公主去寻找灵丹妙药,让他们不要老去。四岁时,我知道了这不可能,于是每周我都会发一次"病",这个病就是想这个问题,想着想着跑到老爸老妈的屋子里哭一阵。

渐渐地,我长大了,再不会去想这么幼稚的问题了。

现在我十一岁了，父母已经过了四十岁。帅哥爸爸的头上有了丝丝白发，美丽的妈妈眼角也长了鱼尾纹。我看在眼里，痛在心上。我知道我不是仙女，不能给父母长生不老的灵丹妙药，但我可以做到不让父母担心，不让他们为我生气、烦恼。但想的容易做起来难。我时不时还是会因为作业中出现的错误让父母生气，这总让我很后悔为什么不能一次做对呢？

一次唐金在作文中写道："要让自己成为父母的骄傲。"她说得好，做得更好。但我只做到了百分之五十左右。我要向她学习，做好自己。以后努力考上好大学、有份好工作、有个好未来，报答父母。

老师的话

把自己心中一直在想的东西写出来，就是独独属于你的好素材。正因为小作者平时就是一个懂事的孩子，她才会长时间地去思考这样一个深奥的问题，才会心怀感恩，看到爸爸的丝丝白发、妈妈眼角的鱼尾纹，才会读懂唐金习作中的"要让自己成为父母的骄傲"的真正含义。

发黄的旧照片

◆ 王颢璇（五年级）

周末，我随妈妈去姥姥家。到家后，我一下看见自己小时候的相册在客厅桌上放着，便随手打开。看见自己小时候那憨憨的、无忧无虑的样子，我不禁用手摸着照片想：要是能让时光倒流该多好！

"干什么呢？"妈妈走了过来。

"哦！我在看照片。"就在说着话的空儿，我突然发现相册里还夹着一张发黄的旧照片，那是妈妈的照片。我眼珠一转，问妈妈："妈妈，你总说小时候的事，能给我看看你以前的照片吗？""好啊！"妈妈走到书柜旁开始翻箱倒柜地找。不一会儿，妈妈抱着一摞相册走来。这几本册子一看封面就知道是很早以前的。过时的风格、过时的感觉却带给我一种时间的味道。

打开相册，里面那个人是妈妈吗？怎么看，都是一副单纯的小姑娘的样子，其中一张照片她穿着长裙倚在树下，让我不敢相信那是妈妈。"这是我大学时的照片，"妈妈指了指，"那时我很安静，几乎不多说话。"看着那

一张张、一页页、一册册旧照片,我感慨时间怎么流逝得那么快!看着照片里那么年轻的姥姥姥爷,那么小的妈妈,还有那么一丁点儿的我,我深刻地感受到——在时间面前每个人都很无奈。不知从何时起皱纹已爬上了妈妈的眼角,白发也不再稀奇。

光阴似箭,一去不返呀。照片里的我是那么年幼。有恍如隔世之感。我想,那是因为我不可能回到当时的心态、当时的场景和当时的模样了。翻着旧照片,我的心里忽然有种说不出的惆怅……

爸爸妈妈的话

《发黄的旧照片》总体不错,特别是在今年再次读后,不禁感慨:时间都去哪儿了?这篇文章一些用于描述的词和句比较准确,有一丝意味悠长的感觉,比如"憨憨的、无忧无虑的样子","过时的风格、过时的感觉却带给我一种时间的味道"等等。小作者对于时光流逝发出的小小感触,提醒我们要关注孩子成长的每一个细节,要在孩子的成长路上给予他们更多的爱。但是,文章也有不少问题,照片的描写过于简单,不细致,有点"蜻蜓点水"的感觉。表达感触时,也不够深入,有点"犹抱琵琶半遮面"的感觉。

方法

习作的金钥匙

方法 习作的"金钥匙"

真实最重要

我的作文第一课,就是告诉学生真实最重要。不要小看这一点,刚开始学习作文的孩子总会感到困难重重,因为他们不明白,作文就是围绕一个中心用笔记录自己的生活。看似简单的道理,要落到实处还真不容易。因为长期以来,作文教学中存在一个很大问题,那就是不论在老师还是家长心目中,总有一个固有模式,不论孩子几年级,只要写作文,选材一定要"高端大气上档次",命题要新颖,结构要完整,语言要丰富,立意要深刻。以至于高考作文中不少考生大笔一挥,编造"父母双亡""自身残疾"等"苦难"来说明自己如何"坚韧"、如何"战胜脆弱"(某省高考试卷抽样调查,竟然有40%的作文都出现在"父母双亡"的"考验"下"战胜脆弱"步入考场的假话)。文品即人品。虚假的作文多么可怕。

一些老师和家长潜意识里认为孩子一到三年级,一下笔就应该写出完美的习作。事实却是这些远远高出孩子认知水平、年龄特征,违背教学规律的模式化要求,让孩子一开始就远离了真实的生活,导致他们作文时无话可说、无从下笔,只能另外编造一套"高尚"的生活作为作文的内容。

其实三年级的孩子只要懂得作文就是写真实的生活,写自己的心里话,就是把用嘴说的话用笔写下来,他们就会有说不完的话,既不需要自己绞尽脑汁地去编造,更不需要老师为了学生写作文刻意地组织活动。我

们需要的是给学生一双慧眼,让他们去发现本来就存在的真实生活,而不是去帮学生"再造生活"。想想看,仅孩子的班级生活,就有多少内容可写。这节课有趣、那节课失落;这个同学获奖,那个同学挨批;男同学淘气,女同学文静;这个同学因胖减肥,那个同学因瘦苦恼;我喜欢体育,他擅长音乐;我爱读"三国",她痴迷"西游";前排的同学是追星族,后排的同学是足球迷……更不用说每个同学还有自己独一无二的家庭、生活的社区、眼中的社会。

我发现大部分孩子开始写作文时是有话可说的,但是经过老师、家长一番看似用心的指导,孩子就茫然了,因为这些指导往往脱离孩子真实的水平、真实的生活!

给三年级孩子教作文,不需要高深的理论,刚开始只要让他们明白,真实是作文的灵魂,写作文就是写生活,足矣。

方法 习作的"金钥匙"

学生习作

心中有"鬼"的老妈

◆ 郑 直(三年级)

这件事发生在刚开学的时候,那时候天气还很冷。

有一天,老妈网购的两条裙子到货了。晚上,我刚写完作业,正准备美美享受《装在口袋里的爸爸》,你猜怎么了,老妈居然大冷天穿着裙子在镜子前照来照去,地上还摆满了各式鞋子:长的、短的、黑的、棕的、平底的、高跟的……这不成鞋店了吗?那两天天气很冷,我都穿着棉裤。我惊讶地问:"妈,你不冷啊?""当……然冷,"她哆哆嗦嗦地说,"你看我……漂亮不?"我连忙点头,其实我看到的是她胳膊上的鸡皮疙瘩。"千万不要告诉你爸。"老妈忽然一脸讨好地对我说。我点头答应,睡觉去了。

第二天早上,爸爸下班回家,我也不知怎么了,觉得守口如瓶太难了,一看到爸爸就想告诉他昨晚的事。于是我就用口型问妈妈说不说。刚开始妈妈没反应过来,但意识到我说的是买裙子的事时,她立刻火冒三丈:"敢说看我怎么收拾你!"

老爸看着我们的表演很奇怪,问什么事?我连比划带做动作,可爸爸还是猜不出来,真急人。

最后,还是妈妈自己坦白了。然后她又去试裙子了。她怎么不累,也不烦?还一个劲儿地念叨"小孩真是不可信"。

还说我呢,女人才是奇怪的动物。

同学的话

郑直的文字像他的名字一样,好真实!这篇充满童真童趣的作文,题材选自最普通的生活、最亲的人。他用口型给爸爸告状那段真是太好玩了。郑直还说了两句经典名言:"我也不知怎么了,觉得守口如瓶太难了。""还说我呢,女人才是奇怪的动物。"我敢保证,最后这句话,再高明的家长和老师都指导不出来,因为他们不可能有这么奇妙的想法。

(张津宁)

太太，您好吗？

◆ 马纪星(四年级)

太太，您好吗？您去世已经快三年了，在这三年里，我也懂事了许多。

记得您走前的那天晚上，身体很虚弱，需要奶奶照顾，我就去舅舅家住了。第二天早上不到七点半，奶奶就来电话，让我们赶紧回家。

妈妈拉着我跑到奶奶家，我一进门就看到您的眼睛紧闭着，我着急地一直叫着"太太，太太，我们来了。太太，太太，我们来了"。可您没有回答，只是皱了一下眉头。那时天真的我竟以为您可能是累了，睁不开眼睛。

我们一大家人都守着您，可您的眼睛就是不睁开。后来，家里又来了一些人。

"她怎么样了？"奶奶急切地问道。

"纱布准备好了吗？"一个人问。

顿时，奶奶的眼眶湿润了，眼泪开始不住地流。虽然我不明白那个人说的话是什么意思，但奶奶的眼泪告诉我：您要永远离开我们了。

这时，我的眼泪像断了线的珠子，再也收不住了。我赶忙跑到您身边，想再多看您几眼，把您慈祥的样子永远刻在脑海里。

就在那一刻，您永远地闭上了眼睛。一转眼，就是三年。太太，您好吗？

这篇作文是我含着泪写的。从小，是您看着我长大。您常对我说的一

句话是:"来,把脸伸过来让太太看看……"您的样子已经深深刻在我的脑海里,永远无法忘记。

太太,您现在好吗?我想您了!

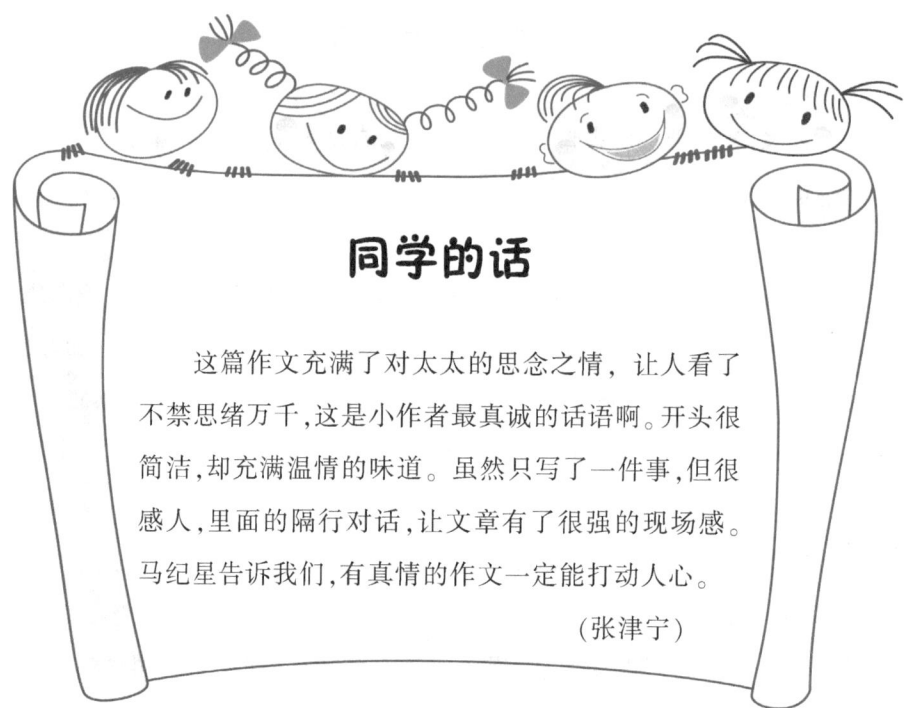

同学的话

这篇作文充满了对太太的思念之情,让人看了不禁思绪万千,这是小作者最真诚的话语啊。开头很简洁,却充满温情的味道。虽然只写了一件事,但很感人,里面的隔行对话,让文章有了很强的现场感。马纪星告诉我们,有真情的作文一定能打动人心。

(张津宁)

我与骆驼的亲密接触

◆ 高若森(四年级)

今年国庆长假,我们一家三口去了宁夏的沙坡头。这次,我有幸和骆驼来了个亲密接触。

在排队骑骆驼时,我看到驼场里有上百头骆驼,有的在往回走,有的在往出走,还有的在等客人。骆驼大大的眼睛,长长的睫毛。咦,怎么还留和我一样的发型?终于轮到我了。我走到一头骆驼旁,心里很害怕,生怕它转过来咬我一口。谁知,它不但不动,连看都懒得看我一下,任我在它身上折腾。哼,好一个高傲的动物!

我小心翼翼地坐上去,骆驼伸长头颈,纹丝不动,看都不看上面坐的是谁。等一行人都坐上去时,驼工吆喝一声,把头驼一拉,它站了起来,后面的骆驼陆续站起来,走向无边无际的沙漠。在沙漠里,骆驼从容地走着。驼峰像两座小山一样,立在背上。我就坐在两"山"之间。我摸了摸它的毛,不像猫、狗的那么细、那么软,而是又粗又硬,很不舒服。我这时才发现,每头骆驼的膝盖上都没毛了,还磨出了厚厚的老茧,可以想象骆驼一天要跪多少次。

驼队在夕阳中行走,驼铃随着骆驼的脚步"当当当"地响着,好像在赞美骆驼的坚韧和耐劳,这是多么美丽的一幅画呀!

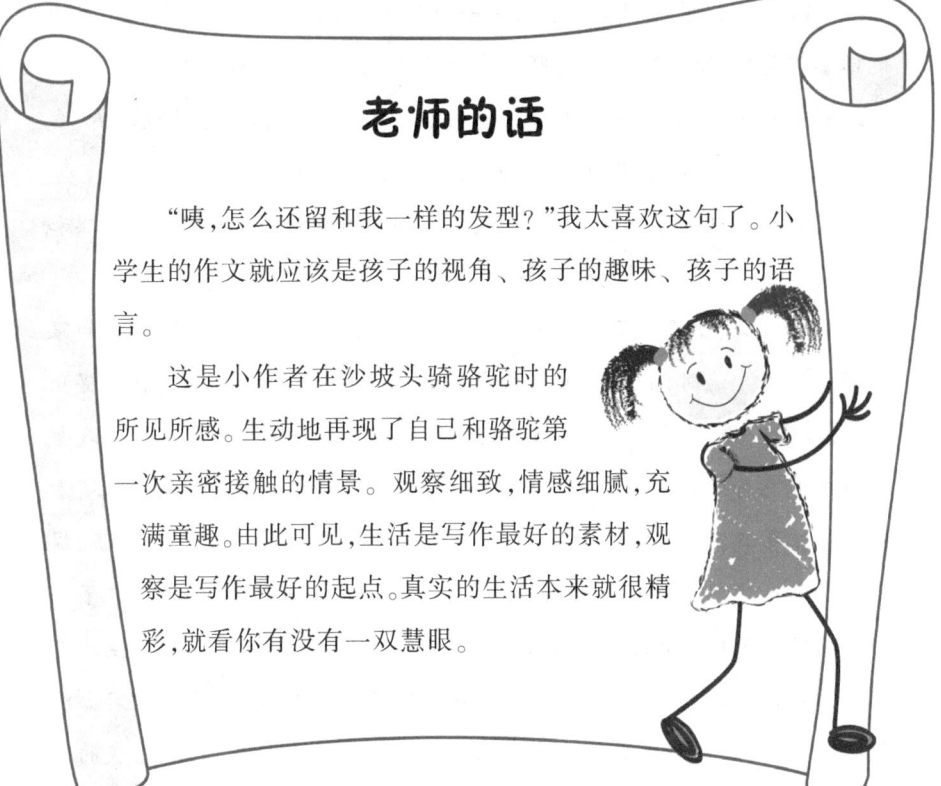

老师的话

"咦,怎么还留和我一样的发型?"我太喜欢这句了。小学生的作文就应该是孩子的视角、孩子的趣味、孩子的语言。

这是小作者在沙坡头骑骆驼时的所见所感。生动地再现了自己和骆驼第一次亲密接触的情景。观察细致,情感细腻,充满童趣。由此可见,生活是写作最好的素材,观察是写作最好的起点。真实的生活本来就很精彩,就看你有没有一双慧眼。

我战胜了馋虫

◆ 郭泽雄(四年级)

这个周末上完英语课,发生了一件让我垂涎三尺的事情。

叮叮当,叮叮当……下课了,我迫不及待地背起书包,准备外逃(因为上了足足两小时的课,我的屁股早已麻木了)。这时,Mr.宋把我们叫住了:"今天谁自己回家?"一向上学自己来、放学自己回的我当然要把手举得高高的,其他五六位同学也举手了,不过我还是幸运地被老师点了名。等同学们都走了之后,我满怀好奇地来到宋老师跟前。

"郭泽雄,你帮我到肯德基去买一个新奥尔良烤鸡腿堡。"我铿锵有力地回答:"是的,Mr.宋!"宋老师让我放下书包,将20元钱递给了我。

到了楼下,小雨滴答滴答地下着,天阴沉沉的,西北风呼呼地刮着,我不由地打了一个冷战,赶紧加快脚步,向肯德基店奔去。

我冒着寒风终于到了肯德基店,店里人山人海。整个餐厅都是炸鸡和汉堡的味道。我一下就感到饥肠辘辘,口水开始往外涌。

到取餐口,上面是各种炸鸡汉堡的诱人图片,看着那些图片,我的眼睛闪闪发光。这时,我的肚子里传来一阵咕噜噜咕噜噜的声音,肚子提出了强烈抗议,因为那会儿已经1点25,早过了午饭时间,平常这时候我早就在家里吃着老妈亲手做的四菜一汤、大鱼大肉了。排队的人非常多,看到他们把餐取走时,我的肚子更是咕噜咕噜叫个不停。终于轮到我了,提上新奥尔良烤鸡腿堡走出大门,我的脑袋瓜里冒出一个念头:把这汉堡一口吞进肚子里!说干就干。就在我要把汉堡放到嘴边时,手不由自主地又把汉堡移开了。我吃了,宋老师下午就会饿着肚子上课,而且她肯定会生气的,这汉堡又不是用我的钱买来的。可是,可是这会都快两点了,我的肚子已经造反了。

110

走在路上，左想右想，前想后想，我选择了不吃。为了防止自己改变主意，我一路小跑。一进办公室，宋老师正在专注地批改一大堆作业，我恭恭敬敬地把汉堡交给宋老师。宋老师亲切地对我说："谢谢！"我心里暖洋洋的，像吃了蜜一样甜。

回家的路上，我想，刚才要是把汉堡吃了，现在心里哪有这样踏实。

回到家，妈妈端上了热气腾腾的饭菜，这顿饭我比以往吃得更香、更舒心，因为，我战胜了肚子里的馋虫。

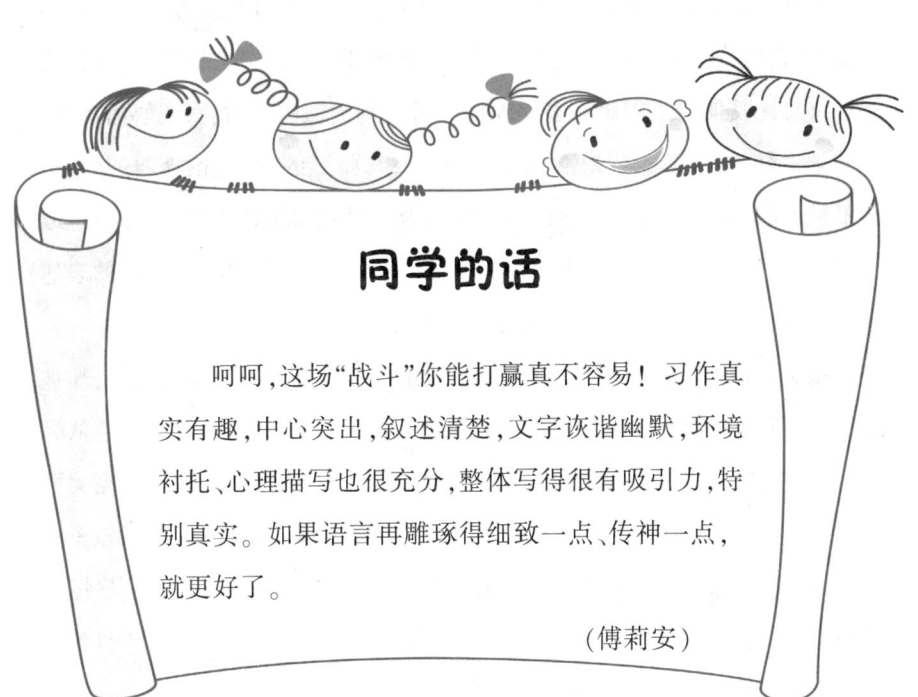

同学的话

呵呵，这场"战斗"你能打赢真不容易！习作真实有趣，中心突出，叙述清楚，文字诙谐幽默，环境衬托、心理描写也很充分，整体写得很有吸引力，特别真实。如果语言再雕琢得细致一点、传神一点，就更好了。

（傅莉安）

敢写很重要

写作需要勇敢的精神。我们要给孩子足够的空间,让他们在自由的表达中感受"我以我手写我心"的自信和乐趣。内向胆小、做事谨慎的孩子写作文时选材总比其他孩子困难许多。他们经常遇到类似的矛盾:写妈妈的优点,怕同学说炫耀;写爸爸的缺点,怕同学取笑;写张三的优点,怕李四嫉妒;写班里最近的不良风气,怕同学说他是告密者。总觉得这也不合适,那也不敢写,只好咬着笔头望着天花板发呆。但敢写的孩子正好相反,不管他的表达水平如何,他总能抓住"动情点",提笔就敢写,选材无顾虑。

孩子不敢动笔还有一个重要原因,就是每次作文好不容易完成了,却被家长、老师改得面目全非,甚至批得一无是处。久而久之,孩子真不知道从哪儿写起,作文的自信荡然无存。对于初学作文者,敢写、多写远比写得完美更重要。这个阶段,老师和家长要做的不是修改、修改、再修改,而是鼓励孩子勇敢、勇敢、更勇敢。童年有很多美丽的故事需要有倾听者,更需要孩子尽情大胆地讲出来,好玩的故事、唯美的故事、糟糕的故事、失落的故事。勇于自我表达、自我认同而不做写作心态上的胆怯者,这才是作文的第一步。

大家可能要问了,孩子写的都是"流水账",怎么行呢?其实,哪怕是"流水账",只要敢写、能写,就有进步。因为高标准、严要求的结果导致孩子连"流水账"都写不出来了。园丁要修枝剪叶,前提是花花草草得长出来呀。

方法 习作的"金钥匙"

> 学生习作

斯亮的鼻涕

◆ 傅莉安(三年级)

斯亮和我是同班同学,他长得白白净净,穿得干干净净,上课爱动脑筋,十分可爱。可他有一个特点,让我很想不通——超级爱流鼻涕,还不是一般的爱流。每次看到他的鼻子,我就想研究一下,看看到底哪个地方出了问题,总管不住鼻涕。

课堂上他经常流鼻涕。流鼻涕时,他先用手捂住鼻子,然后迅速跑到老师或者同学面前借纸,借到纸后把手挪开,两个鼻孔里流出两管鼻涕。他上课流鼻涕,课间操流鼻涕,放学依然流鼻涕。

我们几乎天天都能看到他仰着头,不敢说话,一只手捂着鼻子,一只

手比划着"哑语"借纸呢。

有一天放学,我发现斯亮又流鼻涕了。刚出校门,他就用手捂住鼻子。路队解散后,他飞奔到一个叔叔(他家的司机)面前,叔叔问他怎么了,他把手移开,鼻涕都把嘴糊住了。我怀疑他喝的水和汤都变成鼻涕了!

因为斯亮的鼻涕太多太多,张老师便和斯亮开玩笑:"人家说鼻涕多的人聪明,我看真是这样。"

我想:如果真像老师说的这样,那爱因斯坦得流多少鼻涕呀?

老师的话

这是二、三年级时真实的斯亮,因为经常犯鼻炎,所以鼻涕总是管不住。小作者没有顾忌,没有过多的想法,只是真实地记录了她眼中的斯亮同学和由此产生的一系列疑问。读来让人觉得不论是小主角还是小作者都稚气可爱,活灵活现。二十年后的他们再读此文,不知会有何感想?

可怜的顾苗玉

◆ 何稼仪(五年级)

早上,我们正在读书。忽然,张老师的目光落在了顾苗玉身上。她好像想起了什么,脸色由晴转阴,板着脸说:"顾苗玉,收拾书包到我办公室。"

顾苗玉一脸茫然,自言自语道:"我,我又做错什么了?"

"顾苗玉,你真是让我无语了。昨天为什么骂人家大队委?老师给你怎么说的?你给老师怎么保证的?书都读哪儿啦?知书不达礼,读那么多书有什么用?你只要读《小学生日常行为规范》就行了!"我看张老师头上都快冒火苗了。

看着顾苗玉委屈又茫然的样子,我们哭笑不得。因为他每次闯了祸,老师问他,他都是这副表情外加一概否认。现在,他又开始嘟嘟囔囔地辩解:"我,我真的没骂人家大队委。"

"大队部同学说的时尚发型、蓝眼镜、个头不高,我不看就知道是你,再一看,正是你。你就狡辩吧。我还忙着听课、评课去呢,没时间冤枉你。我这就去叫六二班的大队委亲自来认一认,看你还能说什么!"唉,这个顾苗玉,真是让人欢喜让人忧啊。一会儿证人来了看他嘴还硬。

不到两分钟,张老师领来了两位姐姐,问她们骂人的是不是顾苗玉。

两位姐姐看了又看,摇了摇头。我心中的一块石头总算落了地。最后

一落实,原来她们说的是郝晨。两个姐姐把灰眼镜说成了蓝眼镜,张老师只得向顾苗玉道歉。

唉,谁让顾苗玉平时调皮捣蛋,三天一小祸、五天一大祸,总让老师不省心。所以这种事情一发生,大家首先都会想到他。何况他和郝晨都戴眼镜并且发型相似呢,难怪老师会搞错。如果他像班长胡立傲那样懂事,就算是他干的,老师也不会相信啊。

老师的话

这是一篇值得我深省的习作,所以一直很喜欢。文中一连串的问句真实地再现了我当时的武断,看得我脸红脖子粗。即使再忙,面对出错的孩子,老师也需要耐心地了解,或问孩子一句:"发生了什么?"显然,工作特别忙的时候,或者面对反复出错的孩子,我的耐心还是不够。教育需要等待,更需要智慧。小作者的了不起在于她很勇敢,真实而细致地描写了老师冤枉顾苗玉同学的整个过程。面对"三天一小祸、五天一大祸"的顾苗玉同学,小作者既有恨铁不成钢的惋惜,也有对他的同情——"两位姐姐看了又看,摇了摇头,我心中的一块石头总算落了地"。看,这就是难得的同学真情。

爸爸减肥记

◆ 郭锦文(三年级)

我的爸爸身高一米八,体重都快一百八了,圆圆隆起的肚子像怀孕三个月的王阿姨。

一天下班回家,爸爸用诚恳的目光望着我和妈妈说:"我决定从现在开始减肥。"我俩不约而同地摇摇头,没有说话。爸爸又说:"我命令郭锦文同学监督我减肥。"我学着香港警察的样子,立正敬礼道:"Yes sir。"

就这样,爸爸的减肥计划开始了。爸爸在外面带我玩的时候,想吃东西,我就立即命令道:"不许吃。"每天吃饭,爸爸只用我的小碗盛半碗,看我们吃得津津有味,他就猛咽口水。到了晚上,我们都睡了,爸爸饿得满屋子转来转去……

我真同情爸爸,就问妈妈:"爸爸为什么要减肥呀?"

"因为长得太胖,影响形象。"爸爸抢答道。妈妈却说:"爸爸血压高,而且还有脂肪肝,为了健康,需要减肥。"原来是这样,看来为了爸爸身体健康,我得藏起同情心,对爸爸"狠"一点。

过了几天,我和妈妈都嚷嚷着想看看减肥效果。爸爸上称一称,惊呼道:"果然瘦了半斤。"我和妈妈一听,笑得前俯后仰。妈妈说:"费了这么大劲,才减了半斤,跟没减有什么区别,我看还是算了吧!何况减肥除了要合理饮食外,关键是要加强运动,哪有像你这样不吃饭减肥的。"听了妈妈的话,爸爸垂头丧气地说:"算了就算了!还是加强锻炼吧!"

就这样,爸爸的减肥计划以失败告终!

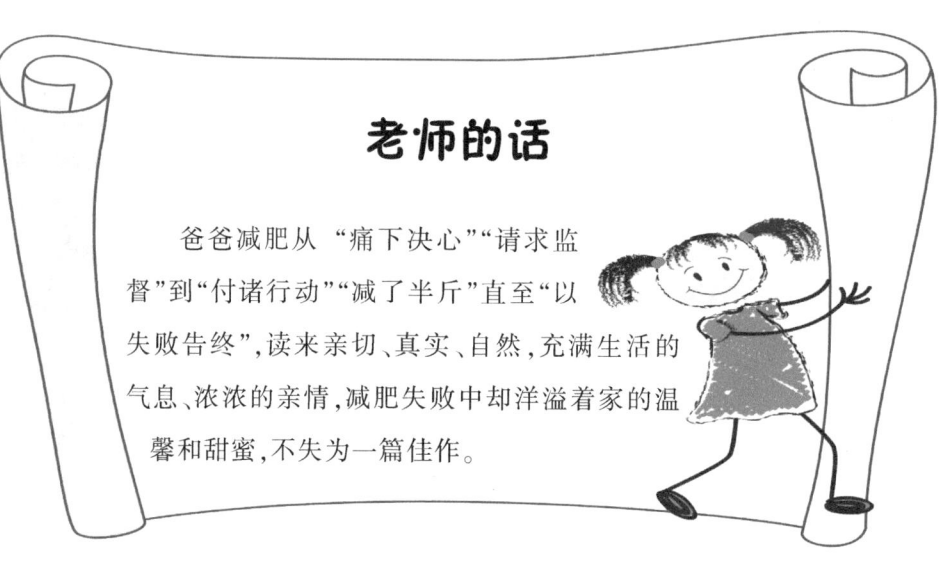

老师的话

爸爸减肥从"痛下决心""请求监督"到"付诸行动""减了半斤"直至"以失败告终",读来亲切、真实、自然,充满生活的气息、浓浓的亲情,减肥失败中却洋溢着家的温馨和甜蜜,不失为一篇佳作。

围绕中心写

解决了提笔敢写的问题,紧接着就要强调围绕一个中心写。这一点,我学习全国著名特级教师贾志敏的方法,结合自己的经验,一节课就让孩子们有了明显的进步。

我首先给孩子们出示了下面这段文字,让他们边读边思考:这段文字是围绕哪句话写的?

我是一个集邮迷。在我的集邮册里,珍藏着许许多多珍贵的纪念邮票。家里信封上贴着我喜爱的邮票,征得家长同意后,我便把它剪下来,小心翼翼地用镊子插入我的邮册里。听说邮局要发行一套新的纪念邮票,我便取出平时积攒的零花钱,风风火火地赶到邮局排队等候开门。

一个夏天的中午,我发现一个黑咕隆咚的洞里面,放着好多好多我喜爱的邮票,这下我乐不可支,伸手就去掏。掏啊掏,邮票没有掏着,却挨了爸爸重重的一个巴掌。我捂着脸,歪着脖子,呆呆地望着爸爸,心想:你为什么无缘无故打我呢?只见爸爸怒气冲冲地指着我的鼻子,吼道:"你小子,不好好午睡,却把手伸到我嘴里掏,掏什么来着?"

学生找出中心句后,再让他们逆向思维:从哪儿可以看出作者是个集邮迷?当学生找出"我"珍藏了许多邮票,看见信封上的邮票就小心翼翼地取下插入邮册,拿上零花钱早早去排队买邮票,做梦都在找邮票后,我问学生这

些事情中有没有和"集邮迷"无关的?学生果断地说没有。我顺势告诉他们:对了。一段文字只有一个中心。这段文字,就是要说明"我是个集邮迷",所选的内容都是为了突出这个中心,和中心无关的话一句都不说。

眼过千遍不如手过一遍。为了帮助孩子们更好地体会"围绕一个中心写",我采用传统作文方法:听写。让孩子们在边听边写这段话中慢慢体会"围绕一个中心写"。

后面的教学中紧接着用《我的奶奶》《我的爷爷》两篇范文,让孩子们感悟作者如何围绕一个中心写出奶奶爱说老话儿,爷爷总犯糊涂的。孩子们通过"读、说、听、写"明白一篇文章只有一个中心,文中的每一句话都要为中心服务。

学生习作

小动物的"天敌"

◆ 斯 亮(三年级)

我的小妹妹虽然还不到两岁,但她却是小动物的头号"天敌"。一般这么大的小男孩都怕动物,可我妹妹却一点也不怕。

事情要从这里说起,去年她去了动物园,爸爸告诉她黑熊不可怕。从

那以后她就开始欺负小动物了!

　　第一个受害者是我养的小鱼。她先往鱼缸里吐吃的,小鱼东躲躲西藏藏,怎么也躲不开,可怜的它们只好等着换水。可妹妹又把鱼缸里的水搅来搅去,捞上来又倒回去,还不停地大叫"捞鱼捞鱼",幸亏我看见把她抱走了。

　　第二个受害的是鸽子。鸽子大摇大摆地走在路上,样子好悠闲。我妹妹一个箭步冲上去,鸽子成了俘虏。妹妹把它抓在手里,来回翻腾。她拧脖子、摸眼睛、捏嘴巴,最可气的是还拔鸽子毛。她一不小心松了手,鸽子落荒而逃。

　　第三个受害者已经终身残疾,是一只虾,钳子被她弄折了。

　　妹妹平常在路上见了野猫就抱,见了一米左右的大狗就拍拍打打,小狗直接当坐骑。

　　小动物的天敌是一个不满两岁的小女孩。"叽叽!"天啊,小妹妹又把鸡窝弄翻了! 我得赶紧去营救!

老师的话

　　小作者完全领会了如何"围绕一个中心写",分别选取妹妹欺负小鱼、虐待鸽子、致虾残疾、见猫就抱、见大狗就拍打、见小狗当坐骑等事例,给读者清晰地展现了妹妹是小动物的"天敌"这一中心。语言轻松幽默,富有个性,充满童趣。

调皮的顾苗玉

◆ 郭锦文(五年级)

下午上完体育课,我口干舌燥、汗流浃背。好不容易挨到下课,我几个箭步冲进教室,把满满一罐水喝了个精光。

正感惬意时,身后传来惊恐的喊叫声——"快跑呀,快跑呀"。我回头一看,调皮大王顾苗玉率领着一帮男生冲进教室,前边的女生边跑边尖叫。我心想,啥事呀,这么大呼小叫的,一点不顾及自己的淑女形象。当我看清顾苗玉手里拿的东西时,也不由自主地大叫一声,而且分贝比谁都高。因为顾苗玉手里捉着一只大蛾子,在女生面前晃来晃去,他知道我们班女生最怕虫子。连平时胆子最大的许子晗也躲到我身后。我洋洋得意地说:"哈哈!都不要怕,看我怎么收拾这个自不量力的家伙。"可当我冲到顾苗玉跟前,面对那只恶心的蛾子时,我一下子也像泄了气的皮球,两腿发软。这时,顾苗玉拿着那只恶心蛾子的手伸到了我的眼前,我大叫一声"快逃,跑呀",撒腿冲出教室。

尽管顾苗玉奋力追赶,但感谢上帝给了我一双灵活修长的腿,他没追上我。正当我气喘吁吁时,只听"扑通"一声,顾苗玉摔了个四脚朝天。他右手捉的蛾子也与左手拿的毽子来了个亲密接吻,蛾子的尸体糊满了毽子羽毛。这时立即有女生欢呼起来:"顾苗玉,善有善报,恶有恶报。"

唉,顾苗玉啊顾苗玉,什么时候你才能不这么调皮呀。

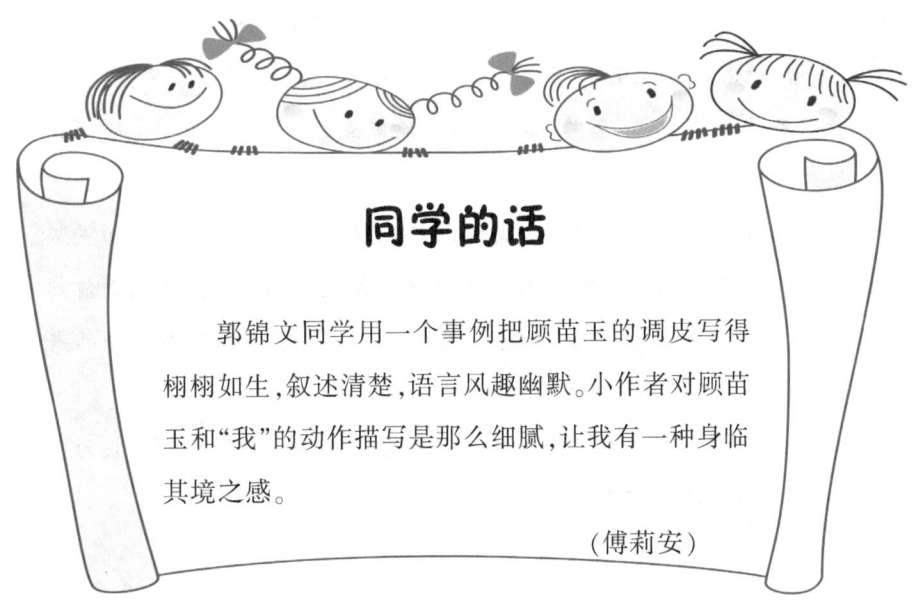

同学的话

郭锦文同学用一个事例把顾苗玉的调皮写得栩栩如生,叙述清楚,语言风趣幽默。小作者对顾苗玉和"我"的动作描写是那么细腻,让我有一种身临其境之感。

(傅莉安)

了不起的奶奶

◆ 程雨晴(四年级)

人常说,活到老,学到老。我奶奶就是这样一个人。

中午一起床,第一眼看到的准是奶奶。只见奶奶手里拿着痒痒挠,眼睛盯着电视机,正在练习剑术,这不禁让我想起了小时候。那时的我,特别喜欢和奶奶一起跟着电视机学剑术和太极拳。向前推,往后收,向左挥,向右飘,感觉非常好玩儿。什么虎戏、鹿戏、熊戏、猿戏、鸟戏,奶奶打得都很溜,闭着眼睛动作都和电视上的一模一样。

奶奶家的光盘呀,都堆成山了。但她还天天让爸爸下载太极拳的教学视频,一遍又一遍地看。奶奶家的本子呀,都变成海了,她天天把太极拳拳

谱往本子上挪,一遍又一遍地抄。奶奶常对我说,眼过千遍不如手过一遍。那些拳谱,她都抄了上百遍了吧,什么上步七星、黄蜂入洞、手挥琵琶、青龙出水、玉女穿梭、三环套月、仙人指路、蜻蜓点水、风扫梅花……除了练拳,奶奶每天还要坚持拍手1000次,从未放弃,从未间断。

今天是6月10日,是兰州国际马拉松比赛开幕的日子。早上四点不到,奶奶就起床了,为今天的太极拳表演做准备。她六点出发,七点之前到达目的地。要知道,这条路全程有3.3公里呢!奶奶已经是75岁高龄的老人了,腿又有毛病,可她不放弃。真了不起!

这就是我的奶奶,一个酷爱健身、勤奋好学、坚韧不拔的老人。我为有这样一个了不起的奶奶而骄傲!

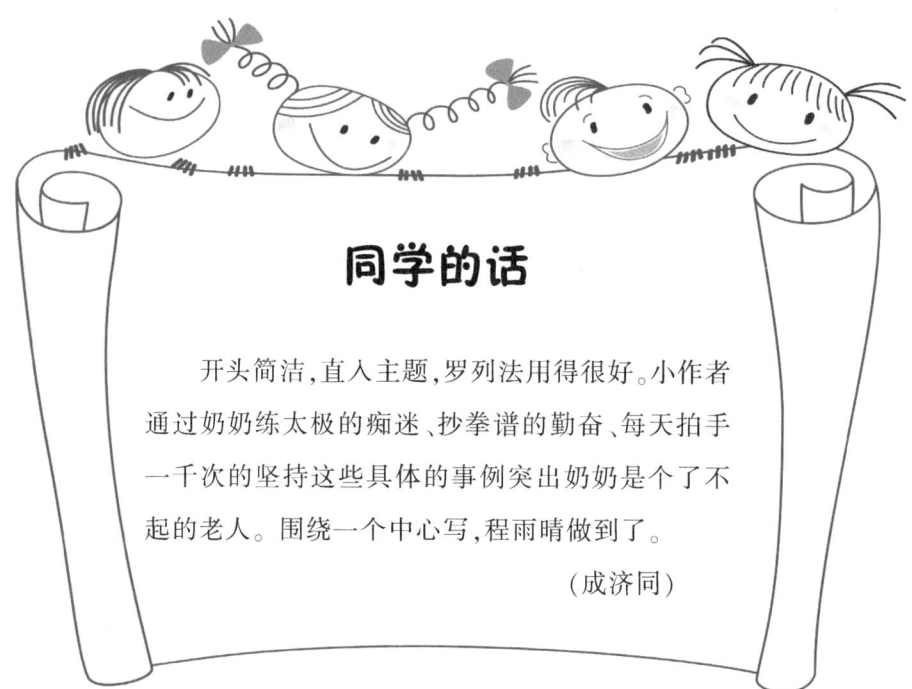

同学的话

开头简洁,直入主题,罗列法用得很好。小作者通过奶奶练太极的痴迷、抄拳谱的勤奋、每天拍手一千次的坚持这些具体的事例突出奶奶是个了不起的老人。围绕一个中心写,程雨晴做到了。

(成济同)

作文如何短变长

有多少孩子，三年级写"我的爸爸"和六年级写"我的爸爸"没什么区别。历经三年的学习，孩子在表达上为什么没有长进？这一点，老师和家长都有责任。很多时候，其实我们不知道孩子作文的起点在哪里，没有给孩子有针对性的指导，只是盲目拔高要求——"开头要精彩，中间要具体，结尾要有意义"。正是这些无视孩子了年龄特征、认知水平的固有的评价模式严重挫伤了孩子写作的积极性。"不具体，没有真情实感！""字数不够太短了！""要选有意义的事写。"这些随意模糊的评价让孩子们第一次茫然，第二次手足无措，第三次开始讨厌作文。不就是"我的爸爸"吗，心里想的写出来都不对呀，那就编呗，凑够400字，OK！

我们的误区在于没有站在孩子的角度看世界，没有让孩子用自己的语言来描述他们眼中的人和事，他们观察到的生活。这不利于孩子尽早形成自己的言语表达系统，阻碍了孩子用自己的笔写自己的内心。

孩子能把作文写具体，写出真情，不是因为他学会了多少表达技巧，而是因为他想写，有兴趣，喜欢文字，热爱表达。对于低年级的孩子，看他们的习作，重点不在长短，而在文字的真情和灵性。

2006年，浙江省诸暨市实验小学一年级学生郦思哲凭借107个字的《妈妈回来了》获得首届"冰心作文奖"小学组一等奖。

获奖作文全文如下：

"前段时间，妈妈去杭州学习，去了好长时间，可能有一个月吧。今天，妈妈终于从杭州回来了，我非常高兴！因为她的怀抱很暖和，因为妈妈回来了，爸爸的生日就能过得更好，因为妈妈在家里会给我读书……妈妈不在家的时候，我很想她，想她的感觉，是一种想哭的感觉。"

《妈妈回来了》为什么会在来自全球的5万份稿件中脱颖而出？评委们认为，就是因为小作者以不加任何修饰的文字真切地表达了"妈妈回来"带给自己的温暖和喜悦，以及曾经有过的感受和体验。孩子的纯真是《妈妈回来了》一文成功的关键，恰恰是很多参赛作品所缺少的。在评委会收到的小学生作文中，不乏文笔老到、篇幅很长的作品，却大多都缺少了孩子应有的那份纯真和童趣。对于初学作文的孩子来说，我们应该去寻找他们身上独有的天真与烂漫，而不是要求孩子写出长篇大论。

作为老师和家长，不用担心孩子的作文字数不够。只要我们的课外阅读措施到位，课内阅读指向表达，注重孕育写作意识，激发孩子的习作热情，随着孩子个头的长高，他们的习作一定会由短变长。不信，请看成济同同学三年级和五、六年级笔下的"我的爸爸"。

学生习作

我的"猫头鹰"爸爸

◆ 成济同（三年级）

我的爸爸像一只猫头鹰，他总是白天睡觉，晚上工作。

我爸爸特别爱读书，他一年能读一百多本呢！我们家除了厕所和厨房，到处都有爸爸的书，四个大书柜都装不下，地上都堆了两大摞。

我的"猫头鹰"爸爸是一名老师，他工作很认真，今年又被评为优秀教师，明天就要到学校去领奖呢！

祝"猫头鹰"爸爸教师节快乐！

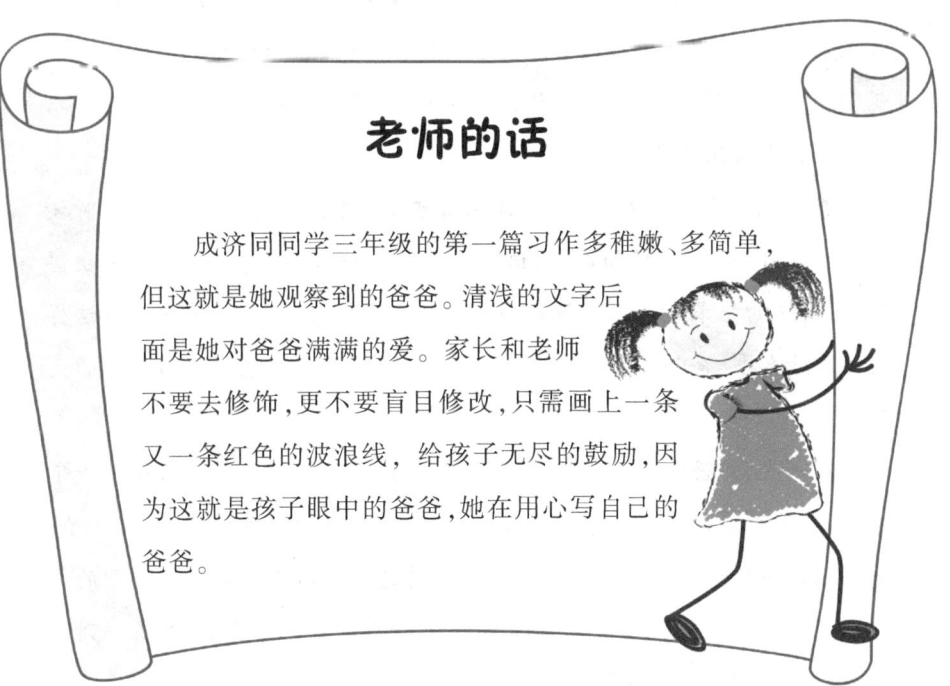

老师的话

成济同同学三年级的第一篇习作多稚嫩、多简单，但这就是她观察到的爸爸。清浅的文字后面是她对爸爸满满的爱。家长和老师不要去修饰，更不要盲目修改，只需画上一条又一条红色的波浪线，给孩子无尽的鼓励，因为这就是孩子眼中的爸爸，她在用心写自己的爸爸。

爸爸这个人

◆ 成济同（五年级）

我的爸爸优点不咋多,缺点一箩筐。

大书虫

我们家有上千册书,妈妈的并不多,我的书最多占十分之一,其余全是爸爸的。地板上、阳台上、阴台上都摆满了书,六个双层大书架都装得满满的。放学回家,常常看见爸爸津津有味捧着书读。妈妈喊:"准备吃饭了!"正在写作业的我立马跑过去准备碗筷,爸爸仍然一动不动地看书。妈妈又喊"吃饭!"声音提高了一个八度。我已经饿得等不及了,爸爸还是不见动静。"吃不吃饭?"妈妈像快嘴西施,声音至少到了一百分贝,我的耳朵都被震痛了,爸爸抱着书赶紧跑过来。妈妈忙着盛饭,爸爸又开始看书。妈妈"咚咚咚"敲了三下桌子,爸爸这才起身,恋恋不舍放下书。我看爸爸以后直接把书当饭吃算了。

爸爸是一个吃书虫,一年能读上百本书,读书速度时快时慢,有时候把一本书读好几年,譬如说《论语》,放在手旁一直翻;有时候速度又快得惊人,最快的纪录是一本厚厚的书他不到十分钟翻了一遍。妈妈说你这样能读个什么书,爸爸就让我们拿着这本书考他,他竟然能说出书里面的大致内容。

有一次,爸爸终于经不住妈妈的温柔劫持,跟着妈妈去逛商场。走了才一会,爸爸看见旁边有一家书店,一下子三步并作两步,闪进去不见了。妈妈还以为把爸爸丢了呢。回家后妈妈看见爸爸后面提着一捆重重的书兴高采烈地回来,很是生气。爸爸扮个鬼脸辩解道:"你看你,就像一列火车,除了逛就是吃,逛——吃——逛——吃……"

大才子

　　有人说爸爸是有名的教授,甚至有人夸他是才子。我估计是因为他的文章、论文常常发表出来,受到别人好评的缘故吧,但我觉得他很一般。因为他的文章我一看不懂,二不太喜欢,里面用的词汇非常古怪,有点像文言文。爸爸的文章常常是熬夜写出来的,有时候一个晚上就能写上万字,我都不理解他是怎么"吐"出这些文字的,他可真能造。他平时随手拿起笔来在纸片上乱写乱画,也不知道写的是什么。有一次妈妈把这些纸片当垃圾扔了,爸爸知道后怒气冲天,我很不理解平时在妈妈面前像小兔子一样温顺的爸爸,怎么突然间变成了愤怒的大狮子。后来才知道,那些小纸片上的点点画画,都是非常有用的写作素材,短则一两句,长则一段话。爸爸随身带着一个小本子,想到哪里赶紧记下来,晚上再加工成文章。

我的作文爸爸几乎从来不管,我也懒得向他请教。有一次我写了几大段文字,写完之后觉得实在不咋吸引眼球,就放下自己的骄傲,有史以来第一次向爸爸请教。爸爸瞥了一眼,拿起笔来只修改了几个词语,整篇文章顿时活灵活现、熠熠生辉。看来爸爸熬夜修炼的文笔功夫还是蛮不错的,叫他才子也是可以的。

大懒虫

爸爸真是懒到一定境界了。懒得不洗袜子也就罢了,他竟然还把袜子团成一团,到处乱扔当足球踢来踢去。有时,家里到处都是这样的"足球"。爸爸刷牙,懒得连牙膏都不挤。有一天,爸爸给妈妈打电话,说他饿了。妈妈告诉他,昨晚已经做好了菜放在冰箱里,热一下就可以吃。可等我们回到家,那些饭菜一动不动放在那里。爸爸还一肚子怨气:"哼!你们把我饿着了!"妈妈很是疑惑:"那你为啥不吃饭呢?""哼!我懒得热!"哦!天哪!我倒!

大马虎

有一天爸爸挤公交车送我上学,因为害怕迟到,刚下车我就先跑了。爸爸一下车,一把拉住后面人的手说:"成济同,快点,要迟到了!""你干什么?"那个人喊道,爸爸转头一看,呀!原来拉着一个陌生叔叔的手。晚上爸爸回来告诉我和妈妈他干的傻事:"早上幸亏抓的是一个大男人的手,不是漂亮阿姨,否则就……"爸爸一时没有了词。我马上借机嘲笑他:"你看你,还教授呢!满身是嘴都说不清!"妈妈哈哈大笑。

时不时把毛衣穿反、纽扣系错对爸爸来说再平常不过了。一个夏日,爸爸正在穿袜子,接了个电话,然后他就穿着一只袜子出门去了。他穿的可是凉鞋呀。爸爸可真是有才。还有一次冬天,爸爸三条裤子一起穿,其中一条裤筒没有套到腿上,鼓鼓囊囊在腿上憋了个大大的"驼峰"。回到家,他还得意洋洋地说:"今天回头率超高啊,好多人都看我,一眼不够,还要再看第二眼呢!"这时我悄悄说:"老爸,你人丢大发了!看看你的腿,摸摸你的屁股吧!"爸爸一看、一摸,表情讪讪地笑起来。

　　我爸爸就是这样一个人,普普通通,缺点多多,但给我带来很多快乐。我爱我满身缺点的爸爸!

老师的话

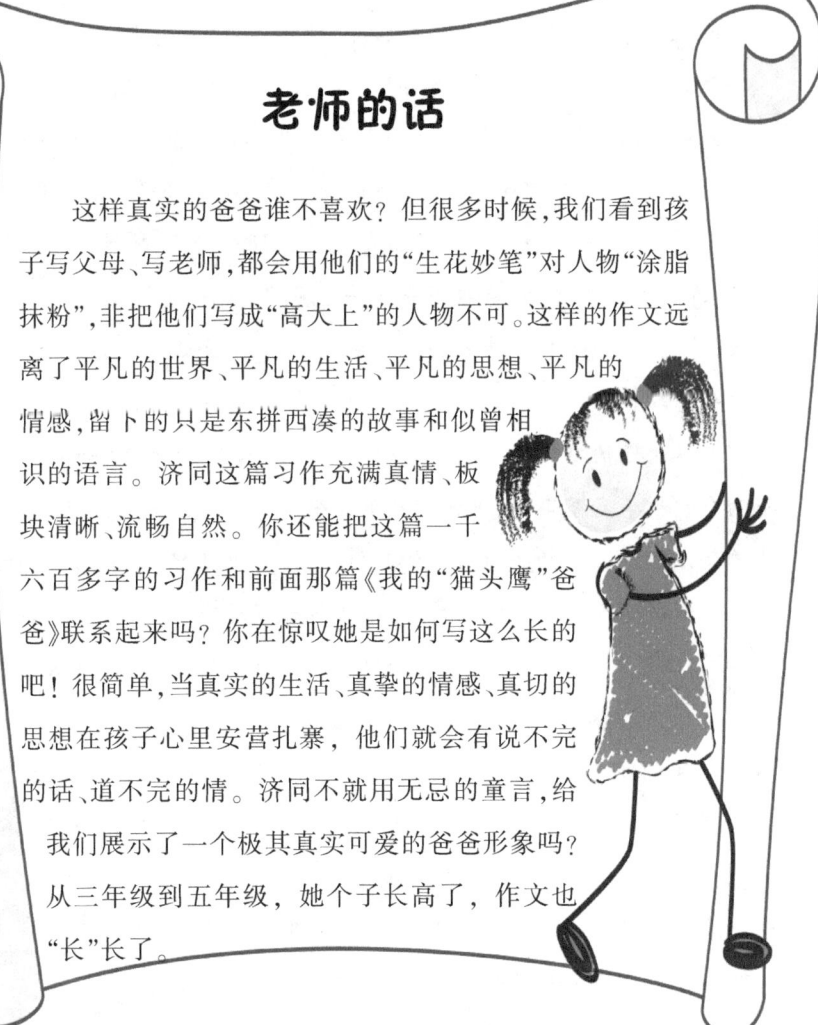

　　这样真实的爸爸谁不喜欢?但很多时候,我们看到孩子写父母、写老师,都会用他们的"生花妙笔"对人物"涂脂抹粉",非把他们写成"高大上"的人物不可。这样的作文远离了平凡的世界、平凡的生活、平凡的思想、平凡的情感,留下的只是东拼西凑的故事和似曾相识的语言。济同这篇习作充满真情、板块清晰、流畅自然。你还能把这篇一千六百多字的习作和前面那篇《我的"猫头鹰"爸爸》联系起来吗?你在惊叹她是如何写这么长的吧!很简单,当真实的生活、真挚的情感、真切的思想在孩子心里安营扎寨,他们就会有说不完的话、道不完的情。济同不就用无忌的童言,给我们展示了一个极其真实可爱的爸爸形象吗?从三年级到五年级,她个子长高了,作文也"长"长了。

知心·英雄

◆ 成济同(六年级)

每个人都有自己心中的"知心英雄"。

什么是知心英雄?他是春日的柳叶,是夏天的朝阳,是秋季的果实,是冬令的晚霞。他如清风吹过我的脸颊,抚摸我的发梢。

我的知心英雄每天为我准备牙膏、洗脸水,送我上学,为我提包。

我第一次写字,是他抓着我的小手写出一撇一捺;我因考试没有好成绩而流泪,是他为我擦干了泪水;我因玩耍不小心跌倒,是他扶我爬起来。

小时候,有一次我不小心将脚夹进了自行车轮子,他连忙带我去医院包扎,那样子比我都疼。在接下来的一个月里,我不能走路,他把我从东抱到西,从这抱到那,我生活的一切都由他照顾,直到我可以下床走路。他用行动告诉我什么叫无怨无悔。

好喜欢他读书的样子。一天他买了几十本书,正要"大干一场"时,不巧两个叔叔来我家串门,可他却挡不住书的诱惑。于是就边听叔叔说话,边聊天,边翻书。待两个叔叔走的时候,好几本书已经看完了。正因为他有惊人的读书速度,以至于他读过的书已经数不过来了。虽然我现在也读了不少书,但不知道什么时候才能和他一样变成活字典,还能出版自己的专著。

音乐方面他也是样样通。小提琴、手风琴、电子琴、吉他、二胡、笛子、古筝、扬琴、葫芦丝等等,都不在话下。我两岁多时,他为我买了一架电子琴,并抓着我的小手按下了琴键。听到那优美的声音,我兴奋极了,想不到这个黑匣子里有这么多秘密,从此我对音乐产生了兴趣。

岁月被初阳蒸融了,我的"知心英雄"也慢慢变老了。

他的力气并没有我想象的大,有一次他竟然没有举起我;他的身体并不那么强壮,去年陪我滑雪竟然扭伤了腰;他也有不懂的东西,有一天居然向我请教什么叫"拉风";我的古筝水平过六级了,而他弹琴的指法似乎不太对;更重要的是,我的个头一下子窜到他的额头了,他其实并不太高大。

他继续关心我、爱护我,而我却越来越敬畏他。那份情,那份思,那份念,那些童稚的可笑想法,都永恒地印刻在我的心中。

他,就是我的爸爸,一个平凡的普通人。他,就是我的知心英雄。

老师的话

慢慢长大的济同,看爸爸更全面,对爸爸的崇拜与日俱增,对爸爸的爱也变得深沉,并且夹杂着一丝淡淡的忧伤。我好喜欢这样的表达。

看成济同同学的三篇习作,我真实的感受是,作文的长短和孩子的阅读、积累、认识、情感是成正比的。很多时候,作文真的不需要方法,而是一种对文字的情感,是一种感觉。要把作文写长,对于孩子来说,兴趣、积累比方法更重要。

作文还需长变短

孩子学作文,刚开始很可能无话可说,可一旦开窍了,就会越写越爱写,越写越长。这时候,需要老师、家长及时给孩子讲一些"长"变"短"的方法。我借用古人的故事让学生明白作文并不是越长越好。

秀才吃豆馅馒头

从前有个秀才,无论写什么文章,总是写得长。别人给他提意见,他也不理睬,反而说别人没本事。这事后来传到他老婆耳朵里去了。

有一天,秀才想吃豆馅馒头。于是,他老婆给他做了一个很大很大的馒头。秀才见了非常高兴,心想这里边豆馅肯定不少。可是熟了以后,他一口一口地吃呀吃,吃了好久也没见豆馅的影子。这下可把秀才气坏了。就拿起菜刀把馒头切成好几块,结果只找到几颗豆粒。他生气地把馒头往地上一摔,对老婆说:"这么大的一个馒头,就放几粒豆,还叫人吃吗?"老婆笑笑说:"这么大一个馒头,放的豆少了你就生气,那你的文章总是老长老长,里面却没有什么实际内容,别人读了也生气,你知道吗?"

我用这个故事告诉孩子们,无论什么文章,都要内容充实,短小精悍,大家才喜欢读。

在课堂上我请同学们对比阅读许子晗同学的《倒霉的俞江瑞》和俞江瑞同学的《倒霉的星期一》，让他们自己去发现"一事一中心"和"多事一中心"的作文中，同样一件事，叙述有什么不同？大家很快明白了，当一篇文章中只写一件事时，要详细写出事情的六要素，尤其对人物的语言、动作、表情等要进行细致的描写，而一篇文章中有多件事时，就要有详有略，事情的过程不一定都写那么具体，要根据中心进行必要的"剪裁"。

作文如何长变短，老师一定要结合具体习作，给孩子真真切切的指点。如唐金同学的《我的父亲》中写爸爸从迪拜回来，一家人聊天，小作者就会"长"变"短"。唐金没有写爸爸在迪拜的吃住行和看到的奇异风光，只写了自己和爸爸的对话。

爸爸问我："我们要做事就要做有意思的事，遇到没意思的事该怎么办？"

我想了想，说："不做了呗！"

"那怎么能行？"爸爸说，"我们应该去有意思地做事！"

我当时听不太懂，现在回想起来就明白了：把学习变成快乐，这样生活才会有趣。这就叫"有意思地做事。"

作文讲评课上，我通过现场"采访"唐金，让同学们明白，一件事，写什么，不写什么，哪儿要详写，哪儿要略写，要根据中心来确定。和中心无关的内容，当然要无情地"剪掉"。作文并不是越长越好哦。

学生习作

倒霉的俞江瑞

◆ 许子晗(五年级)

今天的体育课上,我们先练习走路队,因为走了很长时间,所以我前面的成济同在老师讲解的时候,蹲了下去。看她这样,我也觉得累了,于是也跟着蹲了下去。可能是觉得好玩,成济同对俞江瑞说:"嘿!俞江瑞,你看我们只有这么高!"

"是呀!我们是……"我一抬头,正要说话,突然发现了一件事情,"俞江瑞,你裤子穿反了!"我脱口而出。

"就是的!你一会儿去男……"成济同话还没说完,就被俞江瑞打断了:"胡说!没有的事!"话虽如此,可他还是把外套往下拉了拉。

"真的!一会儿你去换过来吧!"我压低了声音。

俞江瑞的脸腾地一下成了大红布,五官因愤怒变了形,眼睛眯了起来,眉毛倒立着,鼻孔微微张大,怒声说:"你们讨厌不呀!"

成济同还想争辩几句,被我拉住了。我悄声在她耳边说:"别说了!"她点了点头。

快下课了,俞江瑞跟我说:"我发现我的裤子真的穿反了。"

"那你怎么不去换?"成济同问。

"万一我正在换裤子,被别的同学看见了咋办?"

"哈哈哈哈!"看他那样儿,我和成济同眼泪都要笑出来了。

"你们可别告诉别人呀!"俞江瑞一脸紧张地乞求道。

"我们一会儿就告诉全班同学!"我一脸坏笑地说。

"你……你……"俞江瑞气得说不出话来。

"哈哈哈哈!"我们幸灾乐祸地大笑着跑远了。

老师的话

看似简单的一篇习作,其中蕴藏着不少写作的小技巧呢。我们一要学习小作者选材的本领。二要学习她用娴熟的隔行对话将一件小事由短变长的本领。三要学习小作者对细节的刻画。尤其是这段:"俞江瑞的脸腾地一下成了大红布……鼻孔微微张大……"真是入木三分呀!如果没有一双慧眼,怎么可能有如此精准的发现、精妙的描写?

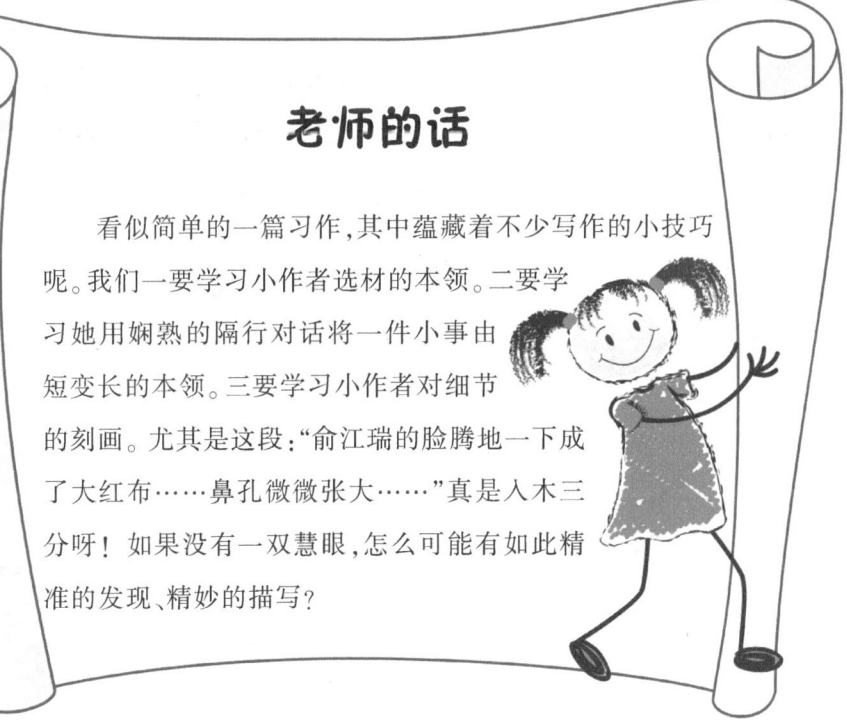

倒霉的星期一

◆ 俞江瑞(五年级)

"太阳对我照,花儿对我笑,啦啦啦……今天我要上学了!"我边唱边走,好不快乐。因为今天是开学第一天,还有开学典礼呢!我作为光荣的大队委,要在全校师生面前升国旗。

想到这,我加快了步伐。谁知,我今天的第一件倒霉事就出在了这个重要的典礼上!

扣子掉了

到了大队部,我开始穿护旗手服,换完裤子之后,突然听到"嘣"地响了一声。

刚开始,我以为听错了,但过了一会儿,我感觉裤子比原来松了不少,而且,正在往下滑!我忽然意识到发生了什么事情——扣子崩掉了!老天,为什么早不崩,晚不崩,偏偏这时崩啊!完了,完了!这事一旦被同学们知道,我可囧大了!

就在我打算掩盖事实的时候,旁边的同学发现了异常之处:"今天你怎么这么紧张,该不会是裤子扣子崩下来了吧?"

"没有……的事。"我赶紧说。

"此地无银三百两,隔壁王二不曾偷。"只听他撇下这样一句话就到旁边去了。唉,我这可真是不打自招呀,悲剧!

没想到,这事儿和下午的倒霉事比起来,真是小巫见大巫。

裤子破了

第四节下课铃响了,我迫不及待地从教室往外冲,但就在跨过门槛的一瞬间,"啪"的一声,我摔倒了!身上倒没什么,可裤子又出事了!为什么又是裤子!而且一次比一次严重!因为跨门槛的时候被绊了一跤,腿叉得太大,于是……于是,我的裤裆拉开了一个口子!这事儿一旦让大家发现,可是爆炸性新闻,好在没被同学发现。但这事没逃过表弟王义晨的眼睛,他得意地嘲笑了我一番。

裤子反了

因为上午裤子扯破了,下午我换了一条新的。

到了学校,我开始晒自己的新裤子,但发现看过的人非但没有羡慕,几个女生反而笑了起来!这是什么情况?难不成粘上什么脏东西了?不对吧,这是我才换的裤子呀?莫非……

我有一种不祥的预感,连忙飞奔到男厕所,果真如我所料——穿反了!

上天啊!可怜可怜我吧!您老人家对一个如此倒霉的孩子为什么视而不见呢?唉,现在说什么都晚了。

钥匙忘了

"太阳对我照,花儿对我笑,啦啦啦……我要回家了!"我又唱又跳,因为倒霉已经被我留在学校了!

我虽然这样想,但隐隐觉得依然有一丝霉气留在身上。

人要倒霉,喝口凉水都塞牙!到了家门口,我下意识地摸了摸口袋,咦,钥匙呢?该不会忘带了吧。我紧张起来,要知道忘带钥匙可不是闹着玩的。

口袋被我掏了一次又一次,书包被我翻了一遍又一遍。在确定自己没有带钥匙之后,我的心凉了半截,在确定老妈七点回来后,我的心凉透了。

老天,你能告诉我,为什么今天我这么倒霉呢?唉,其实我清楚,还不是因为兴奋过度外加我是个大马虎!

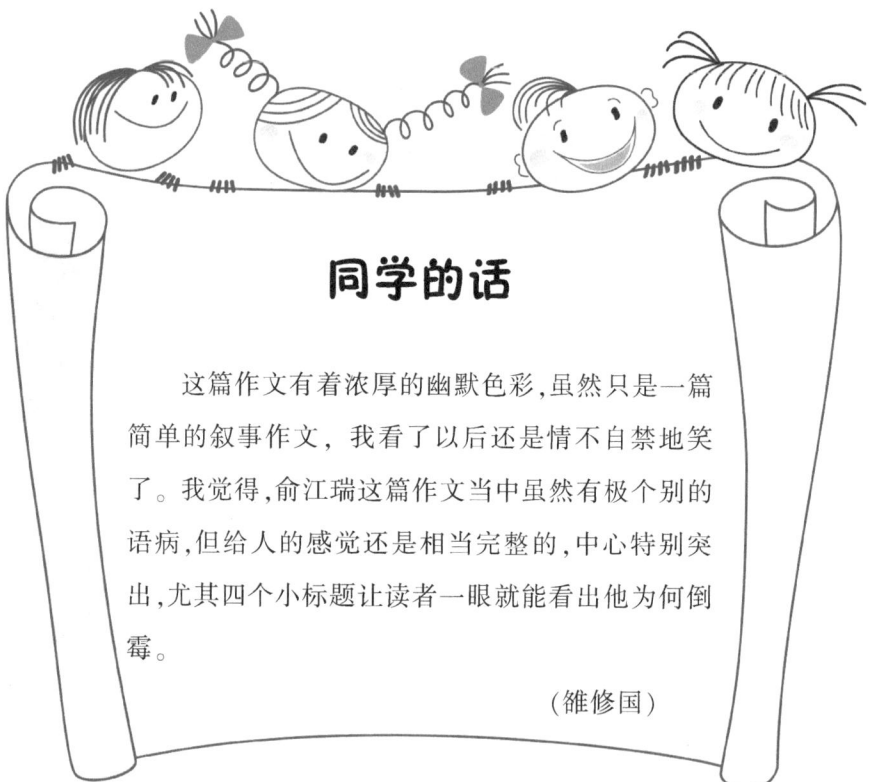

同学的话

这篇作文有着浓厚的幽默色彩,虽然只是一篇简单的叙事作文,我看了以后还是情不自禁地笑了。我觉得,俞江瑞这篇作文当中虽然有极个别的语病,但给人的感觉还是相当完整的,中心特别突出,尤其四个小标题让读者一眼就能看出他为何倒霉。

(雒修国)

我的爸爸

◆ 唐　金(五年级)

在我们家,妈妈、姐姐和我的头发都又黑又亮,可都比不上爸爸的头亮,因为他是个光头。正是爸爸这油亮油亮的大脑壳,给我们全家带来了满满的快乐与智慧。

爸爸经常出去学习,学的就是智慧。他每次回来,都会把学到的东西和我们分享。

我七岁那年,爸爸从迪拜回来,我们一家人围在餐桌前听他讲见闻。突然,爸爸问我:"我们要做事就要做有意思的事,遇到没意思的事该怎么办?"

我想了想,说:"不做了呗!"

"那怎么能行?"爸爸说,"我们应该有意思地做事!"

我当时听不太懂,现在回想起来就明白了:把学习变成快乐,这样生活才会有趣。这就叫"有意思地做事"。

当我慢慢知道承担起一个责任是多么艰巨的时候,我开始理解爸爸了。

以前我经常埋怨爸爸没有时间陪我读周报、和我玩,因为这我很不满意。其实爸爸是个很顾家的人,但是公司的事像一根绳子一样拴着他。一次偶然的机会,我去了餐厅的后堂。只见爸爸和一位厨师长在谈话,由于后堂噪音太大,我听不清他们在说什么,只看见他们的情绪很激动,似乎在争论着什么。过了半个小时他才出来跟我们吃饭。看着他头上流下的汗,我才明白管理一家公司是多么难。

爸爸的背上有几个瘊子,医生说是因为过度劳累引起的。爸爸从当出租车司机到卖手机,经过了无数艰难险阻才有了今天自己的三家公司。他

太了不起了！有多少家企业的老板能和我爸爸一样从白手起家到事业辉煌。

爸爸经常给我说有些公务员刁难纳税人和纳税公司的事，他说政府如果不支持纳税人开公司的话，纳税人手下的所有员工都会没饭吃。每当听到这时，我总会鼻子一酸。在兰州开店真难，爸爸太不容易了。我下定决心，以后只要从国外留学回来，就要报效祖国，让更多的中小企业有更大的生存空间，帮助他们更好的健康发展。

爸爸的教育方式也与别人不同，什么事爸爸都让我自己决定，他说这样才能做自己的主人。

我爱我的光头老爸！

小作者的话

爸爸从我小的时候就到世界各地旅游学习,并把学到的东西分享给我、妈妈和姐姐。我总是能从爸爸那得到许多智慧与启发。所以,我写出了这篇文章。刚上五年级的我,达不到文采飞扬,但我相信,只要有真情,就能感动读者。这篇作文的优点是事例都是围绕中心的。但同时也有三个明显的缺点。

一是语言稍有些啰唆,有时候一句话就能说明的事我却啰唆了一大段。二是语言没有层次感。写我爸爸这样一个喜欢简洁的人却写得这么乱,真是有些对不起他了。第三就是结尾不够精致,显得有些仓促。

我写这篇作文时是怀着敬畏的心情写的,改的时候也格外认真。文章不厌百回改,只要有真情,就能有美文。

有趣的标点

　　文字也要呼吸,也要换气。这就需要标点。但小学生在初学作文时,往往不会用标点或者忽视标点的作用,一"逗"到底的现象时有发生。

　　至今记得刚走上工作岗位,我接了一个三年级的班。班里一位性格内向、沉默寡言的小女孩交来的习作,全篇只用了一个标点——结尾处一个句号。面对她的习作,我想了想,最后写了这样一则评语:

　　孩子,这个故事不知你听过没有?明朝有个才子叫徐文长,有一次外出访友,正是黄梅季节,阴雨连绵,他只好住在朋友家里。几天过去了,朋友看徐文长毫无回家之意,想逐客又难开口,于是就在客厅写了一张字条:

　　下雨天留客天留我不留

　　朋友心里想:你徐文长看了这字条还好意思赖着不走吗?不一会儿,徐文长信步来到客厅,抬头看见了字条,心中默念道:"下雨天留客,天留我不留。"他明白了主人的用意,对朋友用这种使自己难堪的做法非常生气。他仔细一看,见未加标点,于是提笔加上标点,成为:下雨天,留客天,留我不?留!一字未变,意思完全相反,主人见了反而脸红了。只得同意他留宿。

　　看,标点不同,表达的意思竟截然相反。老师的意思你一定明白

第二篇习作,她基本把句子断开了。虽然错误不少,但毕竟大有进步。我在班里郑重表扬了她,并专门上了一节课,题为"有趣的标点"。后来和学生的交流中得知,我当时讲的几个关于标点的小故事,让他们很感兴趣,对他们很有启发。记得当时我讲了两个故事:

一

有个青年人,媒婆给他介绍对象,婚约上写明"此女一头青丝全无麻子"。青年人很是高兴,以为"此女一头青丝,全无麻子"。结果一见面他傻眼了,原来是"此女一头青丝全无,麻子"。

二

在一次宴会上,美国著名社会心理学家巴尔肯提议,每人使用最简短的话写一篇自传,行文用句要短到甚至可以作为死后刻在墓碑上的墓志铭。于是乎大家凝神苦思,伸手动笔。其中一个青年交给巴尔肯一纸通篇只有三个标点符号的"自传":一个"——",一个"!"和一个"。"。

巴尔肯问这是什么意思,年轻人凄然作色道:"我年轻时横冲直撞,落了个伤心自叹,到头来只好完蛋。"

巴尔肯略一沉思,提笔在这篇"自传"的下边有力地划了三个标点符号:一个"、",一个"……"和一个大"?"。

接着巴尔肯用鼓励的口吻对这位自暴自弃的青年说:"青年时期是人生一小站;道路漫长,希望无边;岂不闻'浪子回头金不换'?"

小学生不会用标点,还有一个原因是孩子们对标点的写法其实一直模模糊糊。比如以下几点,就要非常明确地告诉孩子,并进行不断的巩固练习。

1. 顿号、逗号、分号、冒号、句号在进行横行书写时,各占一个格,必须严格按要求写在格子的左下角,问号、感叹号也各占一格,写在左半格。

这些标点都不能放在一行的开头,遇到这种情况,要挤在该行的末尾。

2. 引号、括号、书名号的前半边可以放在一行的开头,不能放在行的末尾;后半边不能放在一行的开头。如果碰上这种情况,就把后半边挤在该行的末尾。

3. 引号和其他标点符号用在一起时,要合占一格。

4. 省略号、破折号书写时都应放在字格中部,占两个字格,它们既可出现在开头,也可出现在末尾,但不能拆散使用。

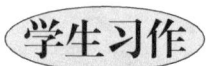 学生习作

我的奶奶

◆ 徐杨梦菲(三年级)

我的奶奶今年八十多岁了。奶奶年轻时很要强,也很能干,可是现在却得了老年痴呆症,眼睛直直的、呆呆的,没一点精神,一会儿清醒,一会儿糊涂。奶奶自己不知道吃饭,每次必须把饭端到她面前,她才知道吃。爸爸在外地工作,妈妈既要上班又要带我和姐姐两个人。为了照看奶奶,我们只好请保姆。我们为奶奶请了许多个保姆,都没待够几个月就走了。这几天我们请的保姆又走了,这可愁坏了妈妈,没有办法,妈妈只有把奶奶接到我们家。

自从奶奶到了我们家,她一刻也不安静,总是不停地走来走去。周五晚上妈妈在厨房做饭,我一个人在卧室写作业。无意中我一回头,只见奶奶瞪着两只圆溜溜的眼睛直愣愣看着我,吓得我"啊——"地大叫一声。妈妈听到喊声,一个箭步冲过来:"怎么了、怎么了"?半天,我才缓过神来:"哎呀,刚才吓死人了,奶奶悄悄站在我身后,瞪着大眼睛,一声不吭,简直像一个幽灵。"妈妈听了,这才放下心来说:"你才吓死我了呢,就差打110了。"我看看妈妈手里的手机,忍不住大笑起来,"哈哈……对不起,妈妈。"

我的奶奶虽然神志不清,可是她心里却记住了一个人,她只关心一个人,他就是奶奶的心肝宝贝——我的爸爸。说来你可能不信,爸爸每次要出门,奶奶就忽然清醒了,会对爸爸不停地念叨:"小心着凉,多穿点衣服……"爸爸走了,她的眼睛又直直的、呆呆的,没一点儿精神,一会儿清醒,一会儿糊涂。

这就是我的奶奶。

老师的话

这是一篇需要用心体味的文章。很佩服徐杨梦菲同学三年级时就能把伟大的母爱藏在文字的背后。全文没有一个"爱"字,但当我们读完全文,就会有一种想哭的感觉。因为小作者前面看似和中心无关的所有内容,其实都是一种铺垫、一种对比,没有前面奶奶的呆滞、吓人、糊涂,就没有后面她忽然清醒带给读者的震撼,就不会那样明显地突出奶奶对爸爸的舐犊情深。文中破折号、省略号恰当的使用,使文章更加令人回味!

去许子晗家做客

◆ 田芸睿(三年级)

一放寒假,许子晗就邀请我们到她家做客。这天早上,刚到一中门口,许子晗、吕田、曾怡杨、殷铷垚、成济同她们一拥而上,吓了我一跳。我们高高兴兴去许子晗家,一路上叽叽喳喳,像有人把麻雀窝给掀翻了。

到了许子晗家,我一眼看见餐桌上有许多五颜六色、大大小小的布头。这时,许叔叔告诉我们今天的安排:上午自己动手缝沙包,下午在一中操场打沙包。大家一听都高兴得叫了起来。只有我闷闷不乐,因为下午我要去上课。

开始缝包了,许子晗拿起一块最漂亮的布头问:"谁要这块?""我要""我要",我们几个纷纷举起手,都想要。许子晗假装晕倒,我们大笑。后来,那块最漂亮的布被许子晗和她姐姐拿走了。大家也都选好了布。我挑了一块黑白相间的布,准备动工。我右边是殷铷垚,左边是许叔叔。许叔叔拿出一本手工书说:"我们不一定要按书上的做,但可以参考。"我拿起针小心地穿过去,随便打了个结,还没缝两针就没线了。我只好用剪刀剪下来,请

教身边的许叔叔怎么打结。打好结,我便一针一针地缝起来。本来想缝一个宽宽的包,却把宽的两面缝住了,变成了一个长条包。这时,坐在我右边的殷钶垚叫了起来:"我的针找不到了!"我吓一大跳,生怕扎着自己,赶紧帮她找。忽然她又叫:"找到了。"我长出了一口气。不一会儿,她又是一嗓子:"我的针找不到了。"就这样,她的针一会儿了不见了,一会儿又找到了。这两句话在我耳边反反复复响了好多次。后来,许子晗让她外婆帮她缝。大家一起叫:"许子晗作弊。"许子晗狡辩:"我只是让外婆帮我拆线。"我缝好了包,又剪了个漂亮的图案缝上去。哈哈,我是第一名。

中午,我们在许子晗家吃了一顿美餐。下午刚到一中操场,爸爸就来接我去上英语课,我只好恋恋不舍地离开。上英语课时我没听进去一个单词,满脑子都是她们玩耍的影子。真希望这样的聚会多一些。

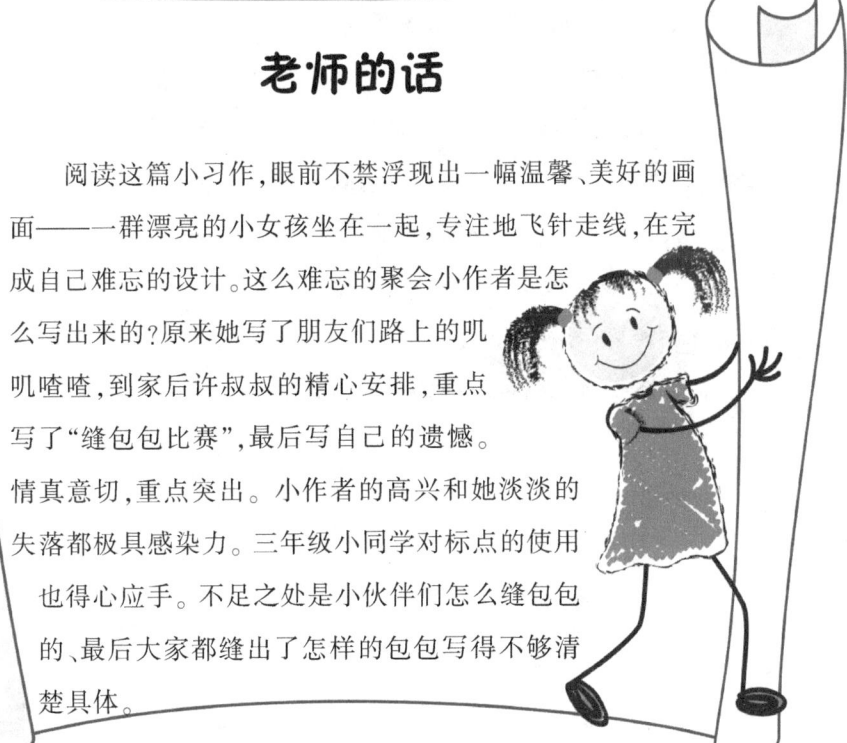

老师的话

阅读这篇小习作,眼前不禁浮现出一幅温馨、美好的画面——一群漂亮的小女孩坐在一起,专注地飞针走线,在完成自己难忘的设计。这么难忘的聚会小作者是怎么写出来的?原来她写了朋友们路上的叽叽喳喳,到家后许叔叔的精心安排,重点写了"缝包包比赛",最后写自己的遗憾。情真意切,重点突出。小作者的高兴和她淡淡的失落都极具感染力。三年级小同学对标点的使用也得心应手。不足之处是小伙伴们怎么缝包包的、最后大家都缝出了怎样的包包写得不够清楚具体。

"蛛"海

◆ 杨沐田(五年级)

看到这个题目,粗心的同学一定会想到广东的那个珠海,细心的同学肯定以为我写别字了吧。No No No! 不是广东的珠海,而是兰州的"蛛"海。

有一次,我和王义,还有一位女生到补习班上课,放学后在老师家的院子里玩,那位女生送了我一个竹蜻蜓。我兴奋地把它放飞,它却飞到了旁边的树丛里。正当我着急时,王义自告奋勇地要去树丛找竹蜻蜓。"里面有很多蜘蛛哦!"那位同学说。

"有就有,我不怕!"王义到底是男孩子,胆子大。

"那好,你去吧!可别哭着跑出来哦。"女同学无奈地说。

为了竹蜻蜓,我豁出去了,决定和王义一起去找。王义带着我,从一个只容得下一人进出的铁丝网口钻进丛林。我第一眼就看到一只很大的圆蛛在网上爬着。忽然,它的臀部底下喷出一股白色的液体,顷刻凝固成一条细丝。为了不给王义增加恐惧感,我咬着牙没有告诉他。走在枯叶上,我时不时环顾四周,心里害怕极了。王义也紧张得左顾右盼,我俩压根把找竹蜻蜓的事给忘了,只顾着勘察地形、躲避蜘蛛了。树丛里不是这儿一只

狼蛛就是那儿一只"黑玫瑰"，还有一些我叫不上名字的蜘蛛在网上慢慢地爬着。只要一抬头，就能看见蜘蛛，一低头，也能看见蜘蛛，就像掉进了蜘蛛窝里。我越走越怕，感到浑身上下都有蜘蛛在爬。终于，我忍不住开始尖叫，王义也紧张得直冒汗。那个女生在外面等急了，一直问："找到了吗？找到了吗？"

"没有！"王义有点不耐烦了。

"不找了吧！"我提议，"蜘蛛太多了。"

"好吧！"王义就等我这句话呢，立即转身往外撤。

我们俩小心翼翼地从树丛里退出来后，都长长地出了口气。

我想我们班的"蜘蛛大王"雒修国肯定特盼望去那片树丛吧！

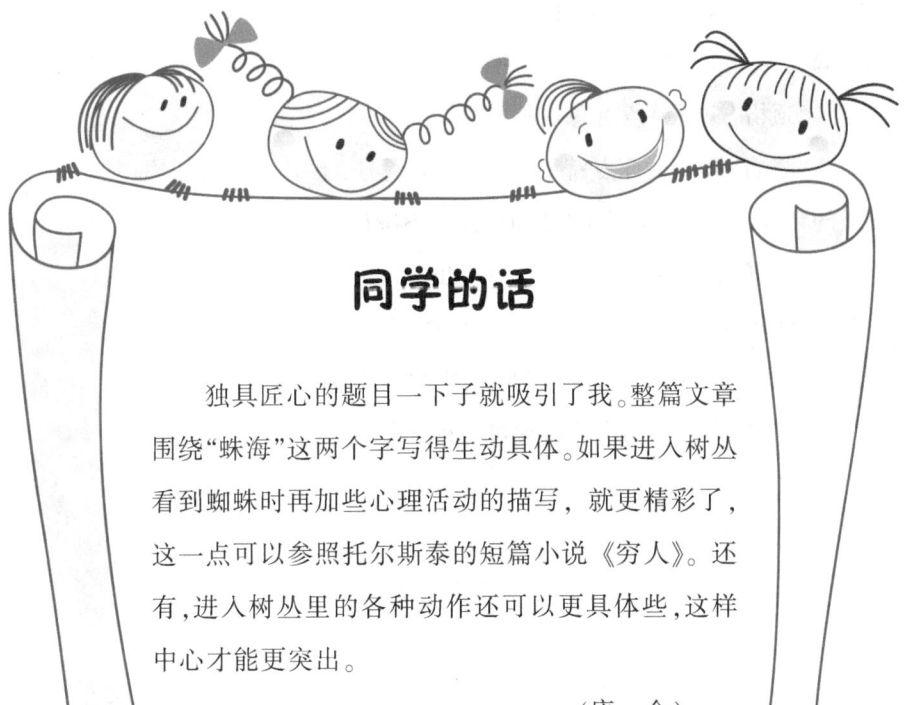

同学的话

独具匠心的题目一下子就吸引了我。整篇文章围绕"蛛海"这两个字写得生动具体。如果进入树丛看到蜘蛛时再加些心理活动的描写，就更精彩了，这一点可以参照托尔斯泰的短篇小说《穷人》。还有，进入树丛里的各种动作还可以更具体些，这样中心才能更突出。

（唐　金）

作文如何不"生病"

作文和人一样,也会得"病"的。初学作文的小学生最容易得以下"流行病":

"顶格"病——段首总是不空格。

"骑墙"病——标点符号,尤其是上引号、下引号、书名号总是挤在格子的竖线上,就像"骑"在"墙"上,占位不准确。

"重复"病——一个句子中重复出现同一个词语。

"啰唆"病——意思表达不清楚,啰哩啰唆。

"在"字病——开篇、段首非要用个"在"字。

"了"字病——句中总出现可有可无的"了"字。

"的"字病——"的"字多余。

"时"字病——特别爱用"时"字。

"胖头"病——开头臃肿,半天不入题。

"大尾巴"病——结尾拖泥带水太啰唆。

以上这些毛病,几乎每个初学作文的孩子的习作中都或多或少地存在,所以家长和老师应予以重视,并且明白,改掉这些毛病是一项长期的、艰巨的任务。

孩子要想根除作文中的这些常见病,一是对待文字的态度要端正,不能马马虎虎;二是要从朗读做起,平时读书严格做到不添字、不少字、不错字、无别字,标点应用准确。久而久之,好的习惯、好的语感就会形成,这些语病就会慢慢减少、消除。要让孩子明白,作文是自己的事儿,如果没有自我修改的意识和习惯,不可能写出漂亮的习作。

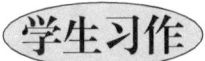

难忘的毛老师

◆ 许子晗(四年级)

在我上幼儿园时,一个人让我终生难忘。她就是——毛老师。

在我第一次走进幼儿园时,一眼就看见了毛老师,就喜欢上了她。她的眼神和妈妈的一样柔和、一样温暖,让我没有一丝的害怕。

她教我唱歌、画画、写字。可是好景不长,她教了我不到一年就被调走

了。全班的家长被毛老师叫到幼儿园,她说她喜欢我们,她把我们当成了自己的儿女,她不想离开我们。

那一天我们哭了。她走的那一刻,我大声地哭喊,希望时光可以倒流。

回到刚上幼儿园的那一天:记得那天,我跟在妈妈后面,像一只怯生生的小猫,进了教室。教室好漂亮呀!我东看看西摸摸,可一转身,不见了妈妈,我哇哇大哭,这时毛老师进来了,她给我讲了很多道理:"你们长大了还要上学,也要妈妈一起上学吗?"毛老师把我抱起来,一瞬间,我忘记了哭,闻到了她身上那种母亲的气息,甜甜的,香香的。

毛老师,我想你了,快点回来吧!

老师的话

这篇小习作最大的优点是字里行间充满了对毛老师的思念和喜爱,感情真挚,语言简洁,叙事清楚。但细细琢磨,就会发现犯了"在"字病、"了"字病和"时"字病。如第一、二段开始,两个"在"都多余。第二段的第一句,如果不得"在""了""时"病和"重复"病("就"字重复),应该是这样的:"我第一次走进幼儿园,一眼看见毛老师,就喜欢上了她。"文中还有好多个"了"字也是多余的,找找看,你能帮小作者改了吗?

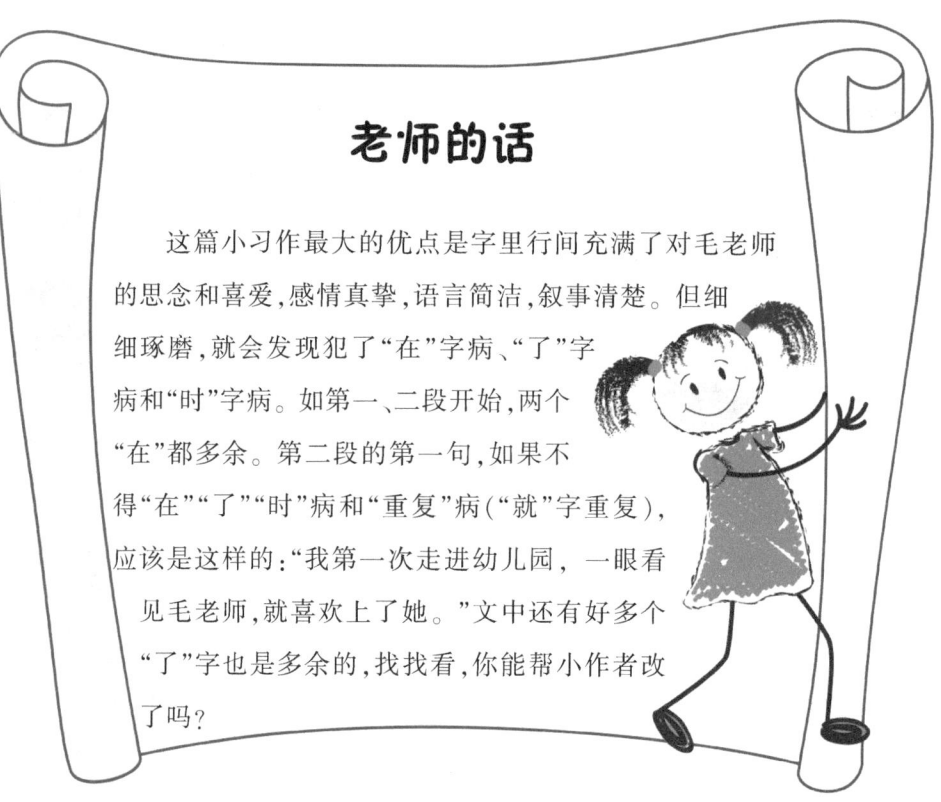

第一次坐"跳楼机"

◆ 郑 直(六年级)

上个暑假,我和二姐姐一家去了香港。早就听说了迪士尼乐园的大名,于是我们到达香港后稍做休息,就直奔迪士尼乐园。

迪士尼乐园充满卡通气息,一下就把人们的心带进了这里。我们买了套票,决定玩遍所有项目。过山车、鬼屋、UFO地带等一一体验之后,终于到了园中最刺激的项目——跳楼机。

所谓跳楼机,顾名思义,就是从地面迅速升入高空,然后倏然落下,让人体会失重的感觉。只见这机器直插云天,两个椅子从下到上,一会儿消失在空中,一会儿又回到地面。坐在上面的人不时发出惊叫,下面看的人也不断张大嘴巴,有一些女游客干脆捂住了自己的眼睛。

二姐一向以胆大著称,她迫不及待地拉着我去排队。我心里虽然在打鼓,可没办法,为了不在女生面前丢脸,只得跟着她一步一步地靠近这高105米的机器。我尽量装得很淡定,直到安全扣被扣紧的那一瞬间,脑子里还在一遍一遍想象着假如发生事故的画面。我屏住呼吸,汗一滴一滴地掉了下来。

随着一声长鸣,机器开始快速上升,我耳边不时传来一阵阵尖叫。几分钟后,机器突然停下来了,我努力睁开眼,只见美丽的香港全景尽在眼前。向下一望,我的妈呀,地上的人都变成了蚂蚁。我开始慌乱起来,不停地摆动双腿,可谁知一只鞋掉了下去。我紧紧靠着椅背,做着一切最坏的打算。我瞧瞧老姐,只见她双手合十,嘴里嘟噜着什么。突然,跳楼机好似失重似的急速下落。我的双腿麻木了,屁股底下空落落的,感觉自己正疯狂下坠。我紧紧抓住姐姐的手,带着哭腔大喊:"如果你下去时还平安,一定要给我妈带话,说不孝之子郑直先离他们而去了。"她也吸着鼻子说:

"我死而有憾,你一定记着在我的墓前多放几块冰激凌蛋糕!"我看到姐姐脸上前所未有的惊慌,头上满是大汗,头发也乱得不成样子,她肯定也吓坏了。我俩大声尖叫,好像刚从精神病院跑出来的病人。风的压力让眼睛无法睁开。经过几次"折磨"后,机器终于停了,惊魂未定、晕头转向的我赶紧跳了下去,找到鞋穿好。说实话,我的裤子险些就湿了,头发像爆炸了似的飞起来。再回头望望这耸立的机器,体会到了从未感受到的狼狈,同时在心底也浮起一点成就感。

第一次坐跳楼机,现在回忆起来仍是那么刺激,那么惊险。当我写完这篇作文时,手心都还在冒汗。

老师的话

小作者真实的心理描写,细腻的感觉极具带入感。"为了不在女生面前丢脸,也只得跟着她一步一步地靠近这高105米的机器。""我尽量装得很淡定,直到安全扣被扣紧的那一瞬间,我脑子里一遍一遍回放着发生事故的图片,汗一滴一滴地掉了下来,屏住呼吸。""突然,跳楼机好似失重似的急速下落。我的双腿麻木了,屁股下空落落的,感觉自己正疯狂下坠。""我紧紧抓住姐姐的手……她也吸着鼻子……我看到姐姐脸上前所未有的惊慌,头上满是大汗,头发也乱得不成样子了。""当我写完这篇作文时,手心都还在冒汗。"这样的细节描写,最能让读者产生身临其境的感觉。

话题作文有窍门

小学生写话题作文，往往搞不清话题、主题和题目的关系，经常直接用话题、主题来做文章的题目。这是因为学生不知道，话题、主题的范围要远远大于题目。写作之前，首先要把题目"破开"，找一个合适的切入口，选一个小的"点"，这样才能笔力集中，把内容写全、写透。比如，要介绍我们的祖国，上下五千年，纵横八万里，从哪儿写起？内容太庞杂。《舌尖上的中国》栏目组，选取一个有趣的点——"舌尖"，抓住中国的美食，由此拍出来，线条清晰，主题突出，顿时在全国掀起一阵收视狂潮。这届学生四年级时，兰州市组织征文比赛，主题是"寻找幸福"。孩子们完成了《照片墙　幸福墙》《我的幸福你来猜》《孤寡老人幸福花》《采访幸福》等习作，孩子们依据主题，重新命题，缩小范围，选取自己熟悉的事例，来说自己找到的、感受到的幸福。他们五年级时，兰州市又组织了主题为"科技，让生活更美好"的征文比赛。这个主题更大，如果学生不懂得从"小"处入手，习作内容必定假大空。《百度进家门》《会变的黑板》《我教姥爷学电脑》……这样的选材、这样的角度才是大部分小学生能够驾驭的，才是孩子真真切切感受到的科技带来的变化。因为题目小、内容熟，所以孩子写起来也得心应手。

学生习作

照片墙　幸福墙

◆ 胡立傲（四年级）

三个月前，我家搬进了新居，爸爸妈妈买了很多工艺品来装饰屋子。客厅、卧室一一搞定后，就剩下书房最显眼的那面墙了。挂点儿什么好呢？爸爸妈妈意见不一，这个说挂一幅书法，那个说挂一幅风景画。看他们那费事样儿，我随口说了句"要不挂照片吧"，没想到他们齐声说好。

就这样，妈妈买来一箱大大小小的相框，我们一家三口齐上阵，按照尺寸，从众多照片中精挑细选，选出最精美、最有纪念意义的装进相框，挂上了墙。呵，简直太棒了！从小到大和家人的幸福瞬间全被展示出来了！

看，那张"博士照"上的我穿着小博士服，戴着博士帽，小小的嘴巴吮吸着手指头，还在流口水呢。这是我出生一百天时，妈妈带我去照相馆留的影。看见照片，我恨不得立刻长大，去考博士。

中间那张"爷孙照"是我上幼儿园时拍的。你看，我被爷爷抱着，不知在对他说什么悄悄话呢。爸爸妈妈看到这张照片，总爱说三个字："隔辈亲。"爷爷最喜欢这张照片了。我爱爷爷，爷爷也疼我。小的时候，爷爷就对我呵护备至，每天接送我上幼儿园，还给我做丰盛可口的饭菜。我要永远保留这张珍贵的照片，也希望亲爱的爷爷健健康康，长命百岁！

哈哈！看这张，我和妈妈一人拉着一个米老鼠的样子很搞笑吧？这是我们在香港迪士尼乐园游玩时拍的，那是我最快乐的记忆。当时，"巴斯光年星际历险""森林漂流""小小世界"和"UFO地带"，我们统统玩了个遍。现在只要一看到这张照片，我就仿佛又身临其境，回到了那幸福的乐园。

瞧这张，太让我难忘了。看着它，今年幸福的生日聚会好像又出现在我眼前。照片里，我和朋友们喜笑颜开，大家正在给我送礼物、唱生日歌呢！那天，我们都是自由的精灵，吃饱喝足之后，大家又在我家下棋、看书、玩电脑。整整一天，我们都沉浸在欢声笑语中。我非常感谢爸爸妈妈和同学们，他们给了我美好的一天。

还有不少照片，有小舅和我在刘家峡的荷花池中划船的，有姥姥、姥爷带我去上海世博会游玩的，还有我们一家三口在黄河边玩耍、嬉戏的……

这面墙记录了我生活中的点点滴滴，留住了我开心的瞬间，留下了我快乐的童年。

照片墙，幸福墙！

同学的话

这篇作文结构很清晰，先是原因——为了装饰一面墙而挂照片，再是过程——观赏照片，回忆过去。题目命得很好，前三个字是实物，后三个字是意义：简洁，对仗。内容从自己百天的"博士照"，到充满温馨的"爷孙照"，再到有趣的"乐园照"，最后的"生日照"，无不洋溢着家的温馨，让人读起来暖暖的。我最喜欢的是这句："这面墙记录了我生活中的点点滴滴，留住了我开心的瞬间，留下了我快乐的童年。"这句话把这面墙的意义再次凸显出来，提升了整个作文。结尾与题目互应，真是一篇佳作！

(谈弈扬)

采访幸福

◆ 甘梓辰(四年级)

幸福是人人追求、人人向往的,可幸福到底是什么呢?有的人可能会说:"幸福就是能吃到自己想吃的东西。"有的人可能会说:"幸福就是想要什么有什么。"而我认为幸福就是躺在软软的小床上,喝着香甜的可乐,看着心爱的《海豹突击六队》,那感觉可真爽!

我很想知道别人心中的幸福是什么。怎么办呢?有了!我拿起一根黄瓜当话筒,乐呵呵地跑去采访妈妈:"咳咳,您好!请问这位女士,您认为幸福是什么?"

妈妈看我一本正经的样儿,笑弯了腰:"呀,儿子成了哲学家,已经开始研究幸福这么深奥的问题了!嗯,我现在的幸福就是每天回到家,看到你已经把作业全写完。至于将来的幸福嘛,就是你实现了自己的梦想,过

着开开心心的幸福生活!"我不好意思地吐了吐舌头,唉,谁让我写作业这么磨叽呢?我必须重视这个问题了,因为它已经严重影响妈妈的幸福感了!

尽管爸爸在外出差,但我还是很想知道爸爸眼中的幸福是什么。于是,我对爸爸进行了电话采访:"喂,您好!我是新华社记者甘梓辰,我正在进行一个关于幸福的调查,您被幸运地抽为调查嘉宾,请您谈谈您对幸福的看法。感谢您的合作,谢谢!"

电话里传来爸爸朗朗的笑声:"哈哈哈,非常荣幸接受您的采访!我认为幸福就是通过我的努力工作,让我的宝贝儿子和他的好妈妈每天开开心心、快快乐乐!"佩服!老爸真是负责任的男子汉!

我再拍拍我们家的老黄牛、我亲爱的姥姥:"姥姥,您又是怎么理解幸福的呢?"

姥姥笑眯了眼:"我觉得幸福就是不生病,每天做的饭菜你们都爱吃!"哎,姥姥真是现代雷锋啊!

最后我又将话筒对着姥爷:"姥爷,您最聪明,您一定能给我幸福的答案。"

姥爷若有所思地看了看我,捋了捋他那光光的充满智慧的大脑袋上屈指可数的几根头发,用低沉的语气慢条斯理地说:"我认为幸福就是儿女孝顺,受人尊重!"

原来，幸福在不同年龄的人眼里都是不一样的：小孩子总是会想着享受。爸爸妈妈一心想着让孩子有一个温暖的家和美好的未来，孩子的幸福就是他们的幸福！老人的幸福就是身体健康，受人尊重。

通过这次关于幸福的采访，使我明白了幸福不只是享受，更是无私的给予，就像泰戈尔说的："埋在地下的树根使树枝产生了果实，却不用求什么回报！"我还知道了，有所成就，受人尊重，是幸福的最高境界！

同学的话

这篇作文首先以问句开头：幸福到底是什么？引发读者的思考。第二段用举例子的方法列出了自己心目中的幸福。接下来用具体的事例向我们说明家中每个人心中的幸福是不一样的：小孩认为幸福是一种享受，大人认为自己的幸福就是孩子幸福、家庭和谐，老人认为幸福就是身体健康。总结非常到位。采访过程有详有略，爸爸、妈妈、姥爷为详，姥姥为略。我特别佩服小作者写人物语言，真正做到了各说其话。每个人说的话都和他的身份极其吻合。结尾，作者还用了泰戈尔的名言，总结出了一个道理，是一篇一事一道理的佳作。

(郝彦博)

孤寡老人幸福花

◆ 顾苗玉(四年级)

说起寻找幸福,我的故事可真不少!

时光倒转,回到刚开学的那一天。一放学,几个要好的同学立刻凑过来:"老顾,今天去吗?""去,去,当然去了。"同学们兴高采烈。我带领着"孝敬老人志愿者先锋队"的大军,第二次去看望孤寡老人。

在爸爸的护送下,我们欢天喜地地来到红二村社区,由小王叔叔带着我们去看老人们。

在弯弯曲曲的小胡同里,我们左拐右拐,同学们唧唧喳喳、兴奋地说个没完,直到小王叔叔喊道:"嘿,小捣蛋们,快进去吧!"

"耶,万岁,万岁!"同学们振臂高呼。

我们先慰问的是军烈属齐仲盛爷爷。齐爷爷六十出头,黝黑的面孔,脸上挂着阳光般的笑容。一看就是一位朴实的乡下人,一见我们,他便笑呵呵地把我们迎进了屋。

我们开始表演节目。先由郭泽雄给爷爷背了一段《增广贤文》,爷爷乐

得直拍手。我呢，给爷爷表演了一首铿锵有力的《满江红》，爷爷也情不自禁的同我一起朗诵：八千里路云和月，莫等闲……

接着是何维彤表演，他声情并茂地背了一首《木兰诗》，爷爷兴奋地晃着头，像个小孩似的。其他同学也各自表演了他们拿手的节目。

告别爷爷时，我们一步三回头，好像离开了一个老朋友似的。

接着，我们去了一位奶奶家。她是五保户，老伴和儿子早已去世，只留下她一个人守着家。我们为了让奶奶高兴，也给她表演了节目。首先，我给奶奶唱了一首《母亲》。我唱完后，奶奶苍白的脸上老泪纵横。然后，郭泽雄信心满满地走上场，流利地背出了《弟子规》，奶奶也跟着背，她幽幽地叹了一口气："我们那时候不能读这些，也不能背这些，你们都是在享福呀！"

看完节目后，奶奶拉着我的手，开心地笑了："你们给我带来了欢乐，我感到很幸福。"

走出奶奶家，我忽然明白，原来幸福就是给予！

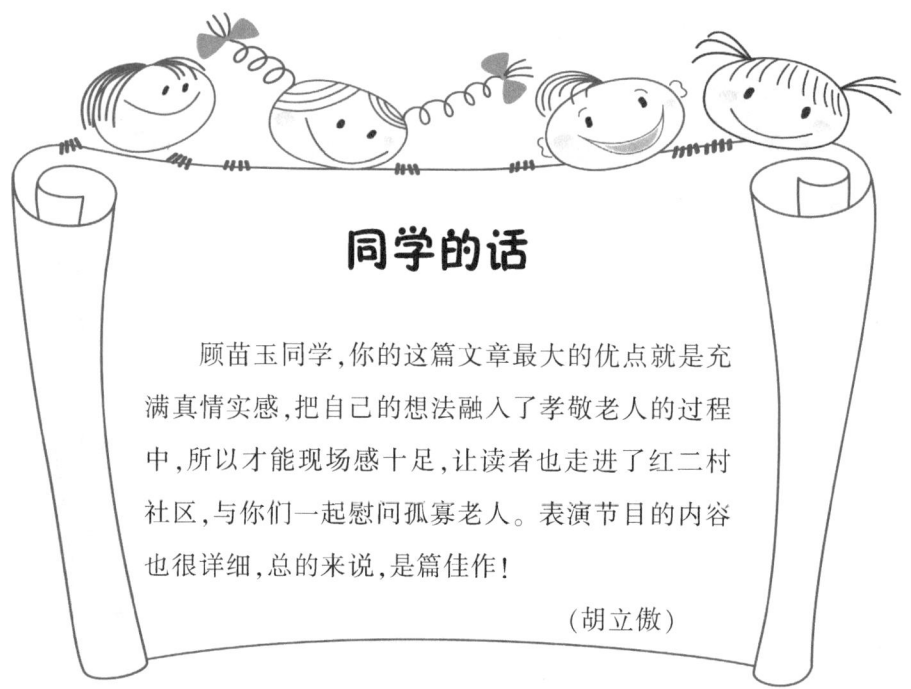

同学的话

顾苗玉同学，你的这篇文章最大的优点就是充满真情实感，把自己的想法融入了孝敬老人的过程中，所以才能现场感十足，让读者也走进了红二村社区，与你们一起慰问孤寡老人。表演节目的内容也很详细，总的来说，是篇佳作！

（胡立傲）

书的"七十二变"

◆ 徐杨梦菲(五年级)

说起书来,我的故事可多了。

我从一年级就爱上了读书,和书结下了不解之缘。这几年我读过的书少说也上千本了。我的书柜由一个小书柜变成了三个大书柜,可我还是觉得不够,每个星期都要闹着妈妈去书城购书,一次五六本,不到两天就读完了。我读书的速度相当快,连老妈都说我:"你是在翻书,不是在读书吧?"嗨!老妈你这是太小瞧我的读书水平了。到了三年级,我们班办了作文周报,由于我大量读书,所以佳作不断,期期周报都会有我的作文上报,妈妈也认可了我读书的功底。为了满足我读书的欲望,妈妈又学会网上购书。老妈说:"网上购书还能打折呢,这样既方便又省钱,蛮不错的嘛!"但这样一来,可害苦了我,网上购书虽然方便,但时间太慢了,至少一个星期才能来,有时缺这少那的,哪能满足我的需求呢?所以,为了买书,我还是经常和妈妈闹点小别扭。

我们班同学都有一句口头禅——一本好书随身带。记得去年放假,妈妈带我去海南旅游。爱读书的我自然不会错过这次机会,何况出去一周呢!我悄悄在妈妈的皮箱里装了6本厚厚的书。一路上书给我带来许多快乐,但也带来了妈妈的许多唠叨:"出门带这么多书,太重了、太重了!"我只能吐吐舌头,装作和我没有关系的样子。哎!没办法,谁让我这么爱读书呢!

今年放假妈妈又带我出去玩,这次我可轻松了,没有了上次出行的烦恼。呵呵!你们猜猜为什么呢?因为妈妈给我买了一本汉王电子书。我第一件事就是把它装入我的包包。电子书长18厘米、宽12厘米,只有普通笔记本大小,但可以下载几十本书呢,携带起来轻巧方便。它还是一本会

说话的电子书,假如看累了,还能播放已录制好的音频文件,只听不看呢。家里纸质书读完了,我就用电子书来弥补暂时没有新书可读的空缺。我真是太喜欢它了。

据说,秦始皇每天批阅的竹简奏折要120斤重。西汉时期,东方朔给汉武帝写了一篇文章,用了3000片竹简。哎,想一想都觉得害怕,那时怎么那么落后啊!如果我是汉武帝的话,不眠不休累断胳膊恐怕也读不完啊!

从甲骨书到竹简书,从竹简到活字印刷,再到纸质书,到如今的电子书,小小的一本书经过风风雨雨,完成了漫长的"七十二变"。仔细想想,科技的力量真是了不起!我从网上看,现在又发明了更加奇妙的书,电子唱片书、立体书、缩微的书,真是太好了,我会有越来越多的书可读了!

随着书的"七十二变",我的知识也在"七十二变"。

我的作文教学口头禅

我发现，对于孩子们而言，有些话，要像口头禅一样，需要时时念叨、时时提醒，这对于降低作文难度、引导学生"入门"、避免作文走弯路大有益处。以下都是我的作文教学口头禅，这些话在孩子们作文起步阶段帮了他们不少忙呢。

▲题目居中间，段首空两格，标点都有自己的家。

▲对待文字的态度就是对待生活的态度，不可马马虎虎。

▲不加字，不落字，不错字，无别字，标点占位要准确。

初学作文的孩子，总是毛毛糙糙，作文的格式极易出错，一是不熟练，二是太马虎。需要这样的提醒。

▲作文就是用笔记录自己的生活。

▲作文就是把用嘴说的话用笔写下来。

▲作文就是我手写我心。

▲作文就是自我表达和与人交流。

▲怎么做，怎么写；怎么说，怎么写；怎么想，怎么写。

这些话，在孩子们刚刚接触作文时，帮他们打开了作文和生活的大门，让他们拥有一颗勇敢的心，下笔敢写。

▲作文就是围绕一个中心记录自己的生活。

这是我使用频率最高的一句话。三、四年级的孩子写作文最容易跑题，所以要时时提醒孩子每一句话都要为中心服务。

▲学作文就是学做人。

▲做人讲人品，作文讲文品。

▲文贵以真。

真实是作文的根，作文的魂。一定要让孩子写真事，表真情。写作文就是写生活，千万不要另编一套生活。

▲开头一句到主题，中间一步三回头，步步扣题眼，结尾不忘回到主题来。

▲凤头猪肚豹尾。

开篇简洁，中间紧扣题眼，结尾回到主题这三点对中年级孩子来说很有难度，需要不断提醒，反复练写。

▲人离事不活，事离人不转。

▲写人要用事。三年级写人：一事一特点，一事一品质。中高年级写人：多事一特点，多事一品质；多事多特点，多事多品质。

用这样的短句让孩子在一开始就明白，写人切忌空谈。要用事儿来写人的特点和品质，这样才有说服力，才会给读者留下深刻的印象。

▲一事一心情，一事一启发，一事一教训，一事一收获。

▲多事一心情，多事一启发，多事一教训，多事一收获。

▲高年级：作文不仅要写生活，更要写认识。

▲意高则文胜。

孩子们写事，有时候很盲目，为写事而写事，所以需要老师指点，需要自我提醒，这些短句很管用。

▲"骨架子"+"小瘦子"+"大胖子"，作文就具体了。

▲眼要睁，嘴要说，耳要听，鼻要闻，四肢动，心里有感受。

▲回到现场去。

▲第一感觉很重要。

写不具体是小学生习作的一个通病。经常提醒他们写人要有事，事情可以有详("大胖子")有略("骨架子""小瘦子")。要把事情写具体，一定要在写作时让自己"回到"故事现场去。根据中心有选择地写出看到了什么？说了什么？听到了什么？做了什么？有什么感受？有什么想法？

▲少变多，短变长。

这是专门针对看图作文而言的。看图作文，图越少越难写。要学会由一幅图想出多幅图，再把每幅图的主要内容由一句话变成一段话，这样，一篇习作就完成了。

▲景中要有人，人中要有景。

▲第一印象最重要。

写景，写出第一印象就成功了一小半。比如，沙坡头和青海湖，首先颜色不同，其次感觉不同。这是最明显的，不能不写。除了写自己观察到的景，如果还能写出自己和游人在景中的活动，那文章就更有带入感了。

▲文章不厌百回改，反复推敲佳句来。

▲善作不如善改。

▲三分文中七分读。

学作文的过程就是学习修改作文的过程，这一点要让学生从小明白。要注重学生自我修改能力的培养。读是最好的修改方法。

▲打开作文和生活的通道。

▲打开作文和阅读的通道。

▲打开作文和口语表达的通道。

学生作文困难，是因为他们写作文时想不起生活，想不起读过的文章，想不起说过的话。我经常告诉学生，作文和生活、阅读、口语表达的关系，就好比灯管和电流的关系，如果我们把开关关了，电流通不过，灯管自然不亮，反之，灯管就亮了。我们写作文之所以无话可说，就是因为作文和生活、作文和阅读、作文和口语表达之间的开关没有打开。

▲选材求独特，命题要新颖，围绕中心写，文字有真情。

▲冷眼看世界,妙手写文章。

每个孩子因为生活背景不同、阅读基础不同、爱好不尽相同,所以每个孩子都有自己与众不同的生活。作文时,要引导学生选自己独特的生活,独有的发现。每个人都写的是自己,每个人都有自己个性的语言,这样,我们多姿多彩的生活带来的就是各具特色的作文。

因为我经常用这样的小口诀提醒学生,他们也学会了自己总结、创编这样的小口诀。

学生习作

写作儿歌

◆ 程馨文(三年级)

写作文,不用怕。不乱编,写真实。
写不长,没关系。多角度,短变长。
怎么做,怎么写;怎么说,怎么写;
怎么想,怎么写。秘诀就在课文中,
秘诀就在好书中,秘诀就在周报里,
多多读书勤练笔,作文肯定能写好。

我们班的"开心果"

◆ 唐 金(三年级)

顾苗玉是我们班的"开心果"。他每天都可以把我们逗笑。

有一次语文课上,史宇轩同学跟大家分享了他的梦想。他说想发明一个会自动做饭的电饭煲,这样我们班的女生长大后就不用像他妈妈那样每天辛苦地做饭了。他说完,我们都开心地笑了。张老师问岳婉臻:"你笑得这么灿烂,为什么呢?"还没等岳婉臻开口说话,顾苗玉就直接插嘴:"因为她是女生,有这样的电饭锅,她就轻松了,每天只用陪着她的孩子读好看的书就行了。"

"哈哈……"全班同学一起狂笑起来。顾苗玉不愧是个大书迷,想的可真远呀。没等大家笑完,他又来了一句:"史宇轩你快点造出来,让张老师也感受一下。"

老师的话

三年级起步作文,老师、家长切忌一点,不要对孩子的选材、语言、结构提过高的要求。写人,只要能用一件事写清楚人物的一个特点或一个品质,就非常棒。这篇习作,小作者就用了"一事一特点"的方法,写了发生在课堂上的一件小事,一个调皮可爱的"开心果"形象跃然纸上。

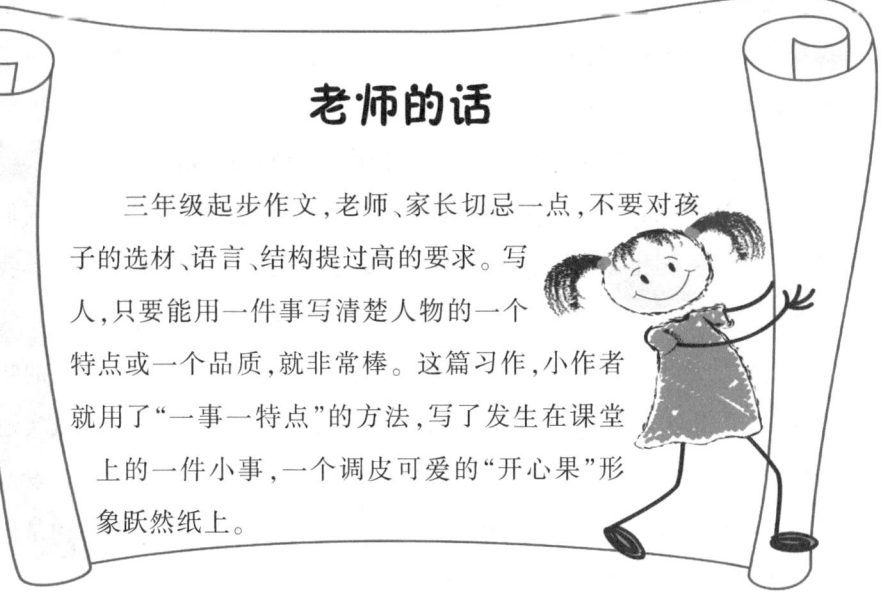

展示胜于批阅

通常，老师批阅八篇单元作文的情况是学校和家长评价其作文教学的重要方面。其实就一个班级的作文教学来说，评语的作用既没那么大，也不容忽视。

记得刚走上工作岗位时，我对每篇习作都精批细改，经常是学生习作写了大半页，我连批带改超过一大页。对我认为不合格的习作，更是一遍又一遍让学生重写。虽然我的努力得到了学校领导和家长的好评，但慢慢我发现，学生的进步与我的付出相比远不成正比，最令我失望的是全班学生的作文兴趣并没有因此明显提升。直到一次期末考试后，我才忽然明白，其实一直以来，我们高估了评语的作用。事情是这样的：

有一次单元作文是写公园游记。当我在批阅中看到一个学生把"我们走在林间的小道上"写成"我们走在阴间的小道上"时，真是哭笑不得。我修改后又语重心长地写了一段话。期末试卷上，他写了这篇作文，那个病句原封不动地出现在我眼前。再次面对这句话，我心中有一种莫名的味道：我那么用心写的批语作用在哪儿？我把他叫来想找找原因。他诚实地告诉我，他对我的批语没印象。因为每次作文写完要等好长时间才发本子，那时候已经对自己写过的作文不感兴趣，甚至都忘了自己写的是什么。所以拿到作文本，只看一下分数，批语一般就不看了。

我忽然想到读小学时的自己。那时，我很喜欢写作文。每次写完作文都在盼着发作文本的那节课，因为我的作文经常会被老师当范文在班里朗读。但等待的时间总是很漫长。拿到作文本，我就会迫不及待地看老师的评语，但老师的评语总有些话语每次都一样，意思我也不太明白，有些词句因为是连笔字，我总认不出。和看评语相比，我更喜欢老师当众读我的作文，当堂表扬我。但这样的机会即使对我来说也很少，其他同学几乎几年都没有一次。再想想我的学生，何尝不是这样。六十四本作文，最快也要两周才阅完。半个月后，面对我辛辛苦苦的批阅，又有几人能放在心上？

从那以后，我不再把写评语看得那么重要，而是把以往用于写评语的大量时间用到了想方设法当众表扬学生、给学生提供展示的平台上。如，每次学生完成作文初稿，我只用一节课的时间，用最快的速度分别选出在书写、选材、命题、开头、结尾等某一方面突出的习作，当堂展示学生的优点。很多时候，因为时间关系，有些学生得到的可能只是一句表扬。但就是这样一个小小的改变，学生的习作热情顷刻高涨。为什么？评价及时了，表扬的面儿广了。当堂展示由以往一两个优等生的"专场"变成了更多人的舞台。学生的习作由老师一个"读者"一下子变成了全班同学。孩子们面对刚刚完成的习作，兴趣正浓，自主修改的能动性大大增强。尤其是那些得到表扬的孩子，经常在放学的路上拦住我征求修改意见。这就是展示、表

扬的力量。如何让更多的孩子得到表扬,拥有展示的平台,成了我思考的问题。毕竟,课堂的时间非常有限。当我们拥有自己的班级作文周报后,作文教学超越了课堂、超越了课本、超越了教师,孩子们展示的平台一下宽广了。每个孩子的作文都有机会被大家阅读,每个孩子的优点都有机会被老师、同学、家长,甚至更多的人发现和表扬,孩子们的创作热情真正被点燃了。

我在实践中发现的真理是:作文教学中,评语固然重要,但和展示相比,后者更有利于激发学生内心的创作冲动、创作灵感。而我们的批阅,往往为了所谓的"通顺连贯",将一篇篇稚嫩的原生态童言,改得遍体鳞伤、奄奄一息。这样的举动,对教师来说,是理直气壮地维持"言语秩序",对孩子来说,却是对本真言语自信的摧毁!这样的"精批细改",让孩子无所适从,不知该怎样去表达自己的思想了。经过几番这样的修改,孩子痛定思痛,从心底里认为自己的言语是丑的、错误的,只有教师的言语、书本上的言语才是美丽的、正确的。童言、童真、童趣就是这样离开童年生活!

抢报风波

◆ 岳凌云(三年级)

第二期《班级作文周报》终于出炉了!我的心像小兔子一样怦怦直跳。老师说好多同学的作品初选入围,但又因为上传电子稿超过规定时间、好作文太多等原因被淘汰了。我的作文会不会也是同样的命运呢?当我忐忑不安地拿到报纸,一眼看到我的作文赫然在目时,我欣喜若狂:中午一定要给妈妈汇报这个好消息!唉,我真是被胜利冲昏了头,这会儿已经是下午第一节课,中午早过了,只有盼着下午早点放学了!

傍晚,在外工作的家人陆续回家。爷爷奶奶、爸爸妈妈听说又有周报了,一拥而上。"谁的作文上报了?""孙子,有你的作文吗?"他们七嘴八舌搞得我头都大了。"你们难道不想一睹为快吗?"我这一问可好,他们刚才都在一条战线的,立刻吵成了一锅粥。

爸爸一马当先:"我是警察,我先读。"

妈妈当即反驳:"我是老师,我要点评!"

一向寡言少语的爷爷发言了:"我是长辈,应该我先看吧。"

"老头子,你难道不知道女士优先吗?我先看!"奶奶也不甘示弱。

就这样,他们争得不可开交。好像报上的作文都是他们写的,跟我无关。看来,关键时刻还得我这小将亲自出马呀。我眉头一皱,计上心来:"你们石头剪刀布,三局两胜!"

结果,妈妈连连领先。她赢得了读报的权利。我们都成了忠实的听众,津津有味地听妈妈读着我们三(四)班精彩的作文。

老师的话

对话开始,故事开始,对话结束,故事结束。小作者熟练地应用隔行对话,写出了一家人"抢报"的过程和结果,尤其值得一提的是小作者在写人物对话时,突出了说话者的年龄特征和职业特征,这一点,对三年级的孩子来说真的不容易。

文字"大餐"

◆ 雒修国(五年级)

第56期作文周报来啦!

今天,我又吃了一顿文字"大餐"。其中郑直大师"做"的《砸 还是不砸》让我学到了许多"做菜"的方法。首先,让我们从他的题目说起吧!题目《砸 还是不砸》命题新颖,可以看出他矛盾的心理。许多同学都在关注钓鱼岛事件,同样是写钓鱼岛事件,徐杨梦菲写的是同学之间的矛盾,而郑直写的却是抵制日货和自己家的日产车该不该砸的问题。徐杨梦菲只关注到了同学家的车被砸的事件,而郑直却能把社会和自己家的车联系起来,所以我认为在写钓鱼岛这件事上郑直略胜一筹。

我对杨沐田的《"蛛"海》也挺感兴趣。刚开始一看题目,我还以为这粗心的丫头和我一样写错别字了呢,把有名的珠海写成了"蛛"海。可当我读了一段后,才发现原来杨沐田所说的"蛛"海就是一片有许多蜘蛛的树林,于是立刻来了精神。地球人都知道,我是个昆虫迷,蜘蛛更是我的最爱。我给杨沐田同学的命题水平竖个大拇指。

《有一天,父母老了》是黄小姐的大作。也许大家和我一样没有想到,

这个整天乐呵呵的疯丫头竟然在思考这么深奥的问题！我非常喜欢她这篇文章的开头："有一天，父母会老，会离开我们，可怎么办呀？"这样的问句不仅能引起我们的思考，也让我们感受到了她的焦虑。读完这篇作文，我还发现一个优点，那就是每一句话都在为中心服务。

俞江瑞写的《倒霉的星期一》生动有趣，因为是多事一中心，所以文章中的几件事有详有略。而许子晗的《倒霉的俞江瑞》则证明了老俞确实很倒霉。许子晗的这篇文章是用"大胖子"的手法来写的。通过这两篇文章，我又学到了一个写作方法：一事一中心的文章要用"大胖子"（把一件事写具体）的手法来写，多事一中心的文章要用"小瘦子"（简略写事情）的方法来写。

哈哈，这顿"大餐"吃得可真饱呀！

同学的话

本文将周报比为文字"大餐"，将作文比为同学们做的菜，真佩服他的想象力。整篇作文内容充实，有详有略，对同学们的习作分析得头头是道。看来读周报，我没有"昆虫迷"认真呀，一次就能学这么多好方法，怪不得这小子作文一天一个样。不过，我觉得这篇作文应该换一个更圆润、更委婉、更有高度的结尾。

(魏烨熔)

讲评胜于指导

作文教学难就难在既要传授写作技巧，又不能约束学生的思维和表达，要做到教学无痕，让每个学生学会自由表达，用自己的语言写自己的故事。

目前语文教学中单元作文的一般程序是：老师集中指导，学生完成习作，交由老师批阅，等待学校检查。相对写后讲评，老师会把重点放在写前指导。大家普遍认为学生习作水平的提高，写前指导的作用大于写后讲评。对于写后讲评，很多老师认为可有可无，即便有，也基本是蜻蜓点水。的确，写前细致的指导对于作文起步、基础薄弱的孩子很有必要，但从长远来看，作文之前的细致指导弊大于利。因为孩子动笔前的条条框框就像镣铐，会束缚孩子的思维，影响孩子建立自己独特的言语表达系统。根据实践经验，我认为写后讲评的作用远大于写前指导。

至今清晰地记得十多年前我上过的一节作文指导课，主题是写喜欢的水果。孩子们都带了自己喜欢的水果到课堂，我通过看一看(看形状、看颜色、看大小)、摸一摸、闻一闻、尝一尝，指导学生作文。教学步骤看似环环相扣、滴水不漏，孩子们也都按我的指导先写水果的颜色、大小、形状，再写摸到的感觉，闻到、尝到的味道，最后抒发喜爱之情。学生习作看似条理清楚，结构完整。教学效果也得到了专家、同事的一致好评。但批阅学生千篇一律的习作时,我没有任何成就感,总觉得学生的习作缺少些什么。缺什么呢?是孩子的灵性、孩子的语言、孩子眼中的水果。孩子们只是机械地完成了习作。在这个过程中,他们不可能真正感受到创作的乐趣。因为他们重复的是我眼中的水果、我的思维、我的语言。这样的教学,学生的思维、语言很难得到真正的发展。长此以往的教学导致的结果是,老师指导过的题材,学生就会"套",老师没有指导的内容,学生很可能无从下手。

  如果今天再教孩子们写水果,我会想到,即使是同一种水果,在每个孩子的眼里其实也会大不相同。每个孩子和这个水果的第一次相遇不同、感情不同,他们之间发生的故事也不同,表达方式当然会不同。我会给他们足够的空间,用最简短的语言给他们必要的提示后,让他们先自由地写。起步作文,优劣不在长短,不在结构是否完整,关键是用自己的语言写出自己眼中的水果,自己闻到、尝到的味道,自己最想说的话。然后在作文讲评课上展示学生习作的优点:或命题新颖,或开头简洁,或描写有顺序,或结尾有趣,或语言幽默,或感受独特,或某句话生动,或某个词传神,甚至是某个标点用得妙……而老师对观察顺序、描写方法的指导则是根据学生的习作、交流相机插入,这才是真正的指导。这样的指导让孩子在不

自觉中通过对比，一下子就知道了自己的不足，学到了他人写作的优点，得到了自我成长。比如，张同学学到的可能是新颖的命题，李同学记住的则是观察的顺序、幽默的语言。每个孩子肯定都有自己独特的收获，只要是他感兴趣的优点，他一定会记得牢、用得好。

传统的作文教学，选材、指导、批阅都是一个以老师为主的封闭体系：老师讲，学生写，老师批。每次作文，只有一个读者——老师，同学之间基本是你不知道我写的怎样，我也不知道你写了什么。至于取长补短，几乎无从谈起。也许偶尔老师会读同学的一两篇优秀习作，但这优秀习作很可能是经过家长、老师过度"润色"的成人作文，美是美，但因为不是孩子的视角、孩子的语言，学生其实根本不感兴趣。

注重写后讲评的作文教学则完全不同：创作是开放的——每个孩子写属于自己的独特故事，即使不够完整，但总有真正的亮点；教学是开放的——课堂不再是老师的一言堂，学生的习作不再只有老师一个读者，奉献优点的小作者都是"指导老师"，同学互为老师；评价是开放的——老师、学生对每个孩子习作的点评，全班同学都可以分享并受益。最重要的是，写后讲评可以用一个个鲜活的例子，让作文指导建立在真实的载体上，这是孩子们最乐于、最易于接受的形式。

我的班级从三年级开始就有《班级作文周报》，我将学生习作编辑成一万字左右的小报，印发给每个孩子。学生充分阅读，找出自己最喜欢的题目、开头、结尾、选材，勾画让自己开心、难过、有同感的句、段。作文讲评课上，同学们畅所欲言，交流自己的读报收获。其实就是你表扬我、我表扬你，全班分享习作优点，实现作文互相指导。这样的作文讲评课没上几次，全班同学的创作热情就空前高涨。有这么多作文"指导老师"，面对这样的氛围，还会发愁孩子的作文写不好吗？这个阶段，孩子们只要牢记围绕一个中心"怎么做，怎么写，怎么说，怎么写，怎么想，怎么写"就可以了。我从不对孩子的选材挑三拣四、挑"肥"拣"瘦"，更不会提出过高的要求。我相信等孩子形成自己的言语表达系统，有一定的习作能力之后，再给他更高的要求一点儿也不晚。因为作文是学生自己的事儿,要让他们自己读、自己悟、自己写,最终达到说出自己的话。这是需要一个过程的,而不是老师、家长拔苗助长,通过过度"指导",让其写出"完美佳作"。

　　需要特别说明的是,讲评重于指导,并不是不指导,而是要多指导。关键是要把握好指导的时机。既要"前移",又要"后移"。"前移"就是作文指导一定要融入平时每篇课文的学习中,切实做到读写结合。遇到真正写作文时,能少说则少说,不要给学生造成干扰。"后移"指学生完成习作后,一定要进行有的放矢的细致指导。我在编辑每期周报时,都会根据每个小作者的习作,每期周报共性的优点与不足,在孩子们的发言中适时进行有针对性的指导和点拨。孩子们谈自己读报中最大的收获。写出佳作的同学还要传经送宝。我是在孩子们交流的基础上,每次有侧重地解决一到两个问题。事实证明,只要认真阅读,孩子从同学的习作中汲取的能量远远超过我们的预想。

> 学生习作

漫步瑞士

◆ 黄诗迪(六年级)

"我看到雪山了,我看到雪山了!"一个稚嫩的童声把我从半梦半醒中惊醒。我急忙向车窗外眺望。只见远处一座座高耸的雪山直入云天,雪山下是一个蓝色的湖。那湖出奇得蓝,像一块无瑕的蓝宝石,好美!我好想生活在这里呀!当我渐渐融入瑞士,才发现它不仅仅是一个美丽的国家,更像一幅用缤纷色彩精心绘制的画卷。

宝石蓝——自然之美

一座座房屋错落有致地散落在湖两岸的山坡上,其间高大的教堂尤其醒目,再远处是一座座雪山,这便是我对瑞士的第一印象。

随后几天,坐在巴士上穿梭于大街小巷或是公路上,痴痴地望着窗外,远眺着座座雪山,我一言不发,仿佛被施了魔法。第一次,我看到那么美丽的天空,蓝得那么纯洁。而白云,似乎近在咫尺,好像一伸手便能触摸到它。还有绿葱葱的树木,纤尘不染。瑞士的树木绝不是一棵一棵生长的,而是一大簇一大簇生长的,竟能形成树的河流、树的海洋……如果没有亲自去过那里,绝对不可能想象出城市与自然这么完美地结合在一起。

我自出生就一直生活在内陆,很少见到海或很大的湖。瑞士有很多大得出奇的湖,不知道的还以为那是一片海。瑞士人很会享受生活,在有些较为偏远的湖岸,总有三五成群的人在湖里游泳。在靠近城市的湖岸边则停靠着一艘艘游艇,岸边沙滩上一群群的人,或在伞下进餐、或在阳光浴,天鹅在旁边悠闲地踱步,形成了一幅人与大自然的和谐画卷。

典雅绿——人性之美

满眼都是绿色,那么舒服、那么养眼。当我们坐在游轮上,给岸上的人照相时,他们相当配合,主动摆出各种造型,还有一位外国叔叔摆了一个超级搞笑的动作让我们拍照。每当拍完后我们向他们说"Thank you"时,他们总是带着灿烂的笑容说"Welcome",然后向我们挥手告别。

这里的动物好像也受到影响,热情大方。我们给天鹅照相时,它们两眼直直地看着照相机;给鱼儿照相时,它们就不再游动。游轮上,风儿轻轻地拍打着我的脸,一丝丝清爽流过心间,生活真美好!

纯白色——雪山之美

我们到达了铁士力雪山。在山脚下,向上眺望,山顶直入云峰,有云雾在山间缭绕,像仙境一样。

我们坐上缆车,向山顶行进。先是乘坐四人缆车,可以看到绿草遍地的山坡、高大的树木和悠闲吃草的牛群。接着在半山腰换乘二十四人缆车,山上雾气越来越重,再看不到绿色,只有裸露的岩石。最后换乘三十六人的旋转观光缆车。此时,岩石上渐渐有了冰,晶莹剔透,雾也越来越大,能见度很低。

到达山顶,放眼望去,皑皑的山峰起伏着,向远处延伸开去,渐渐消失在雾里。

我看过地图,对冰窟很感兴趣,就去冰窟游览。冰窟里有种与世隔绝的感觉,温度很低,像是从赤道到了南极。我忍不住摸了一下晶莹剔透的冰墙。"啊!"冰冷刺骨,我赶紧缩回了手。沿着狭长的通道一路走去,有各种各样的冰雕分布在两边。

结束冰窟游览,仿佛又从南极回到了赤道。抬头远眺,山峦重叠,蔚为壮观。这就是三种颜色组成的美丽瑞士!

五读《漫步瑞士》

◆ 郑　直(六年级)

在我细细品味周报的过程中，能从每一篇习作中发现作者不同的写作方法。这次，我就深深陶醉在了黄诗迪的《漫步瑞士》里。

在我的记忆中，黄诗迪写的文章一直是流水账，顶多字数多，没意思。可这篇文章却让我对她刮目相看。读完全文，感觉自己也好像身临其境地游览了一遍瑞士，完全沉迷在了瑞士的美景之中。全文我读了5遍，花了27分钟。每一遍都有不同的感受。

读第一遍时，我随着作者的笔锋登上了瑞士的观光巴士，看到了美丽的天空、高耸的雪山、葱郁的树木、偌大的沙滩……她把这些写得简直无可挑剔，仿佛自己已嵌入了这如歌如画的景色当中。她写出了自然的美、人物的美以及瑞士特色——雪山的美。她不但把美景描绘于笔端，还打开了自己的感观，寓情于景，让人身临其境。

我带着求知若渴的心情读了第二遍。这次，奇特的小标题吸引了我的眼球：宝石蓝、典雅绿、纯白色，她用三种不同的颜色描写三种不同的美：自然之美、人性之美、雪山之美。我们问她这是怎么想到的，她说："都是美术课给我的灵感。"看来，最好的素材还是来自生活。

读第三遍时，我对这篇文章的观察顺序已很清晰。她写这篇文章时，分了几个角度：从巴士上看瑞士，从游轮上看瑞士，从缆车上看瑞士，最后

还写了自己走路看瑞士。中间的连接十分自然,不露痕迹。这种写景方法让文章顺序清楚、内容丰富,还可以让读者从多方面了解作者想描写的事物。

第四遍我特意去体会她的写作方法,实在数不胜数:比喻、拟人的修辞手法,有详有略的描写,等等。其中还有许多新方法,例如:寓情于景,从上向下看时的缩略描写等。

这篇文章值得学习的地方实在太多,我把这些精华又整合在一起品味了一遍,全篇语言舒畅优美,感觉黄诗迪从一个专凑字数的菜鸟蜕变成了写景出神入化的大师,我不由得深深赞叹作者文笔的高妙。

俗话说得好:"学人之长,补己之短。"这篇《漫步瑞士》便是我最好的老师。

总结:读书是寻找,品文同样是寻找。

老师的话

一节普通的作文讲评课上,第一个发言的是郑直同学,他就黄诗迪同学的《漫步瑞士》进行了近半个小时的讲评。这篇习作就是郑直同学的课堂发言。他真诚、严密、流畅的点评让我心潮澎湃。陶行知先生说,"先生之最大的快乐,是培养出值得自己崇拜的学生"。那一刻,我感觉自己被幸福笼罩。这样的作后讲评课,不论从学生参与度、信息量,还是学生习作兴趣的培养、能力的习得,都远远超过作前指导课。

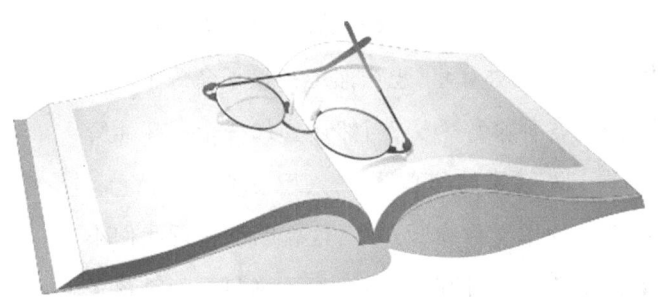

家长不要帮倒忙

大家可能没想到,在孩子学作文的过程中,家长无意中可能帮了不少倒忙。主要有三点:一是滥买劣质作文书,二是让孩子恐惧作文,三是盲目指导和修改。

在孩子上一二年级时就开始购买各种200字日记、300字作文的家长不在少数。殊不知,这些不专业的作文书,其中选编的习作很多都是经过成人大幅修改,甚至本来就是成人写的小学生作文。成人的语言、成人眼中的世界和孩子的表达、孩子眼中的世界是两回事。读这样的书,只能让孩子越来越反感作文。因为他们发现,好作文原来和他们看的、说的、想的都不一样!

作文本来是有趣的文字游戏,但不少家长喜欢将它妖魔化。在孩子还没有接触作文时就反复强调作文之难。为了不让孩子输在起跑线上,他们在孩子一二年级时就指导他写日记、写游记。这对于百分之八九十的孩子来说,绝对是难题。这个阶段,孩子会写的字十分有限,习作中不断遇到生字,这对孩子来说就是持续的打击。这样做的结果是孩子还没学作文就开始怕作文、讨厌作文。

当前小学作文教学中有一种较为普遍的现象——孩子的作文成了家长的作文。孩子三年级刚开始学习作文时,写出来的东西肯定很幼稚、很

简短,这是大多数孩子的真实水平。但许多家长不满意,有些老师也不答应。于是他们便大笔一挥,开始好心办坏事,想当然地帮孩子命一个新颖的题目、设计巧妙的开头、用上各种修辞手法,当然还要加一个回味无穷或富有哲理的结尾。就是这一改,孩子的信心没了,兴趣飞了。

《语文课程标准》将小学生的作文称为"习作",这就明确告诉我们小学阶段是学生学习写作文的过程,一定不能拔高要求,否则只会扼杀孩子的写作兴趣。

我们班这样的例子也不少。一二年级时我不断告诉家长,这个阶段让孩子爱上读书最重要,真正写作文是三年级以后的事。只要书读好,作文并不难。但总有一些家长看到周围同龄孩子已经开始写日记、写作文,担心自己的孩子掉队,就在家里督促、指导孩子提早动笔。记得二年级时,有好几个同学一个假期整整齐齐写两三本日记、游记。我理解家长的用心,表扬孩子的勤奋,但并不在班里推广。因为我看到这些日记更多的是家长的想法、家长的语言,鲜有孩子的童真和灵性。事实证明,在后面的作文学习中这些孩子遇到了别的孩子没有的困难。原因就是孩子在开始写作文时,就已对作文失去了兴趣。就像一个人本来有自身的免疫系统一样,孩子要形成自己的言语表达系统,需要遵循科学的规律,需要自己的努力,一旦这种努力的机会一开始就被家长剥夺了,要修复就很难。这些孩子一是对自己的表达没有信心,二是依赖性太强。所以家长要懂得放手。

需要特别说明的是教无定法、贵在得法。我反对不尊重孩子认知水平、肆意拔高教学要求,盲目布置写话、日记作业的做法,并不反对在老师、家长充分了解孩子学习能力、科学指导下的写话练习、日记教学。

下面几篇习作是三年级孩子刚开始的真实作文水平。

> 学生习作

我是小小"乌鸦嘴"

◆ 何维彤(三年级)

早上来到学校,我们开始了英语早自习,我对同桌唐金说:"应该快上课了。"

唐金说:"不可能。"正在这时上课铃打响了。

数学课上,赵昱博正在那慢慢吞吞取《数学同步》。我对顾苗玉说:"他是不是没带《同步》?"

顾苗玉说:"应该不会吧。"话音刚落,赵昱博就对老师说:"我忘带同步练习册了。"

更可笑的是下午。我跟朋友走在上学的路上,他遇到井盖就像猴子一样在上面活蹦乱跳。当他第三次在井盖上跳时,我喊他:"小心掉下去!"话还没说完井盖真就翻下去了。幸亏他用胳膊撑住了自己,否则后果不堪设想。

你们说我是不是乌鸦嘴?

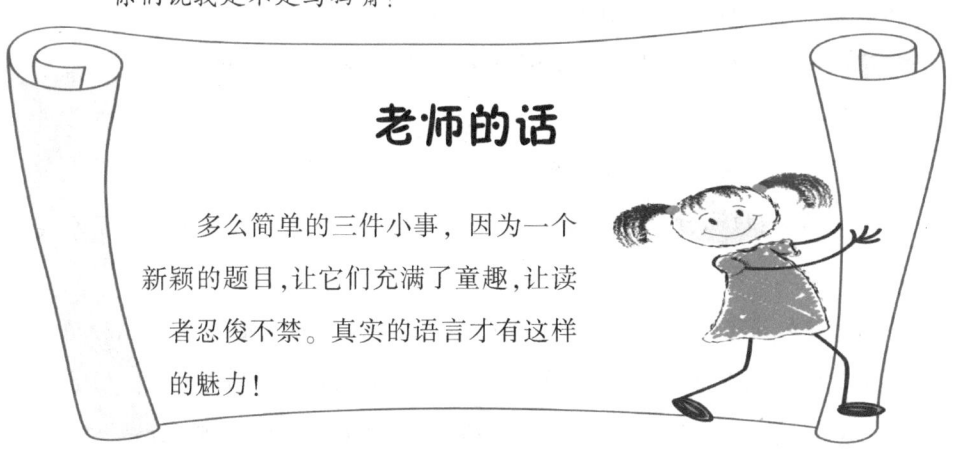

老师的话

多么简单的三件小事,因为一个新颖的题目,让它们充满了童趣,让读者忍俊不禁。真实的语言才有这样的魅力!

自己挣钱买仓鼠

◆ 甘梓辰(四年级)

看了刘钧宇写的《我的小仓鼠》,我就萌发了一个念头:我也要买一只仓鼠!

回到家后,我迫不及待地问妈妈:"妈妈,我想买只仓鼠,行不行啊?"

妈妈若有所思地看了看我:"No! No! No!"

我急了,大声喊:"为什么啊?"

妈妈看着我着急的样子,很得意地笑着说:"你自己不知道为什么啊?你每天写作业那么慢,哪有时间管小仓鼠,再说你那么懒,自己的书桌都不清理,还养小仓鼠,到底是你养还是我养!"

"哎呀,好妈妈!我保证每天快快写完作业,把书桌清理得干干净净,求你了!你想想看,仓鼠多可爱呀,胖乎乎的,憨憨的样子,哎呀,买一只么,就一只!"

妈妈还是不同意,于是,我只好亮出了最后一招:"妈,你怎么不听张老师的话?张老师说让我们每人养一只小动物,可你就是不给我买!"这招还真管用!妈妈终于在我的软磨硬泡下投降。

我害怕妈妈又反悔,连忙说:"妈妈,不花您的钱,买小仓鼠的钱,我自己挣!"

怎么挣钱呢?对了,给妈妈打小工挣钱!于是,经过一番讨价还价,我和妈妈约定:扫地、拖地2元,擦桌子2元,洗碗2元,吃早饭好2元,7点前做完作业2元。

旁边的姥姥听了对妈妈说:"你这是害你儿子,学习好是他应该的,劳动也是应该的,奖励可以,但不能用钱奖励!你这是误导他一切向钱看!"

妈妈笑笑说:"没事,甘梓辰会正确对待的!干家务打工可以让他体会到劳动的价值和快乐!"

我添油加醋道:"就是,就是,姥姥是老思想!"

每天一放学,我就快快地写作业,写完作业就去认认真真地干活。每天睡觉前,我都会把今天所做的家务记到一个专门的小本子上,然后让妈妈核查签字。我天天算自己的收入,但很悲伤啊,那本本上的数字缓慢地在两位数区间爬行,像蜗牛似的!我算过了,买两只仓鼠、笼子和它们的玩具要110元呢!真想去买张彩票,中个头等大奖,唉,但我知道,中大奖那只是南柯一梦、痴人说梦啊!我还是现实点吧,老老实实地给妈妈打工挣钱吧!

尽管打工挣钱很辛苦、很慢,但我还是明白了,钱啊,的确是来之不易!还是劳动光荣而可靠啊!

好了,写完这篇《自己挣钱买仓鼠》,我又要立刻投入工作了!

我还可以告诉大家一个秘密,我现在的财富值是45元!如果你觉得我这篇文章写得好,请给我投上一票,这样我又可以赚到宝贵的两元了!我就可以早日拥有可爱的小仓鼠了!

同学的话

这篇文章是按事情的发展顺序写的,前半部分用对话的方式叙述了经过,还写出了自己从这件事中悟出的道理。开头一句话到主题,结尾自然,但文章有一大半都是写你如何说服妈妈让你养小仓鼠的,相比之下有关努力挣钱的内容就有些少了。为了让文章更贴近主题和题目,可以再加一些你在挣钱时遇到的困难,把细节写出来,文章就更上一层楼了。

(白　璟)

家长能做什么

家长作为孩子人生的第一位老师,其作用胜过学校,家长对孩子的影响贯穿终生,也是别人无法替代的。尤其是作文的学习,需要家长给予更多的关注。最重要的无外乎以下几点:

一、给孩子最真诚的鼓励。刚开始学习作文,大部分孩子都会感到困难,这时他们最需要的就是鼓励。习作中一个生动的词,一句稚气的话,一个简洁的题目,一个有趣的选材,甚至一个标点符号,都可以成为表扬的对象。"优点扩大化,缺点缩小化",这是我评价学生习作的一个重要原则。面对孩子的习作,家长的兜里应该总是装满"高帽子"。

二、不断地、反复地告诉孩子其实作文很简单,就是围绕一个中心写生活中的人和事,就是把用嘴说的话用笔写下来。在这种反复中消除孩子的畏难情绪,逐渐帮孩子打开作文和生活的大门。

三、坚持不懈地和孩子一起读书,读孩子喜欢的书,读适合他们的书。这是家长能做的最好的作文辅导。在这种潜移默化的阅读中,孩子学到的是命题、是选材,积累的是语言,形成的是认识。

四、鼓励孩子大声朗读自己的习作,不通顺的地方可以打断,让孩子回忆当时的情景,引导孩子用自己的话说清楚,然后再把这些内容加进去。不要让孩子觉察到家长是在刻意指导,要让他们认为只是随意的交流而已。孩子把过程说清楚了，内容自然具体了，再让孩子把前面没有写到的补充进去就行了。这是不留痕迹的指导，是没有打乱孩子言语形成过程的指导。这样的指导不会挫伤孩子写作的积极性，不影响孩子的自由表达，是真正科学有效的指导。

五、给孩子丰富多彩的生活。生活是作文的源泉。生活的舞台有多广阔，作文的内容就有多精彩。和孩子一起读书、运动、踏青、旅游、回老家、做家务、做手工、看演出、做义工……这些温馨的活动，都会成为孩子最好的写作素材。

六、引导孩子"说作文"。家长可以从孩子低年级开始，就养成和孩子一起回忆生活趣事的习惯。对于孩子遗漏的过程，尤其是有趣、重要的环节，家长可以装作自己忘了或非常感兴趣的样子，引导孩子用自己的话再现场景。这种看似无意、实则有心的训练，可以从一开始就帮孩子打消写作文的畏难情绪，帮孩子把写作文与他的日常生活，尤其是玩儿联系起来，不仅可以培养孩子的思维能力、写作能力，更是培养亲人之间美好情感的好方法。

学生习作

我家的小乌龟

◆ 徐杨梦菲(三年级)

我家有三只小乌龟,两只公的,一只母的。

有一次,我把两只公乌龟从水盆里取出来,让它们比赛看谁跑得快。比赛开始,我松开手,两只小乌龟伸长脖子,瞪着黑黑的小眼睛精神抖擞地开始跑。我跳着拍手给它们助威:"加油!加油!快跑呀!"跑着跑着,突然一只乌龟朝茶几底下跑去,另一只乌龟向沙发底下跑去,真是太不听话了!我一会儿去找茶几下的小乌龟,一会儿去找沙发底下的小乌龟,可是找了半天,一只也没找到。它们好像在说:"你来抓我呀!嘻嘻,抓不着。"我使劲一拍茶几,赌气地说:"你们厉害,哼,我不找了。"妈妈笑着说:"乌龟跑丢了会渴死的。"我只好又耐心地找起来。好不容易把它们找出来,我赶紧把它们放回盆子里,这才长长地舒了一口气。真累人啊!我一头倒在了沙发上。

老师的话

不论是把乌龟从水盆里拿出来让它们赛跑,跳着给它们助威,还是小乌龟不出来时又急又气拍茶几,都可见小作者和小乌龟同样可爱。如果再把自己如何耐心地找乌龟的过程和最后分别从哪儿找到了两只小乌龟写出来就更清楚了。

课间"新闻联播"

◆ 刘钧宇(三年级)

下课了,同学们三五成群地讨论日本地震、海啸和核辐射的新闻。

第一个大喊的是李岩洮:"不得了啦!不得了啦!日本东京出现了9级多的大地震……"

"比这更可怕的是,震出了10米高的海啸,把小汽车和船都卷走了!"李岩洮还没说完,冉熙瑜就抢着说。

"在大地震和海啸之后,出现了两个大漩涡!就像直升机起飞时的漩涡,还有一个巨轮在水中打圈呢!"王泓森叫道,"海浪就像怪物一样扑向海边的城市,房子就像泡在水中的馍馍。"

王义急忙抢道:"听网上说,还有一个天然气工厂爆炸了,燃烧着熊熊大火,前后左右都是浓浓的、黑黑的烟雾,火光像蘑菇云一样腾空而起。

"这算什么!核电站的爆炸比这更可怕,因为会产生核辐射,"郑直紧张地告诉大家,"人被辐射后,严重时会得白血病。"

听了郑直的话,大家都有些害怕,立刻安静了下来,担心核辐射来到兰州。

这时,邵子安笑呵呵地跑来说:"关于日本地震,还有一个传说呢!那天,在日本出现了一个怪兽,这时奥特曼出现,向怪兽射了一光,怪物一跃而起,跳入海中引发了海啸……"听起来像神话故事,气氛又变得热闹起来了。

"叮铃铃,叮铃铃!"上课铃响了,我们嘻嘻哈哈地跑向自己的座位。大家都觉得邵子安讲得很有趣,可又担心核辐射的到来。邵子安还在那儿喊:"回来,还没讲完呢!"哈哈,他连上课都忘了。

我们的新闻联播可真热闹,就是时间少了点,还有很多关于日本地震的事没来得及报道。

同学的话

高端的题目一下子就把人拉进了文章里。刘钧宇的选材十分独特,抓住了课间几个同学在一起谈论世界大事的情景。语言精练,步步扣题。文章中的对话占据了大部分篇幅,而最引人注目的就是他的提示语了,有前有后有中间,每句都不一样。开头简洁,结尾不落俗套,这篇作文给我留下十分深刻的印象。

(郑 直)

奶奶家的虎虎

◆ 芮 雪(四年级)

奶奶家养了一只小狗,一身黄毛长长的、软软的,大大的眼睛水灵灵的,两只耳朵弯弯地搭在圆圆的脑袋两边,看上去虎头虎脑,特别可爱。小狗有三个好听的名字:黄虎、虎虎、虎儿。只有奶奶叫它"我的虎"。虎虎最听我的话了,每当我叫一声虎虎,它就会使劲摇尾巴。我让它抬前脚,它绝不会提后脚。

奶奶坐在床上看电视时,叫一声"我的虎",虎虎就从院子里跑进屋,一下子跳上床趴在奶奶腿上,陪奶奶看电视。到了睡觉的时候,奶奶说:"虎,回自己窝里睡吧。"它就乖乖下床回自个儿屋去了。

我们在院子里玩时,虎虎跑过来咬着我的裤脚,看着我,好像在说:

"你在玩什么？我也要玩。"我刚想跑开，它就跑过来咬我。我去追它，它就跑。我停下来，它也停下来。我叫它，它摇着尾巴匍匐着身子爬过来，身子软得像蛇一样，还摇个不停。

"虎虎生孩子啦！"一听这个消息，我箭似的"插"在了虎虎的纸箱前。一看，里面躺着7只沉睡的小可爱。不料，我这一看，它们几个全醒了，14只小黑豆似的眼睛望着我。有几只爬出来，其中一只竟咬了我一口，好一个调皮的家伙。这时虎虎来了，看见宝宝爬出来，它连忙跑过去，想把它们叼进纸箱。可一叼，小宝宝们就开始叫，因为虎虎的牙齿太尖了，宝宝也觉得疼。虎虎在我周围转来转去，向我求救。我见这情景，立马帮它把小宝宝抱进去。虎虎赶紧跑进去，给它的孩子喂奶，还不时回头看看我，好像在谢谢我呢！

我爱小狗虎虎，它不仅是一只听话又机灵的小狗，还是一位伟大的母亲。

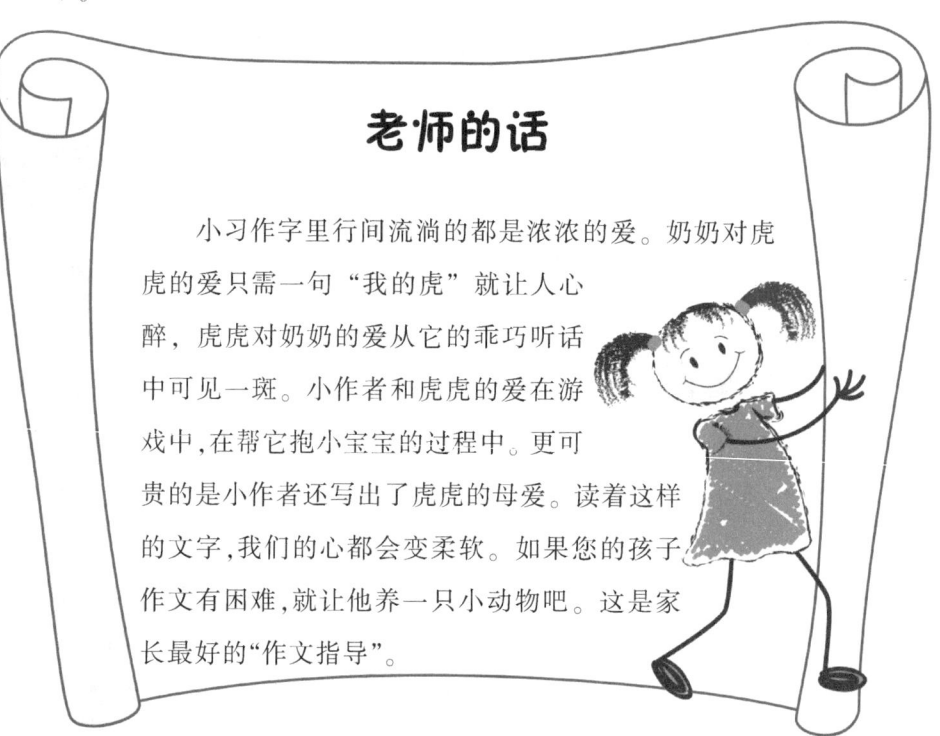

老师的话

小习作字里行间流淌的都是浓浓的爱。奶奶对虎虎的爱只需一句"我的虎"就让人心醉，虎虎对奶奶的爱从它的乖巧听话中可见一斑。小作者和虎虎的爱在游戏中，在帮它抱小宝宝的过程中。更可贵的是小作者还写出了虎虎的母爱。读着这样的文字，我们的心都会变柔软。如果您的孩子作文有困难，就让他养一只小动物吧。这是家长最好的"作文指导"。

生活——习作的源头活水

身边人，多留心

如果孩子拥有一双善于捕捉生活的眼睛，那么他手中的笔就会轻松许多。因此，锻炼孩子的作文能力，不是先要他动笔仓促去写，而是要他时时处处多眨巴眨巴眼睛，从小处着眼，注意观察小事，尤其是身边的凡人小事。不论在家里还是学校，这些小角色都是我们写作的好素材。就拿亲人来说吧，亲人既是学生最熟悉的人，又是学生最陌生的人。这和小学生的年龄特征、认知水平有密切的关系，也和他们大都是独生子女有关。一个懂事的孩子，面对一盘草莓，他会发现妈妈尽挑小的吃，他知道这就是爱，他随时随地都能发现家人为他所做的一切，他有写不完的素材，说不尽的爱。反之，一个被溺爱的孩子，家人为他做什么，在他眼里都是应该的，而且还总觉得大人做得远远不够。这样的孩子，写亲人无话可说，不是因为没有方法，而是因为没有一颗感恩的心，对亲人的爱已经麻木，熟视无睹。也有一些孩子，懂得家人的爱，但仍然感到作文有困难，那是因为他们面对天天和自己在一起的亲人，不知从何写起。古人云，情动而辞发。面对作文要求，一定要搜索到一个动情点。和亲人的相处中，你有没有欣喜、流泪、意想不到、心里不是滋味的时候？有，因为什么？背后一定有故事，写出来，就是一篇独一无二的佳作。说到同学，每个班的几十个孩子，他们性格迥异、爱好不同、各有特长，每个人都有属于自己的故事，这就是素材的宝藏呀。如果学生平时多一份用心，多一双眼睛，善于从日常生活中捕捉素材，就会一篇一篇地写下去，没有穷尽。

我们班的"三大活宝"

◆张津宁(三年级)

提起我们班的"活宝",大家都不约而同地想到顾苗玉、赵昱博、刘觐瑜。为什么这么说呢?现在就请看一看他们的简历吧:

第一"活宝"——顾苗玉

相貌特征:长了两颗突出的大门牙,戴了一副小眼镜,一看就是个调皮样。

性格特征:爱瞎起哄,调皮,爱耍小把戏,做出一些荒唐的事情,常常让人哭笑不得。

爱好:看书、写作文。

光荣历史:一次上体育课,他吵闹个不停,老师拿他没办法,只好让他转过身去,站在我们前面。老师去整队时,他就不安分了,扭着屁股,晃着身子,一动一动的,像是在跳太空舞,还不时地转过头来,吐着舌头,嘴里还嘀嘀咕咕:"看你们能拿我怎么办?"然后又往我们这儿扔瓶子。

第二"活宝"——赵昱博

相貌特征:总是带着一副狡猾的笑,看起来鬼头鬼脑的。

性格特征:爱耍人、惹人烦、很搞笑。

爱好:看书,当地鼠。

光荣历史:胡立傲跟他坐同桌时,可真是苦极了。他老是拿一根小树枝敲胡立傲,敲得他不得安宁,还老动胡立傲的东西。他抢起一本字典,就往地下扔,等胡立傲去捡字典时,他又拿走铅笔盒,搞得胡立傲手忙脚乱。

最可恶的是,他爱把脚往胡立傲的胳膊上放,有时竟然还把鞋脱了。

第三"活宝"——刘觐瑜

相貌特征:满脸一副关我啥事的表情。

性格特征:尚不清楚。

爱好:看书、当地鼠、演小品。

光荣历史:一次上语文课时,张老师叫他回答一个问题,他却像没听见一样,同学们叫他赶快站起来,他才慢吞吞地站起来,扭动脖子向四周望了望,一脸的疑惑。张老师和全班同学都笑了,他奇怪地看着大家,嘬着嘴,好像在说:"这……这是怎么回事?"我们的腰都快笑弯了。

看了他们的简历,你有何感受呢?

老师的话

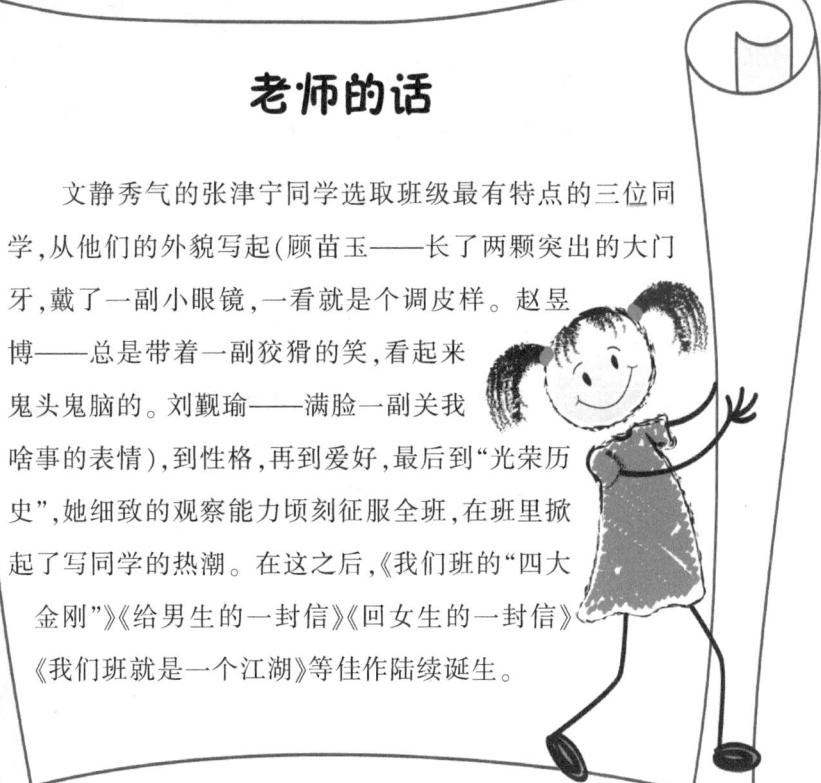

文静秀气的张津宁同学选取班级最有特点的三位同学,从他们的外貌写起(顾苗玉——长了两颗突出的大门牙,戴了一副小眼镜,一看就是个调皮样。赵昱博——总是带着一副狡猾的笑,看起来鬼头鬼脑的。刘觐瑜——满脸一副关我啥事的表情),到性格,再到爱好,最后到"光荣历史",她细致的观察能力顷刻征服全班,在班里掀起了写同学的热潮。在这之后,《我们班的"四大金刚"》《给男生的一封信》《回女生的一封信》《我们班就是一个江湖》等佳作陆续诞生。

那双手

◆ 傅莉安(五年级)

那双手,是所有人都离不开的手,

那双手,是我们一生都忘不了的手,

那双手,曾经水嫩极了,漂亮极了。

不要忘了那双手所做的一切。

那双手,为你换过尿布,

那双手,为你刷过牙、洗过脸,

那双手,每天接送你上学,为你提书包,

那双手,为你扫除一切困难,只愿你平安长大,

那双手,抓过你的小手教你写作业,

那双手,在你委屈流泪时为你擦干泪水,

那双手,在你跌倒时扶你爬起,

那双手,在默默无声帮助你,

那双手,扶着你长大。

长大了,发脾气时,收拾残局的是那双手,

长大了,成年了,支持你的是那双手,

为你做饭、操劳的还是那双手。

那双手,现在已经不再水嫩漂亮,

好好爱护这双手,这是母亲的手啊!

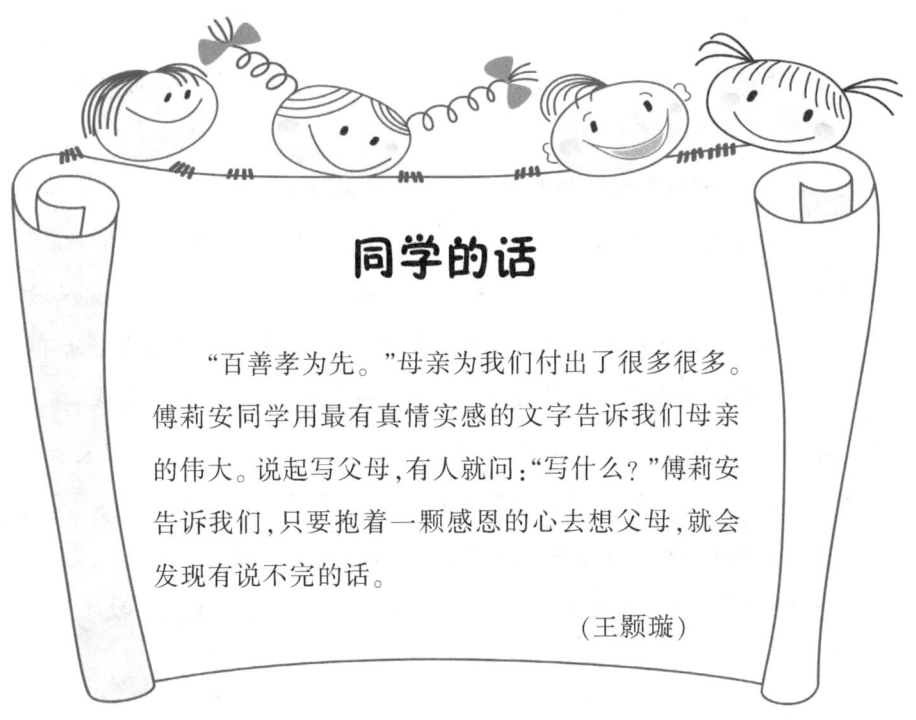

同学的话

"百善孝为先。"母亲为我们付出了很多很多。傅莉安同学用最有真情实感的文字告诉我们母亲的伟大。说起写父母,有人就问:"写什么?"傅莉安告诉我们,只要抱着一颗感恩的心去想父母,就会发现有说不完的话。

(王颢璇)

奶奶的手

◆ 吴骥贤(五年级)

奶奶的手在我的心中是最温柔、最灵巧、最勤劳的一双手。

小时候爸爸妈妈工作忙,奶奶在家带我,用她那双黑瘦的手给我做饭洗衣,还给我挠痒痒。我身上痒的时候,只要喊一声"奶奶,痒",奶奶便乐呵呵地拿着凳子坐下,我趴在奶奶双膝上,让奶奶抓痒。奶奶指甲不长,但抓痒却特别舒服。因为奶奶不是用手指抓,而是用她那双满是老茧的手掌挠痒。晚上睡觉时,我就会叫奶奶抚摸我的背,不一会儿就进入了梦乡。

奶奶的手布满老茧,很粗糙,但却能做出好多好多我喜欢吃的东西:大饼、粽子、饺子……当我像只贪婪的小馋猫吃着奶奶做的美食时,奶奶总用手温柔地摸着我的头说:"小猫咪呀,慢慢吃,别把嘴巴烫坏了。"特别

是奶奶做的羊油茶,可好喝了。这次回家过年时,每天晚上奶奶都给我冲油茶喝,真是幸福极了。

当然,奶奶的手也有吓人的时候。当我做错了事,奶奶会举起干瘦的手。这时的我就会缩着脖子,咬着嘴唇,闭着眼睛,真害怕奶奶的那五个"枯枝"会落下砸在我的头上。可等了好长时间,仍没动静。睁眼一看,奶奶已不知去向。等我小心翼翼地找到奶奶时,奶奶已若无其事地在干活了。

现在奶奶和爷爷一起住在老家,奶奶的手更加粗糙,更加黑瘦,布满老茧。今年过年回老家,我看到奶奶的中指上竟然裂开了一道又深又长的口子。她的手也不如以前那般灵便了,可是她仍然为家人做饭洗衣,一刻都不停地干这干那。望着奶奶的手,我心里真不是滋味啊!

奶奶的手,虽然又黑又瘦又粗糙,但在我心中却是最美的一双手。

小作者的话

今年春节在老家,我看见奶奶皮包着骨头的手上竟然裂开一道很深很深的口子,对我触动很大,就写了这篇作文。这篇作文开头和结尾前后呼应。通过描写奶奶的手很粗糙但挠痒痒却很舒服,还能做出很多好吃的东西,但有时也很吓人等事例,体现出了奶奶的手在我心中是最温柔、最灵巧、最勤劳的一双手,透露出了奶奶和我之间浓浓的亲情。

给天堂奶奶的一封信

◆ 周嘉欣(四年级)

天苍苍,地茫茫,我哭,祖母别家堂,千呼万呼不闻应,捶胸顿足肝肠断。

奶奶,小时候,您就视我为掌上明珠,捧在手里怕摔了,含在嘴里怕化了,所以我在家里就成了傲慢的公主。小时候一到老家我就为所欲为,常惹妈妈生气,每当这时你总是极力保护我。有一次妈妈拿扫把打我屁股,您跑过来抱住我对妈妈说:"不许打我娃,小孩子嘛,打什么打!打有什么用,如果你是小孩子,还不如我孙女呢!"

家里处处是您的身影,小时候我想吃桃子,您就把最大的给我,您自己却吃最小的。我不好好吃饭时,您会对我说:"吃不完了吗?把你不爱吃的挑给奶奶吃吧!"

每次回老家,您总是给我们准备好多可口的饭菜,厨房里满是您忙碌的身影。一看见我,您总会立刻放下手里的活儿,上来就抱着我问:"嘉欣想奶奶了没?"我会乖巧地点点头:"嗯,想了。"

奶奶，如今您去了天堂，看到姑姑们和亲人们为您哭悼时，我心中的酸楚和痛苦难以言表。奶奶，我想您，好想好想！您再也不会在我的生活中了。您一定要在那边照顾好自己，衣服要多穿点，听说那边可冷了。

您走了，没有人当我的保护伞，没有人会像您一样百般地疼爱我了，没有人可以让我再叫一声奶奶了。奶奶，您在那边听得见吗？

奶奶，您去世得太早了，您走得太匆忙了，您劳苦一生，晚福未享，我深恩未报。只有悲伤、哭泣！号泣祭奠怎表我们儿孙的心愿。

奶奶，您一路走好，您安息吧！

您的孙女：嘉欣

2014年1月

小作者的话

我觉得这篇文章挺好的，也是我得意的文章。虽然这封信奶奶永远看不到，但我想她在天堂已经感觉到了。因为字里行间流露出我对奶奶突然离去的不舍、伤心，还有奶奶对我的疼爱。文章中投入了我对奶奶的思念之情，在写这篇文章时我都哭了出来，所以我相信这篇作文能打动读者的心。

动物虽小素材好

没有一个孩子不喜欢小动物,正如没有一只猫不喜欢小鱼一样。孩子在和小动物的接触过程中,常常能表现出对世界的另一种态度。特别是作为独生子女的孩子,在小动物面前,和在家长面前表现出来的心理是不一样的。从作文的角度来看,这恰恰能够表现出孩子最为纯真和独特的一面,而这正是写好作文的重要方面。

女儿小时候提出要养一只小狗,我果断拒绝:"人都忙不过来,哪有时间管狗?又脏又臭的,楼房里能养那东西吗?"直到女儿上初一的暑假,我才答应了她的请求。不过我和她有约在先,小狗的一切都由她负责,家长绝不帮忙。有一天,当我半夜看到女儿抱着小狗满地转,嘴里不停地嘀咕:"你怎么了呀?吃不吃,喝不喝,只会叫。到底是冷了还是热了呀"时,我当即就后悔了。想想我的感恩教育多么失败。让孩子自己养一只小动物,去体验这个过程,什么都不用说,父母的辛劳尽在其中。相比之下,说教显得多么苍白。何况,小动物还会给孩子带来无尽的快乐和对生命新的认识。

我的学生在和小动物的亲密接触中,收获了成长,收获了情感,收获了许多意想不到的作文素材。我不知道您是不是在为孩子的作文无话可说、写不长而发愁。如果真是这样,就让孩子养一只他自己喜欢的小动物吧。您和孩子一定会收获作文及作文以外的很多东西。很多时候,孩子的作文没有素材,是因为他的生活太单调,缺少亲身实践。

学生习作

小 猫

◆ 王蘅越(三年级)

  我家的小猫喜欢在炉子旁睡大觉,它那结实的身体紧紧挨着炉子,样子可真有趣!先看看耳朵,咦,真像个三角板,可惜的是上面没有标出厘米和毫米单位。快看看它的眼睛,多么像一对闪亮闪亮的大钻石啊!再来看一看小猫的背上,那美丽的斑纹简直就把小猫变成了老虎与豹子。最后来看看它的腹部,天哪,那哪儿是毛呀,我看着就是雪白的棉花,因为它肚子上的毛白得不能再白了。

小猫当然最爱捉老鼠。有一次,我去帮爸爸倒垃圾,进门时,忽然觉得有个小东西一瞬间就跑进了厨房,我定睛一看,原来是只大老鼠!我忍不住大叫起来:"救命!救命呀!有老鼠,快来捉老鼠!"这时,我家的小猫突然像闪电一样冲过去,一爪子就把老鼠扑倒在地,然后一口就把老鼠咬住了。小猫叼着老鼠飞快地向床下窜过去时,还不忘回头看看我,那神情仿佛在向我炫耀:"嘿嘿,我厉害吧!"

有的时候,小猫会在家里大摇大摆地走一走,俨然就是一个巡视阵地的将军。有的时候它会像个顽皮的小孩子,把沙发抓个稀巴烂,把奶奶的毛衣抽成一根根的线。不过,它真的很可爱哟!

老师的话

"先看看耳朵,咦,真像个三角板,可惜的是上面没有标出厘米和毫米单位。""小猫叼着老鼠飞快地向床下窜过去时,还不忘回头看看我,那神情仿佛在向我炫耀:'嘿嘿,我厉害吧!'"字里行间都流露着小作者对小猫的喜爱。看到这样的句子,我忍不住笑了,真是一只可爱又高调的小猫!

小兔团团

◆ 郑　直(四年级)

这学期开始,好多同学都养了小动物,我也心痒痒的。跟妈妈哀求了好几次,别说是小猫小狗,就连小仓鼠她都不同意我养。

我家的新成员

有一天晚上,我和妈妈经过夜市的时候,看见一只小白兔,它浑身雪白雪白的,只有眼睛、耳朵尖儿和短短的尾巴是黑色的,看起来像个小肉团,太可爱了。看到这只小白兔,我的目光立刻停住了,腿也迈不动了。我真想买下它。意想不到的是,这次我还没开口,妈妈就开始和卖兔子的人讲价钱了。最终我们用25块钱买下了这个"家庭新成员"。

我满心欢喜地抱着它回家,第一件事就是打开冰箱拿了片白菜给小兔。原以为它会假装客气呢,没想到它不但没客气,反而像抢一样"咔嚓咔嚓"猛吃起来。不一会儿,一片白菜叶居然被它吃得精光。似乎还不够,它又用乞求的目光望着我,好像希望我再给它拿一点儿,我便又给它拿了一片。它真是个贪吃的小兔。

我想给它取个名字,叫什么好呢?我冥思苦想了半天,觉得它像个肉团,索性就叫它"团团"。耶,我终于也有宠物了。

给团团安家

买团团的时候,它被放在一只很小的笼子里。我觉得团团太受虐待了,一点活动的空间都没有,于是买回来的当天晚上,我和妈妈就动手给它做了个超舒适的窝:我们用胶带和两个牛奶箱给它做了个有尖顶的大大的窝,还在"墙"上开了好几扇窗户,还找到了一点儿纱布贴在窗户上,这下这个"别墅"真的有模有样了。怕它冷,妈妈又翻箱倒柜找出我小时候的保暖裤铺在窝里,看着团团趴在新居里像个小肉团,我都想进去感受一下呢。

不讲卫生的团团

自从团团来了我家,经常会发现不但在它的窝里,家里好多地方甚至妈妈新买的靴子上都能看到它的大小便。大便就像一个个小药丸,如果不注意还真会当它是药丸呢。这个家伙真不讲卫生。妈妈说团团如果再这样乱拉乱尿就不要它了。我一听可急了,连觉都睡不好,终于想出了个好办法,每天早上给它的窝里铺个垃圾袋,第二天早上扔掉旧的再换个新的。妈妈赞同,我这才安心。团团可以长久地在我们家了。

给团团洗澡

一天晚上回家看小兔,它的窝里好臭呀。我们决定给这个臭家伙洗洗澡。我把它抱到热水盆里,可它似乎并不领我的情,还崩了我一脸尿。我抱

着小兔,妈妈给它打洗发液。小兔的毛湿了,紧贴在身上,一点都没有平日肉乎乎的团团样了,简直瘦得可怜。怕冻坏了它,我们很快把它冲干净,并用毛巾裹起来。妈妈抱着它,我用电吹风给它吹干。看着它裹在粉色的毛巾里,只露出两只黑亮的眼睛,真像个小婴儿,可爱极了。

团团玩失踪

有一天放学,我刚到妈妈单位,她就告诉我爸爸打来电话,说团团丢了。啊?我简直不敢相信,眼泪一下就流了下来,怎么会丢呢?回到家,爸爸说今天有人来家里装温控器,他开了一下门,团团就不见了。我焦急地在沙发下、床底下找小兔,可是就连它平常爱去的菜架子上也没有,难道它真的跑出去了?吃晚饭时连我平时最爱吃的鸡翅都变的没有味道了。突然,爸爸喊了一声:"它在这儿呢!"我顺声看去,不知团团什么时候跑到了厨房,正津津有味地吃菜叶呢。这小子,居然敢跟我玩失踪。不过,我的高兴远远超过了愤怒,失而复得的感觉真幸福呀!

可怜的团团

就这样过了几天,周六的早上,我正躺在床上津津有味地看书,突然听到妈妈一声大叫:"郑直,团团死了!"我一个箭步冲上去,看到团团躺在

窝里一动不动。我碰碰它,它的四肢都已经僵硬。我号啕大哭,怎么也想不出它怎么会死呢?我越哭越伤心,后悔我怎么那么懒,为什么夜里不起来看看它呢?我的眼泪流到了地板上,可是我的团团再也站不起来了……

我们找了个盒子把团团装进去,在楼下花园里挖了个坑把它埋了进去。每天回家,我们都会特意去看看它。我见过可爱的动物,但从没见过像团团这样可爱的动物;我见过可怜的动物,也从没见过像团团这么可怜的动物。团团,你是我最好的朋友,我永远也不会忘记你的。

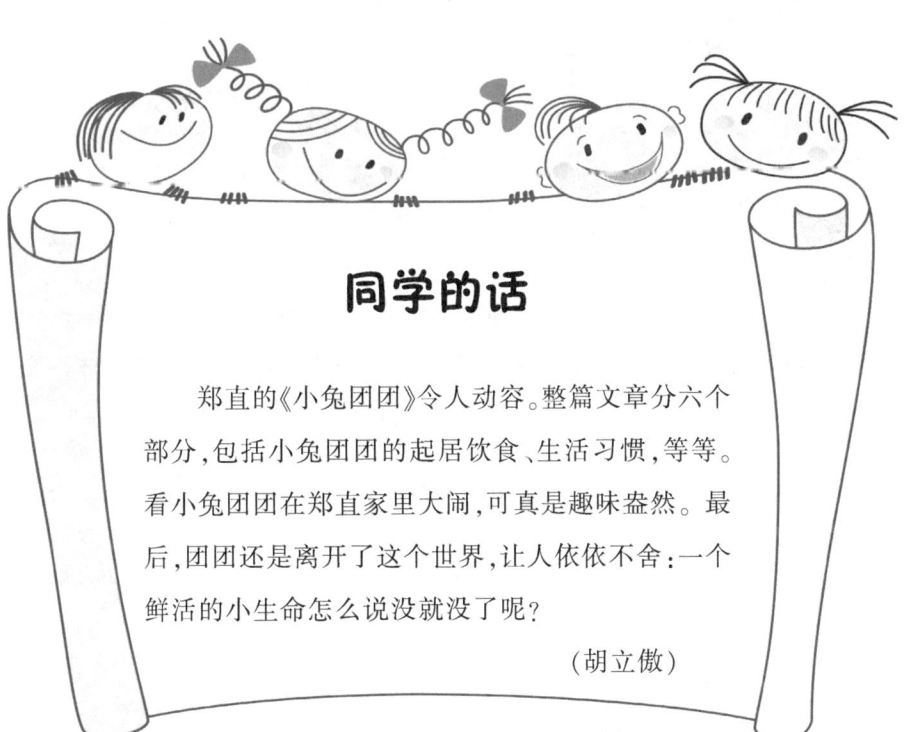

同学的话

郑直的《小兔团团》令人动容。整篇文章分六个部分,包括小兔团团的起居饮食、生活习惯,等等。看小兔团团在郑直家里大闹,可真是趣味盎然。最后,团团还是离开了这个世界,让人依依不舍:一个鲜活的小生命怎么说没就没了呢?

(胡立傲)

我的小仓鼠

◆ 刘钧宇(四年级)

仓鼠的宝贝

今天,我家的仓鼠生了四个宝宝。

它们的样子就像一头头小猪,鼻子凸起,全身肉红,耳朵耷拉下来。不过它们太小了,只有一个指头尖那么大。想想看,一个普普通通的碗,能装多少只小老鼠?

小仓鼠们刚长出来的眼睛还在肉里面,只能隐约看到两个小黑点。有两只身上已经有丁点儿黑色,马上要准备长毛了;另外两只还是裸体呢!我摸它们时,它们就会翻过身,把透明的、又软又绵的肚子朝向我,很可爱。

有时候,它们四个睡在仓鼠妈妈的肚皮下,一边吃奶,一边睡,真是贪吃懒惰"四人组"。

它们一直好动得要命:踢妈妈、像钻头一样钻啊钻、咬妈妈的乳头、还痒痒妈妈……仓鼠妈妈气坏了,抓住其中一个就开始打,余下三个吓得直打哆嗦。于是它们四个又有了一个名儿,叫"调皮大王"四人组。

小仓鼠长大了

由于我让母鼠受了惊吓,母鼠一时糊涂吃了一只小仓鼠,所以只剩三只小仓鼠了。

生长了两周之后,它们就和以前大不一样了。

本来是裸体三人组,现在呢?变成两个穿着白色婚纱、一个穿着黑色西服的美女帅哥组合了!

它们开始能在地上摇摇摆摆地爬。"嘟嘟——",一声哨响,我把它们放在地上让它们赛跑。穿黑西服的跑了起来,其他两个穿白色婚纱的像聋子一样,一丝未动。嘿,这两个家伙还臭美上瘾了!我很生气,怒发冲冠、火冒三丈,用手指轻轻弹了一下它们的脑袋。它俩总算明白了,开始追赶那遥遥领先的帅哥。

它们的牙也长全了。原来一直吃鼠奶,现在可以抱起鼠粮"咔咔"地啃了,但还是有些费劲。它们最爱吃花生、瓜子、小麦。

夫妻大战

"哈哈哈哈!"笑死我了,"逗人!"

妈妈怕母鼠把最后一只小仓鼠吃掉,就把白鼠(母鼠的丈夫、小鼠的爸爸)搬到母鼠那里,小仓鼠去住爸爸的房子。

白鼠到了新家,立马上楼睡觉去了。真是个懒虫!母鼠不但不欢迎丈夫回来,还要撵丈夫走,于是跟上了楼。白鼠被母鼠打扰,很气愤,它们就打起来了!

"吱吱!""啪!"打了一阵,停了下来,我以为它俩不打了。突然,锯末

乱飞,原来它俩使出了必杀!白鼠:飞土扬沙!母鼠:背后偷袭!白鼠白用了功,被母鼠打了个偷袭。不过不甘示弱的白鼠又向母鼠发起了挑战。白鼠使出大便漩涡!先拉出一长溜屎,像漩涡一样原地打转!母鼠又是背后偷袭,猛地跑到后面,咬对方一口,或抓一把。"吱吱!"母鼠满身是屎,一下跳进了洗澡的房里,白鼠终于能安心地上楼睡觉了。

保护小鼠的母鼠

母鼠又生了四只小鼠。"吱吱!""吱吱!"今天早上小鼠一直叫个不停。我一看,小鼠老是往外跑,要爬出浴盐盒。我想可能它们觉得妈妈那儿有点儿闷,要出来透透气。它们在外面爬了一会儿,又跑到浴盐盒边上的角落里。鼠妈妈四处寻找小仓鼠,跑轮底下、楼上、阁楼后的阳台、食盒里……终于找着了。

母鼠很生气,为了不让小老鼠再逃走,把自己当围墙,不让小鼠出去。一只苍蝇害一锅汤,这不,一只小鼠悄悄地爬了出去。没爬出几步,就被妈妈逮了个正着。因为围墙没了,其他几只小鼠就四处乱跑,母鼠就是一个词:手忙脚乱。把那个叼回来,跑了这个;把这个捉住,那个跑了……母鼠不耐烦了,看准它们走到一起的时机,一个箭步冲过去,四个一抱,连滚带爬回浴盐盒了。

喵喵记

◆ 安　远（四年级）

假期里，我养了两只猫。一只身子全都是白色的毛，我叫它小白。小白长着一双蓝蓝的眼睛，爪子长长的，抓起人来非常疼。另一只浅棕色的毛发，摸起来软软的，可漂亮了，所以我叫它小花。你可别小看这两只小猫，它们俩可是各有绝活。

小白是一个"魔术大师"，最拿手的是透笼术。小花则是"搞笑达人"，最爱玩毛线。

有一天，我把两只猫关在笼子里，就去写作业了。等我写完作业休息的时候，忽然发现小白在阳台上溜达，我一气之下把小白又扔回笼子里，锁上门。我想看看小白是怎样透笼而出的。我坐在离阳台最近的沙发上等着，没想到等了好一会儿都没动静。我决定先用调虎离山计，然后再给它杀一个回马枪。我先假装离开，然后躲到墙后面。果然不出我所料，我刚一走，它一缩身子就从一个较宽的地方一下子钻了出来。哈哈，看到小白的绝活了吧。

说到小花，真是又可爱又可怜。记得那次我拿着一团毛线玩，这时小花在我脚底下跳来跳去，看样子是想要我手里的毛线。我故意把毛线摇来摇去，小花跳上跳下，跳左跳右，就想抓毛线，但总是抓不着，而且好几次都把头撞到了地上，把我逗得哈哈大笑。我和小花玩得不亦乐乎，把一切不开心的事都抛到了九霄云外。可是没过多久，小花竟然离开了我。那天，我把两只猫放出来让它们自己玩，然后去写作业了，等我休息时发现没有小花的叫声。我东找找，西找找，但就是没有小花的影子。这时我忽然有一种不祥的预感，小花会不会跳楼自杀(我家的阳台不是封闭的)？这可是9楼啊。我跑到楼下，果然发现了小花的尸体，悲剧呀！

自从这件事后,我就越来越不喜欢小白了,总感觉是小白把小花推了下去。一天,我忽然发现小白竟然钻到了跑步机下面。我去抓它,扑了个空,还差点碰到头。我心中的怒火被重新点燃,抓起扫把直冲跑步机。我捅来捅去,就是捅不到小白。我趴到地上,左看右瞧,还是没发现小白。我累得坐到地上准备休息一下再发起总攻。没想到竟意外看见小白在跑步机的发动机里面。这下我没辙了,只好叫爸爸和舅舅一起把发动机外壳拆掉,这才把小白抱出来。这时,我发现它那蓝盈盈的眼睛里好像满是惭愧和内疚。那一刻,我的心忽然软了,也就是从那一天开始,我和它的关系变得越来越亲密了。是呀,小花走了,小白陪我玩耍,我应该高兴才是。

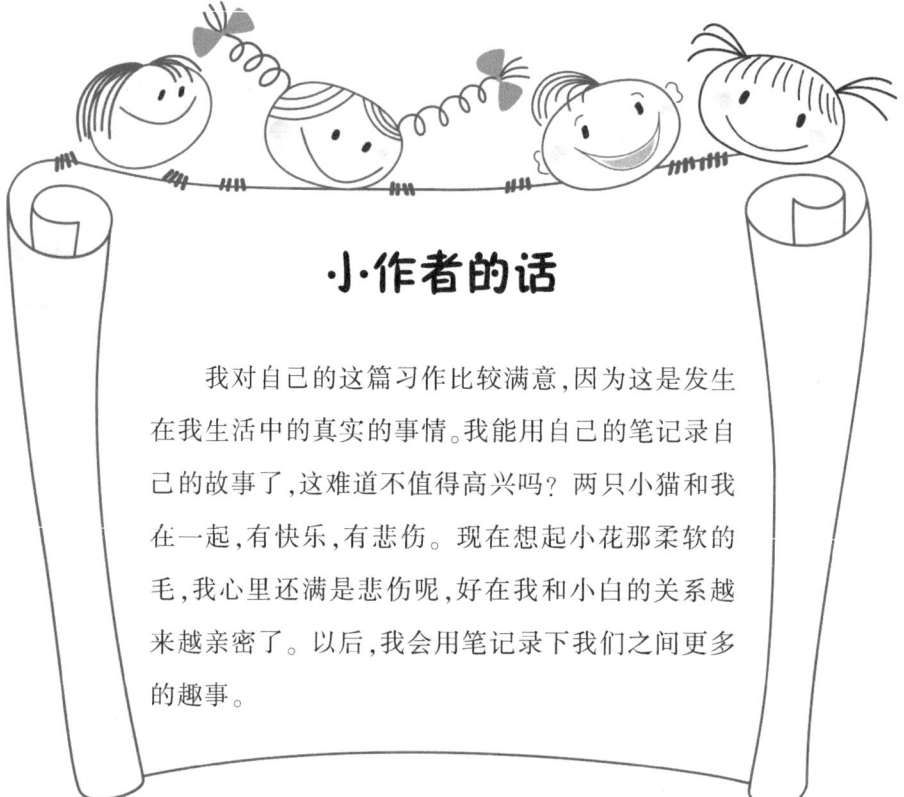

小作者的话

我对自己的这篇习作比较满意,因为这是发生在我生活中的真实的事情。我能用自己的笔记录自己的故事了,这难道不值得高兴吗?两只小猫和我在一起,有快乐,有悲伤。现在想起小花那柔软的毛,我心里还满是悲伤呢,好在我和小白的关系越来越亲密了。以后,我会用笔记录下我们之间更多的趣事。

生命的祝愿

◆ 李海诚(五年级)

一个周六,我和爸爸走在回家的路上,看见前面有一些人在围观什么。我蹲下身子挤到人群里,看到了一只纯黑的小猫。那只小猫,小的连眼睛都没有睁开,毛都没有长齐。爸爸说:"这猫应该是被人遗弃在这里的。真可怜!"我问爸爸可以把它抱走吗?爸爸点了点头。我轻轻捧起了它,慢慢往家走。

路上我问爸爸:"这猫可以养活吗?"

"这很难说,我们只能尽力了!"

听爸爸这么一说,我的心不由得"咯噔"一下。

一到家,我们全家人都行动起来。我去给猫找盒子,爸爸给猫热牛奶,

姐姐查资料准备给小猫治病。资料上说猫不能光靠自身的体温,那样会冻死,于是我赶紧在盒子里放上毛巾和电热水袋。爸爸把热好的牛奶倒到针管里给小猫喂。因为它太小了,我们只能用针管一点点地慢慢挤。喂奶时,小猫十分不情愿地叫着,声音听起来很悲凉、很刺耳。资料上说小猫断奶的时间间隔不能超过六个小时,所以只能请姐姐每天晚上喂一次。就这样,我们让它勉强活了三天。

第三天傍晚,我们发现小猫不像前几天那样活泼,这天晚上姐姐守在小猫身边一夜没睡。第四天中午放学,我一路飞奔,冲到家里。一进门就问爸爸:"小猫怎么样了?"可没等爸爸回答,我就看到小猫直挺挺地躺在地上,一动不动。我连忙捧起它,它的身体冰凉冰凉,我的泪水像断线的珍珠洒在它的身上。等姐姐回家,我们把它埋在后院,把一个大石头放在上面当作墓碑。

回到家我和姐姐的心情都非常低落。爸爸看在眼里,安慰我们说:"失去猫妈妈的小猫是十分痛苦的,现在说不定它回到了妈妈身边,一定很幸福。"

"对呀!"我顿时心中一悦,"我可爱的小猫呀,愿你在天堂中健康快乐。"

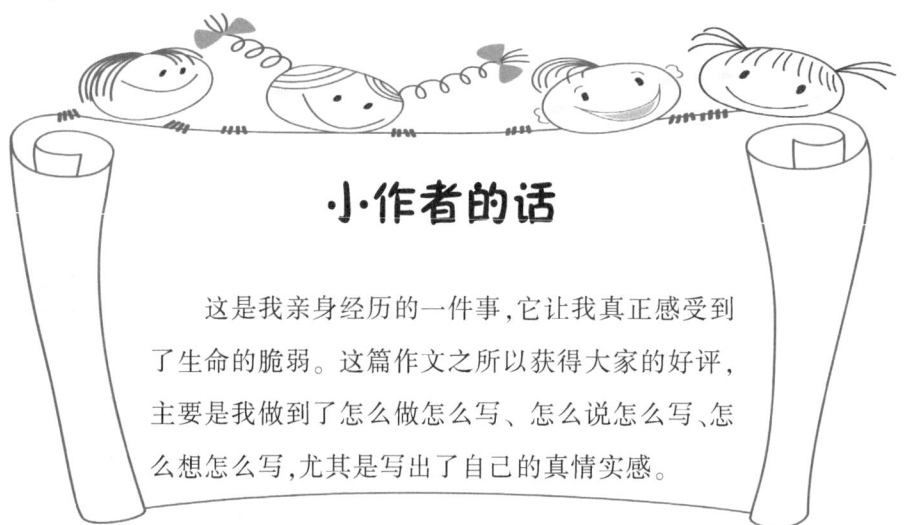

小作者的话

这是我亲身经历的一件事,它让我真正感受到了生命的脆弱。这篇作文之所以获得大家的好评,主要是我做到了怎么做怎么写、怎么说怎么写、怎么想怎么写,尤其是写出了自己的真情实感。

兴趣特长好素材

作文的源泉是生活,作文的基础是阅读,作文的秘诀是多练,作文的动力是兴趣。任何一个孩子,只要说起自己的兴趣爱好,一定头头是道、滔滔不绝。作为家长,一要注意将作文和孩子的爱好联系起来。二要注意从小培养孩子的兴趣爱好,跳舞、游戏、唱歌、手工、绘画、棋类、运动、航模……只要是健康的,都应该支持。生活的舞台有多精彩,作文的内容就有多丰富。写作文就是写生活。兴趣是把钥匙,可以帮助孩子打开作文和生活的大门。让学生多写写自己的兴趣爱好,不仅对作文,对他们整个的人生都有积极的意义。作文有困难的学生,先从写爱好开始,就会容易很多。原因很简单,因为是自己喜欢的、有兴趣的,所以不用苦思冥想,信手就可拈来。慢慢地,他就能从自己的爱好中找到作文的乐趣、作文的信心。

学生习作

围棋,我

◆ 王 义(四年级)

一年级时,妈妈给我报了围棋班。刚开始上课时,我对围棋很感兴趣,每天都是朝思暮想盼着上围棋课。在我看来,围棋的世界是那么奇妙!只要把对方棋子的四个角堵死,就可以把他的棋子吃掉!几节课后,我更加喜欢围棋,以至于有时候晚上说梦话,嘴里都念叨着围棋。

但是,学任何东西,都不可能一帆风顺。有一次上围棋课,老师让我们挨个挑战他,我摩拳擦掌迫不及待地想要快点轮到我,心想:这几天我学了那么多绝招,打败老师应该不成问题。你们就等着看我的好戏吧!终于轮到我啦!刚开始,一路顺畅,我信心满满,可到了后来,老师摆出一个"金丝银边"的阵法,我一下慌了神,稀里哗啦就败下阵来,信心瞬间被击垮。我顿时像漏了气的皮球,头耷拉了下来。下课了,妈妈来接我,我清楚地记得老师来到我身边,拍着我的肩膀说:一个人如果过度自负自大,当被击垮时,就会跌到谷底。回到家后,我耳边一直不断回响着老师说的那句话,是呀,正因为我连老师都不放在眼里,目空一切,所以被击败时,自信心就像地震中的楼房一样被震塌了。不过,我应该重建自信,而不是自暴自弃。我鼓起勇气,让妈妈买了几本关于围棋的书,开始边学边练。

过了一段时间,我再一次向老师挑战,老师欣然接受。同学们都觉得我不可能打败老师,结果却出乎意料。当老师再次摆出"金丝银边"时,我

使用反阵法,最终赢得了比赛。同学们都不禁为我鼓掌,老师也笑着说:"小子,你可真是突飞猛进啊!"

围棋让我明白:自负,只能面对失败;谦虚勤奋,才能赢得胜利。

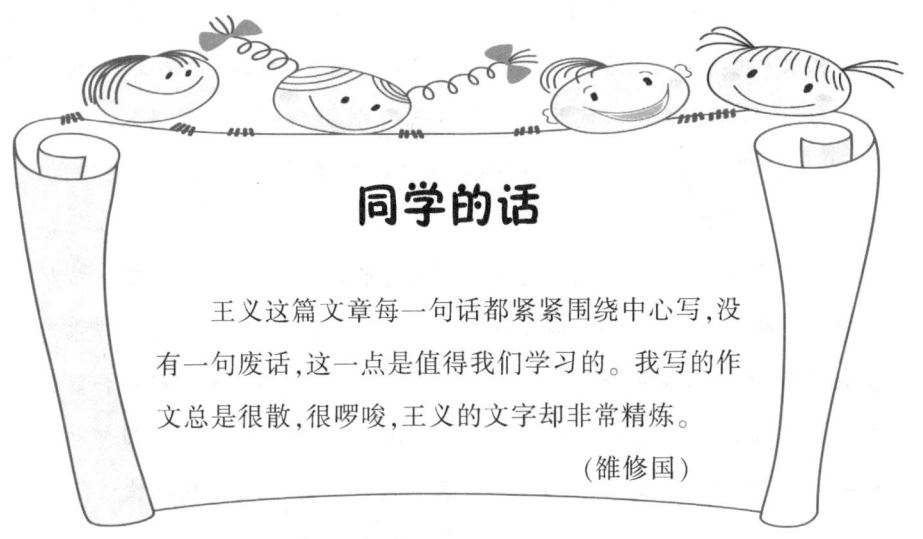

同学的话

王义这篇文章每一句话都紧紧围绕中心写,没有一句废话,这一点是值得我们学习的。我写的作文总是很散,很啰唆,王义的文字却非常精炼。

(雒修国)

精彩的篮球比赛

◆ 史宇轩(六年级)

2月17日早晨9点,我比平时兴奋百倍,有什么大事?原来是一年一度的NBA全明星赛要开战了!

比赛开始,今天西部明星身穿红色球衣,热情似火;东部明星一身蓝色球衣,身姿矫健,尽显巨星风采!西部首发:库里,哈登,杜兰特,乐福,格里芬;东部首发:韦德,欧文,乔治,詹姆斯,安东尼。真是名副其实的全明星阵容!

比赛正式开始,双方中圈跳球,西部跳到球权,开始进攻。库里运球,轻松灵活地甩掉了防守队员。空中接力!库里将球投到空中,杜兰特纵身跳起将球"扣"进!东部毫不示弱,立即反击。韦德运球,盯准时机,一记长传,安

东尼接球外线三分,球空心进入篮筐,命中,3:2！西部球权,库里长传给乐福,詹姆斯箭步将球拦断,急速运球,跃到篮下上演了一记"风车暴扣"。真是不可思议！现场顿时沸腾了,这次扣篮将比赛推入高潮。精彩的进球令人目不暇接,库里外线三分,命中！哨声响起,第一节44：42,东部领先！

短暂的休息后,双方的命中率有所降低。詹姆斯轻巧的助攻,一记篮板,将个人技术发挥得淋漓尽致。最后三分钟,战神杜兰特凭借超准的三分、神奇的篮板,打出10:0的小高潮,帮助西部取得11分的领先优势,以45：34结束第二节。

半场休息回来,东部绝地反击。韦德与詹姆斯绝妙配合,在第三节帮助球队追分,欧文在关键时刻命中三分,将比分缩小到三分。第四节东部整装待发,在落后十几分的情况下追平比分。西部哈登在关键时刻扣篮神准,进一步扩大了比分。进入最后三分钟东部安东尼三分连中,西部却手感冰冷,詹姆斯突破上篮,锁定胜局,东部以163：155逆转获得胜利！

这场比赛不仅精彩纷呈,而且让我收获了很多。我想到队员们平时的刻苦锻炼、赛场上的顽强拼搏,与队友的默契配合,胜不骄败不馁的精神。想到了他们对梦想的执着追求、坚持不懈。我坚信杜兰特的那句话：苦练胜于天赋,勤奋胜于才能！

老师的话

这篇习作,字里行间流露的都是小作者对篮球的挚爱。因为喜欢,所以专业;因为喜欢,所以专注;因为喜欢,所以真挚。因为这些,所以具体。整篇习作没有刻意的技法,但小作者用自己全情的投入、深切的感受给读者展现了一场激烈的篮球巨星之战。

我爱朗诵

◆ 田芸睿(五年级)

去年,妈妈给我报了一个朗诵班。第一次试听的时候,老师朗诵了一篇文章。这篇文章写得非常感人,再加上老师抑扬顿挫的朗诵,一幅画面即刻展现在我眼前,我不禁潸然泪下。还没下课,我要学习朗诵的决心就定了。

刚开始上课的时候,我胆子小,放不开声,音量特别小。老师告诉我,声音不能靠嗓子支撑,要不然对声带不好,肚子要用力。经过反复练习,慢慢的,我的声音放出来了。老师开始教我读文章的语气,并在每节课后给我布置一篇文章回家练习。现在我已经读过许多文章,如:《匆匆》《眼泪谭》《那年我十五岁》……

再后来老师教给我们朗诵的要领和专业知识。告诉大家一个朗诵小窍门,读文章时要做到以下几点:提起笑肌,打开牙关,挺直脖子,放松下巴。

学了朗诵之后,我的声音大了,也悦耳了,知道了读文章时要带着感情,要用心去体会作者所要表达的感情。上周我给爸爸妈妈朗诵朱自清的散文《匆匆》,他们听完后都为我鼓掌。虽然我们班朗读高手很多,但每次我读完课文,都会赢得更加热烈的掌声,这更增加了我朗读的自信和乐趣。现在无论在学校还是其他场合,我都有勇气给大家朗诵文章。

我喜欢朗诵这门艺术!

老师的话

读着田芸睿同学的小习作,回想着朗诵给她带来的变化,我都想立即去报名学习朗诵。文章很有真情实感。术业有专攻——提起笑肌,打开牙关,挺直脖子,放松下巴。这些知识,不学习怎么知道呢?如果小作者能再选一些自己学习朗诵某篇文章的过程及感受加进来,那习作就更具体了。

我与汉字共成长

◆ 胡立傲(六年级)

十多年来伴随我成长的,有各式各样的玩具,有趣味横生的动画片,还有令人遐想的故事书,但最使我受益匪浅的,则是中华文化的结晶——汉字。

我曾看到一本书上记载,中华文字史上共有九万多个汉字,每一个汉字都结构独特,它们是组成诗词歌赋的基础,像一颗颗璀璨的钻石,镶嵌在中华几千年的文明史中闪闪发光。汉字数量如此庞大,因此汉语号称世界上最难学的语言。认识和了解一定量的汉字,是我们每一个中国人的必修课,学好常用的几千个汉字,学习其他知识才有了基础。

在我三岁多时,爸爸妈妈就给我买了一本关于日常用品的《看图识字》,本来是让我随便翻着玩玩,但说来也怪,我好像天生和汉字有缘,居然对这种小孩子通常会觉得枯燥无味的小册子饶有兴致,没几天就认完了上面所有的字。接着爸爸在电脑上安装了一个叫"熟语识字"的幼儿学习软件,这更是大大激发了我的兴趣。没过多久,我就基本掌握了常用的几千个汉字,报纸、电视上的字都不在话下了。这使我从小打下了良好的认字基础。

上幼儿园,我的认字能力更是领先其他小朋友一大截。有一次在写字课上,我们遇到一个很少见到的字:苋菜的"苋"。老师当时好像蒙住了,就问小朋友们知不知道怎么读,教室里鸦雀无声,就我一个人大声喊了出来,老师对我赞不绝口,那一刻别提有多光荣了。

到了小学阶段,我认识了一位良师益友——新华字典。我才知道汉字的学问原来那么多,有时一个字就有四五个读音、六七种用法、八九条释义,这令我大开眼界。闲着没事时就翻它,找不认识的字。每当上课组词

  时，我总是第一个回答，读课文不会读错一个音，作业也极少写错别字。于是同学们送我雅号"识字大王""小字典"。

  年龄在增长、时间在变迁，但我对汉字的热爱从未减退。原本我认为自己的识字水平不低了，但是今年看了一档电视节目，才知道汉字原来如此博大精深，字典上的生字只是大海中的一滴水。这档节目就是刚刚落幕的《中国汉字听写大会》。该节目中的参赛选手都是从全国各地挑选出的识字功底深厚的中学生，比赛内容就是听写汉字。看了几期之后，我才知道人外有人、天外有天，我的识字量、词汇量还远远不够。节目中的有些词涉及古汉语，千奇百怪、变幻莫测，例如地理名词"巉(chán)岩""兖(yǎn)州""郓(yùn)城"，成语"戎马倥偬(kǒngzǒng)""瞋(chēn)目切齿"，或者是怪词偏词"傩(nuó)戏""裂璺(wèn)""小簟(diàn)"等。有些词就算知道读音也很难写出来。因此我很佩服那几位坚持到最后的选手。

这十年的光阴,汉字一直伴随着我,它让我增长知识,助我博览群书。它是我的朋友、我的老师、我的知音。我与汉字共成长,今后的人生路,我会与它形影不离,相伴终身!

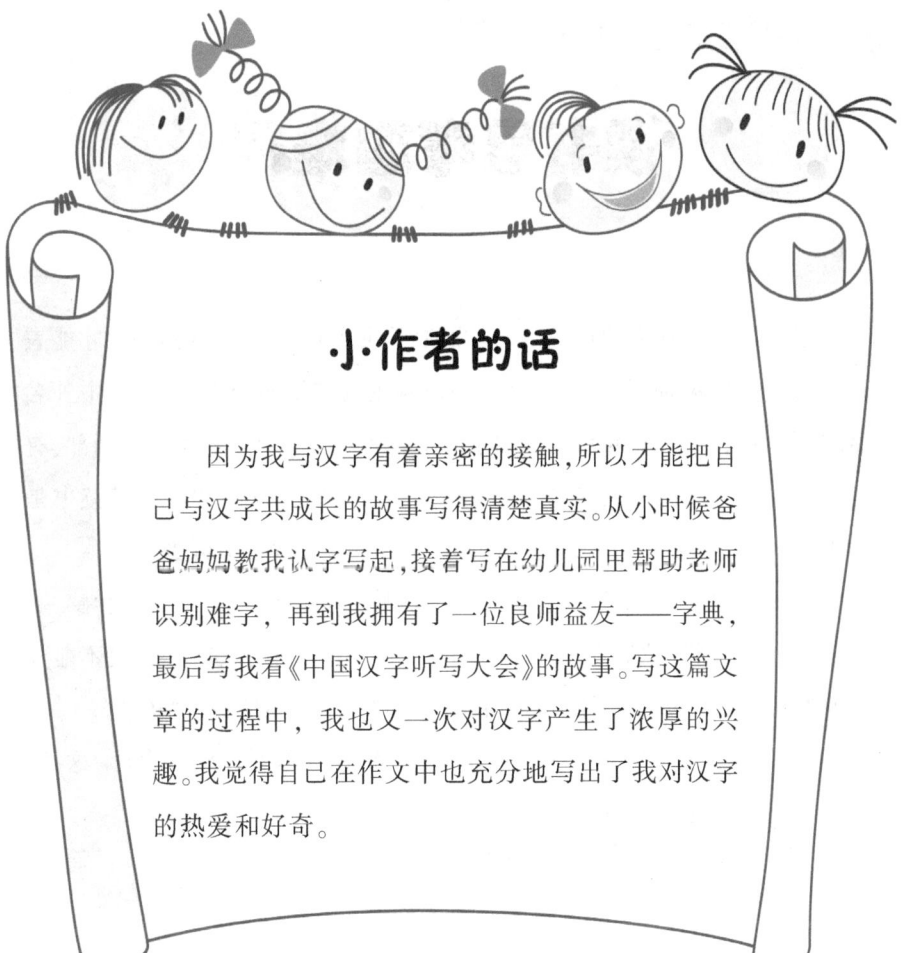

小作者的话

因为我与汉字有着亲密的接触,所以才能把自己与汉字共成长的故事写得清楚真实。从小时候爸爸妈妈教我认字写起,接着写在幼儿园里帮助老师识别难字,再到我拥有了一位良师益友——字典,最后写我看《中国汉字听写大会》的故事。写这篇文章的过程中,我也又一次对汉字产生了浓厚的兴趣。我觉得自己在作文中也充分地写出了我对汉字的热爱和好奇。

读书思考超难得

读与写是个互逆的过程。读是吸收,写是倾吐。只有读得充分,才能表达有力。高年级时,我们的班级读书内容主要涉及两个方面:一是中外名著,二是名人传记。五年级,全班同学每人至少选读四大名著中的两部,有能力的同学开始阅读世界名著。写作文就是写生活、写认识。既然读书是我们的生活,那用笔记录我们的阅读、我们的思考就必不可少。

写读后感,一定牢记"读"少"感"多,"感"是重点。怎样才能把"感"写充实呢?一是"感想"最好只写一点。读了一本书,即使体会再多,也不能样样都写、遍地开花。面面俱到是写"感想"的大忌。二是要会"联系"。一联系题目,二联系内容,三联系主题,四联系阅读,五联系生活和自己。这样,一点"感想"就写深、写透了。

假如时间可以倒流

◆ 傅莉安（五年级）

假如时间可以倒流，我一定得去拜访曹雪芹，问问他关于红楼梦让世人疑惑的问题；假如时间可以倒流，我肯定要到蒙古草原，见一见一代天骄成吉思汗，跟随他的铁骑征服欧亚大陆；假如时间可以倒流，我要去求教于孔子，成为他的弟子；假如时间可以倒流，我绝对要去异国罗马，亲眼

看一次角斗；假如时间可以倒流，我一定要去看看……

假如时间可以倒流，我一定要认真记住姥姥姥爷的模样；假如时间可以倒流，我就可以见一见爷爷奶奶和姑姑；假如时间可以倒流，我就会见到杨时程门立雪、过客破釜沉舟、李白赠诗汪伦、杜甫赴京赶考……

假如时间可以倒流，我有太多太多的事情想做：做个边关的将士，回乡的客；做个率直的诗人，正直的民；做个讲理的皇帝，廉洁的臣；做个好学的童子，智慧的师；做个勇敢的英雄，普通的人……

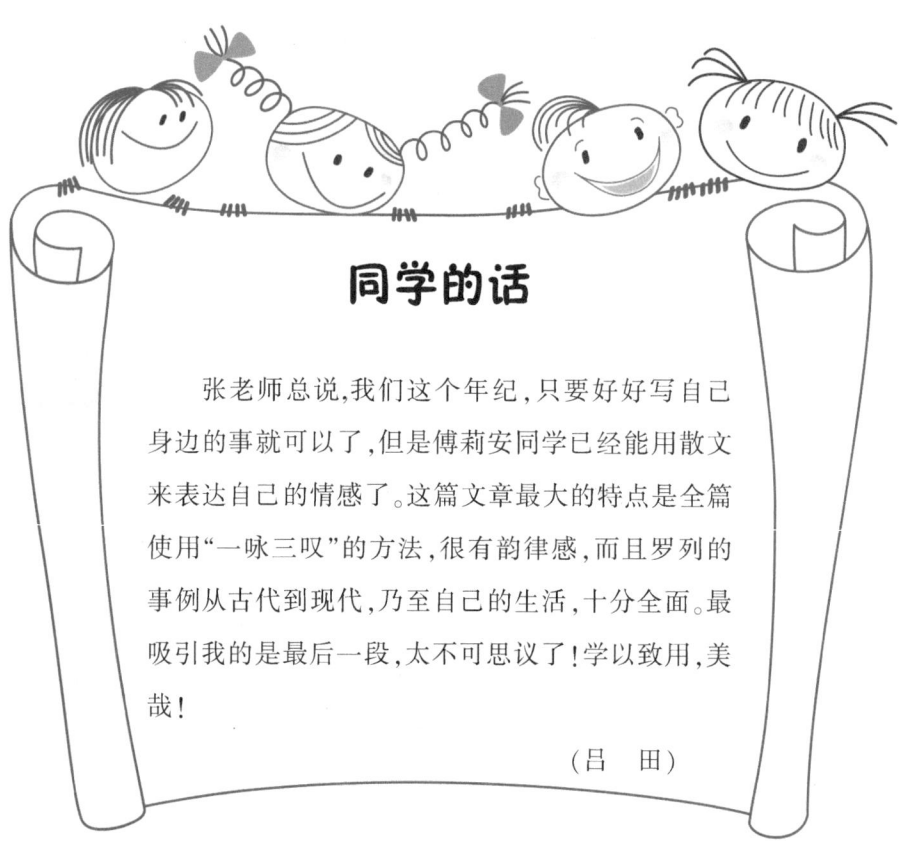

同学的话

张老师总说，我们这个年纪，只要好好写自己身边的事就可以了，但是傅莉安同学已经能用散文来表达自己的情感了。这篇文章最大的特点是全篇使用"一咏三叹"的方法，很有韵律感，而且罗列的事例从古代到现代，乃至自己的生活，十分全面。最吸引我的是最后一段，太不可思议了！学以致用，美哉！

（吕　田）

一本书的启示

◆ 魏镜如(五年级)

三年级时,我就读过《假如给我三天光明》,这次再读,受益匪浅啊!

这本书的作者及主人公是海伦·凯勒,当她正享受童年最快乐的时光时,一场突如其来的大病使她双目失明、两耳失聪。这无疑是致命的打击——从此她将生活在黑暗无声的世界里。但沉重的打击并没有使她对生活失去信心,而是在家庭教师莎莉文的辅导下更努力地学习盲文、学习发音、学习与人交流。她不仅学会了这些别人认为不可能做到的事,而且在二十四岁时考入哈佛大学,取得了很大的成就。是知识,为海伦铺就了一条通向光明的大道。当海伦感悟到"水"——她认识的第一个字后,便开始了对知识、对世界强烈的渴求,开始迫不及待地识字、阅读。她像一块海绵不断地汲取知识。对知识的渴求使她在常人难以想象的单调和枯燥中学会了德语、拉丁语、法语等多国语言,阅读了大量文学、哲学名著,吸取了伟人和智者的思想精髓。但她并不满足于这些成就,而是去帮助更多像

自己一样的聋哑人、双眼失明的人,帮助他们恢复听力、开口说话,让他们的双眼重见光明,实现他们的梦想。海伦用生命的全部力量处处奔走,建起了一家家慈善机构,为残疾人造福。她被美国《时代周刊》评为20世纪美国十大英雄偶像。创造这一奇迹,全靠一颗不屈不挠的心。

读了这本书,使我明白了:不管在学习上,还是在生活中,都应该用不怕输的精神去面对,从哪里跌倒,就从哪里爬起,不经历风雨怎能见彩虹?成功的背后,是奋斗的汗水和永不放弃的精神。

同学的话

本文结构很好,先是介绍了作者,接着写了自己对本书的看法和从中学到的东西。结构清晰,层次也分得很好。结尾小作者用很简单的语言写出本书对自己的启示。但是,魏镜如的这篇读后感还是有一个地球人都能看出来、我们小学生都会犯的问题——"读"多"感"少。

修改建议:小作者可以写我们作为正常人是如何面对学习和生活中的困难的。把我们对待困难的态度和做法与海伦·凯勒进行对比,"感"就具体了、充实了。

(唐 金)

贝影远去,贝影永恒

——读《贝影:大卫·贝克汉姆传》有感

◆ 岳凌云(六年级)

他是宠儿,也是弃儿;他被追逐,也被放逐;他在失重后赢回尊重,在尊重中赢得尊严;他在离开时已经没有离开。他是一个充满传奇的足球运动员,一个牵动世界的人。他是顶级球星、万人迷、资产亿万的巨富、时尚界的宠儿。他是第一个横跨运动与时尚的全球偶像人物,一个颠覆了足球传播方式的非凡个体,一个前无古人、很难复制的明星。他以冠军的名义告别,我们以足球的名义珍藏。他,叫大卫·贝克汉姆。

他的数据称不上完美,进球数比不过"外星人"罗纳尔多,突破比不上劳尔,传奇比不上穆勒;他从未举起过大力神杯,大耳朵杯也不曾染指;他从未获得过世界冠军,也没有夺得过世界足球先生。但一个个记录却在他的坚韧不拔中悄然诞生,他成为万千球迷追崇的偶像。1996年8月17

日,他在曼联队对温布尔登队的比赛中,从中场附近一记60米开外的超远距离远射成功,技惊四座。1999年5月26日,作为中场主将,他用自己的出色表现帮助曼联队在巴塞罗那战胜了劲旅拜仁慕尼黑队,获得1999年欧洲俱乐部冠军杯赛冠军。2001年4月15日,曼联队提前5轮获得了2000—01赛季英格兰超级联赛冠军,实现了三连冠。曼联队在他的率领下9年中7度封王,成为名副其实的英超霸主。2006年6月25日,他以一粒漂亮的任意球完美绝杀厄瓜多尔,直接将英格兰送进世界杯八强,可谓居功至伟。同时,他也成为英格兰队历史上第一位在三届世界杯中都有进球的队员。2008年5月24日,贝克汉姆效力的洛杉矶银河队在美国大联盟的比赛中对阵堪萨斯奇才,补时阶段,他在距离球门70码处攻入一粒超远距离进球,堪比12年前的经典之作。他看重自己在球场上的成就,一切荣誉的背后,都有着他巨大的付出。22年绿茵生涯,命运多舛,几经沉浮,贝克汉姆都凭借自己顽强的意志力挺过来。他的勤勉、努力、坚韧,在整个足球世界人所共知。正如贝克汉姆在宣布退役的时候所说:"我只想被看成是一个勤奋的球员,一个对足球充满热情的球员,每一次走上球场,我都会奉献自己的全部。"

在许多人眼中,贝克汉姆只是"一招鲜",因为"圆月弯刀太过耀眼"。"不同人眼中,贝克汉姆的优缺点可以完全颠倒,风口浪尖起落沉浮,从世界杯罪人到全民偶像,涅槃之旅,逐渐造就出勤勉、和善、坚韧的完美偶像。光环之下,其实保存着少年当初踏上足球路的简单梦想。举头望贝影,忆昔君莫笑。"

年轻的小贝举起双手,这个阳光帅气的少年青春四溢、玉树临风,也许这就是一战成名的滋味,那条优美弧线宣告了小贝的大名。在他21年的生涯中,破门方式多种多样,有依靠速度的单刀,有机警的补射,有鱼跃的头球,有精妙的远射。当然,也有他那经典标志性的"圆月弯刀"。

在小贝二十余年的职业生涯中,有的只是一种职业球员的尊严。在他宣布退役前的最后一场比赛上,看台上5万球迷高喊着"大卫留下,大卫留下"。对很多球迷来说,没有了贝克汉姆的绿茵场犹如夜空中缺少了最明亮的那颗北斗星,令人抱憾。在贝克汉姆被换下的那一刻,全场49483名观众起立鼓掌,那掌声颤动了整座球场。场上球员全体冲了过来,不论是敌是友,都向这位足坛伟大的7号致敬。贝克汉姆流下了伤心的泪水。很少有人目睹他流泪,并非英雄无泪,只是男儿有泪不轻弹。到了真正挥别绿茵之时,万人迷才肆意发泄。17座总冠军,从曼彻斯特到马德里,从洛杉矶到米兰、巴黎,小贝用冠军谱写辉煌与记录。

二十余年,时间从未驻足,记忆从未剥离,贝影逐渐远去……

他的身上,承载了一代人的青春梦想。他远去的贝影将激励着更多的人努力前行。

贝影虽远,贝影永恒……

同学的话

腹有诗书气自华!这句话用在老岳身上真合适。洋洋洒洒上千字的作文一下就把我震住了。先看题目,四字词连用,倍儿有节奏感。细读内容,好词佳句、妙语连珠、数字引用也是本文一大特点。更令我佩服的是字里行间都流露着他对偶像深深的崇拜与挚爱。这不正是张老师常说的"读好书、交高人"吗?

(斯 亮)

浴火重生

——读《科比·布莱恩特自传》

◆ 王泓森（六年级）

曾经，他是一个初出茅庐的少年，现在，他是天使之城洛杉矶的神；曾经，他年少轻狂地爱着篮球，现在，他已经成为NBA联盟现役最好的球员；曾经，那个8号顶住一切压力继续走自己的路，现在，这个24号向全世界证明了自己。我的印象中，没有几人比得了8号科比的张狂，没有几人超过8号科比单场81分的奇迹，也没有球队超越"OK"组合时三连冠的辉煌。虽然我不知道"OK"为何解散，但我依然爱着科比，因为他身上有一种让人无法忽视的光芒，他对篮球的热爱和执着深深感染着我。

小时候，他爱上了打篮球。因为父亲乔·布莱恩特也是NBA球星，所以他8岁就开始认真练球，每天500个跳投、80个上篮、2000个胯下运球，让自己越发强大，12岁时，同龄人几乎无人能敌。

被黄蜂交易到湖人队，破例被湖人选为首发球员，带领球队一路过关斩将，终于在总决赛中碰见了当时的公牛王朝。与乔丹一次次对位，除了几次快攻以外其余几乎全部投失，公牛以四比零终结湖人，夺得总冠军。镜头里的科比沮丧地走进更衣室。虽然是一场重大的失败，但对心高气傲的他未免不是一件好事，这不会让他绝望，只会让他愈发强大、愈发坚强、愈发冷静。

2006年1月23日，场均43.8分的他带领湖人挑战猛龙队，在球队需要他的时候勇敢地站了出来。一个个变向，一个个扣篮，45分，47分，49分……最终创造了81分的NBA历史单场第二高分，球队以122:104击败猛龙。

赛季结束，湖人引来了大中锋奥尼尔，和科比组成了"OK"组合，用

240

63胜8负笑傲联盟,夺得三连冠。

2008年,詹姆斯、韦德和波什组成的三巨头3:0横扫湖人。从此,科比没有好的团队,屡战屡败。2013年在与勇士作战时,他被库里撞翻,跟腱完全断裂还坚强地罚完两球,最后被搀扶离场。今年他重披战袍,场均18.9分,但在第九场比赛以后,不幸骨折,再次伤停,6周缺阵。

那些年,一个桀骜不驯的8号,在风雨的折磨下,炼成了一个坚强的24号,最终,破碎了,浴火重生,重现自己。

今年他与湖人再次签约,成为球队征战时间最长的球员,虽被世人唾弃,但我只想对那些骂他的说,他不在湖人能三连冠吗?他不在湖人能有立足之地吗?他续约了,同时完成了他的誓言:

一朝紫金,终身湖人。

虽然他受了很大的挫折,但总能浴火重生。

同学的话

自打我接触 NBA，便成为了科比的"Fans"。不为别的，就因为他那精彩绝伦的后仰跳投，就因为他那无与伦比的暴扣，就因为他那百发百中的超远三分，更因为他的那句誓言——一朝紫金，终身湖人。刚看到你这篇作文，心里那叫个激动——终于有人写我的偶像了。我立即进入疯狂阅读模式。

很快，这篇文章便被我"啃"了一遍。说句心里话，这篇作文比岳凌云的有过之而无不及，光是开头的排比句就够吸引眼球的了，再加上那异彩纷呈的生平介绍，以及名言的点缀，真是令人拍案叫绝。

当然，金无足赤，文无完文，这篇作文有一个缺点——结尾太啰唆。另外，我再给你提一个建议，把题目改成"一朝紫金，终身湖人"，把最后一段删了，这样就可以前呼后应，给人一种为之一震的感觉。

(何维彤)

听《幸福人生》有感

◆ 张 杰(四年级)

今天,妈妈带我去听传统文化课——《幸福人生》,讲的是《弟子规》在现实生活中的应用。听几位老师给我们讲解老祖宗留下的《弟子规》,使我深深体会到一个"孝"字的力量。俗话说得好:"百善孝为先。"一个"孝"字,就能改变一切。钟茂森老师说,孝有三孝,小孝、大孝、至孝。小孝就是孝敬自己的父母。大孝就是孝顺自己的父母和全天下的父母。至孝就是孝顺自己的父母和天下的母亲及身边的人。

闵子骞的故事让我深受感动。闵子骞的母亲过世,父亲又娶了一个妻子。继母后来又生了两个弟弟,所以对他比较刻薄,对两个弟弟比较偏爱。一年冬天,继母用芦花做的衣服不保暖,冷风飕飕地吹过来,他冻得发抖。闵子骞给父亲驾马,丢失了马的缰头,父亲握着他的手,发觉他的手很冷,

穿的衣服也很单薄。父亲回去后，把后母生的儿子叫来，握住他的手，手是温暖的，穿的衣服也很厚，于是对妻子说："我娶你的原因，是为了我的儿子，现在你欺骗我，让我的儿子受冷，你走吧，不要再留在我家。"子骞上前说："如果母亲留在我家，就只有我一个受寒；如果母亲离我们而去，四个儿子就都会受寒啊。"他的父亲一句话也不说，沉默了好久，而他的后母也很后悔自己的做法。

不要说继母，就是自己的亲生母亲，我都做不到。这场报告让我真正懂得了一个"孝"字。

老师的话

经典的力量不可估量。张杰同学就是在诵读经典中越来越懂事的。"人有短，切莫揭。人有私，切莫说。""道人善，即是善。扬人恶，既是恶。"张杰经常用这样的经典语言帮同学调解矛盾。他用自己的笔，记录了一节国学课，讲了一个"孝"字。虽然本篇习作"感"的内容还很欠缺，但我从文字背后读出小作者在这堂课后的成长。作文即做人，把做人的道理写出来，就是好文章。

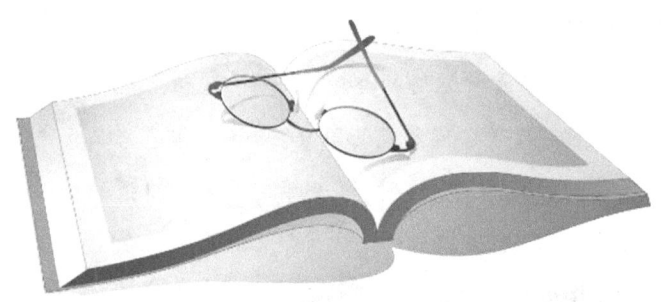

奇思妙想真有趣

小朋友最爱做奇怪的梦。梦见自己当上了特种兵,梦见自己走进了小人国,梦见自己飞上了太空,梦见自己变成了孙悟空……这些内容,就是飞起来的梦,飞越了现实,飞越了今天,飞到了明天,飞向理想的境界。这类写"梦"的作文,一定要让梦"飞"到具体的时间、具体的环境里,与具体的人在一起,做具体的事,这样,想象就有根了。

学生习作

奇怪的梦

◆ 傅莉安(三年级)

早晨一进教室,就发现了一件奇怪的事,大家的座位上坐着一只只动物。仔细一看,这一只只动物都是同学变的。

瞧!又高又瘦的成济同变成了一只长颈鹿,正伸着长脖子四处张望;淘气包李岩洮变成了抓耳挠腮的小猴子,坐在凳子上左顾右盼;漂亮的马

丽娅变成了一只雪白的、笑眯眯的猫;再看看冉熙瑜的座位,一只凶猛的金钱豹坐在那里。我怀着好奇心,看了看黄诗迪的座位。妈呀!座位上坐着一只色彩斑斓的老虎,好吓人!我又兴奋地看我的同桌,文静的郭亭岩居然变成了一只白色的孔雀,那么美丽、优雅。这时,张老师走进来。咦!张老师怎么成了饲养员,身上系着围裙,手里提着一个大桶,里面装满了食物。我忐忑不安地坐到座位上,老天爷呀!我变成了梅花鹿。

啊!叮铃铃,要上课了。"傅莉安起床了!"耳边一声喊。我睁眼一看,还在床上哪。原来是做了一个梦。

同学的话

傅莉安同学写得十分巧妙,作文题材来源于自己的梦,而且她梦到的每一个同学对应的动物并非没有依据,很符合每位同学的外貌、性格特点。开头自然,内容丰富。同学们是动物,老师则成了饲养员,读到这里我不由得哈哈大笑,太有趣了。不过向她提个建议:第二段应该有详有略,现在略有了,但有些地方还可以写得更详细些。

(王颢璇)

零食王国奇遇记

◆ 成济同（三年级）

不知怎么回事，我正在睡午觉时，一阵风把我吹出了窗外。我吓傻了。这可是22楼呀，如果风不吹了，我从22层的高空掉下去那不就完了？

没想到我的担心多余了，我竟一直飘啊飘，飘到了一个王国：零食王国。

忽然，我掉到了一座房顶上，房顶像蜘蛛网一样把我粘在上面。我动不了，开始哇哇大哭，哭着哭着，我发现房顶碰着我的眼泪开始融化了。我放大胆子舔了一口"蜘蛛网"。呀！原来是棉花糖。我大口大口地吃起来。

刚吃了几口，太甜了，我就从房顶上跳下来，正好跳到了一辆小轿车上。我发现小轿车是用香蕉派做成的。我一阵欣喜，跳下车来，先吃掉四个轮胎，又吃掉了方向盘和油门。这时，我眼前一亮，又发现了一辆用薯片做成的自行车，我毫不犹豫地走过去干掉了它。

吃饱了，有点渴，我找了好几家商店，都没有水。突然我发现前面有一个喷泉，喷着我最爱的蓝莓果汁。我连忙跑过去，像传说夸父追日里的夸父一样，一口气喝干了果汁喷泉。

这时我感觉有人在拍我的背，回头一看："完了！是警察。"

"我一直在跟踪你，你损坏公物，要罚款四亿四千四百四十四万四千四百四十四元零食币。"

"什么？"我大叫一声，"把我卖了也换不了这么多钱呀！"

我忽然听到有人在提醒我："逃跑、快逃跑！"

不管三七二十一，我撒腿就跑。警察狂追不舍还对我开枪。不过，我都灵活地躲开了。跑着跑着，我发现自己又飘起来了。警察向我开了最后一枪，我抓住子弹一看，原来是巧克力豆。

哈哈!早知道我就不用跑了,说不定警察把我抓回去还能见到零食王国的公主呢!

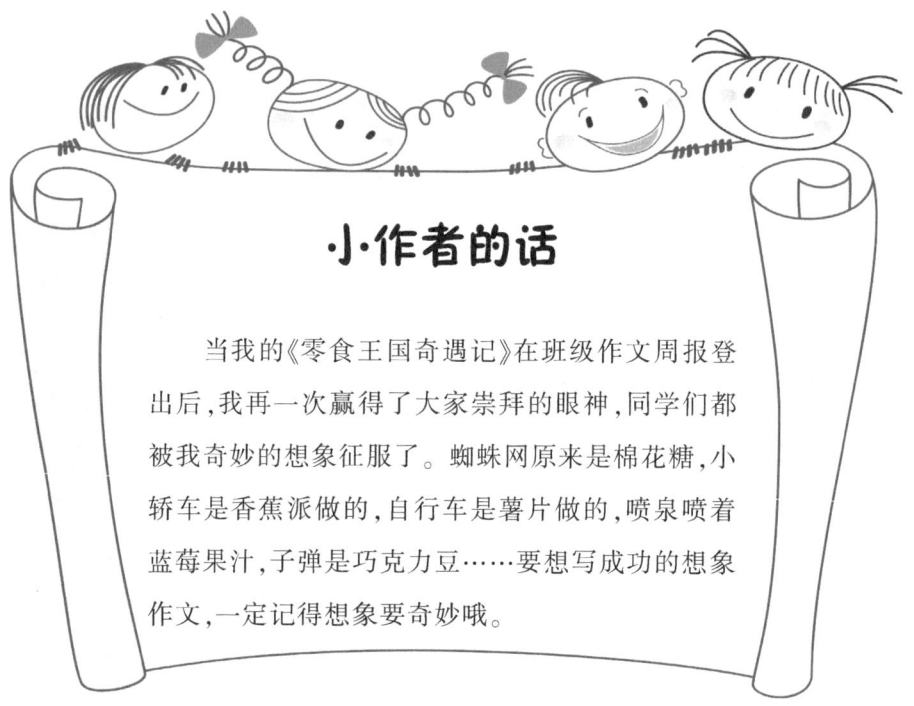

小作者的话

当我的《零食王国奇遇记》在班级作文周报登出后,我再一次赢得了大家崇拜的眼神,同学们都被我奇妙的想象征服了。蜘蛛网原来是棉花糖,小轿车是香蕉派做的,自行车是薯片做的,喷泉喷着蓝莓果汁,子弹是巧克力豆……要想写成功的想象作文,一定记得想象要奇妙哦。

多彩的梦

◆ 徐杨梦菲(三年级)

"下雨了,下糖果雨了!"我急忙赶下楼去,只见五颜六色的糖果漫天飞舞,从天空飘落下来。我伸出双手,哗哗啦啦就盛满了。有可乐味的、橘子味的、荔枝味的,有方的、长的、圆的、宝塔形的、五角状的……形状各异,五彩缤纷。我欣喜若狂,正准备美餐一顿,突然我像长了翅膀的天使一样,双脚离开地面,慢慢升向天空。我飞呀,飞呀……天空可真美啊!朵朵似棉花糖的白云,从我身边飘过,我把手中的糖果向天空撒去,落在白云上,像是白底花布做的毛绒玩具,精致美丽!

我飘呀飘！对面飘来了一位穿着粉红纱裙的小女孩。"嗨！你好！我叫小仙。"她对我说。不一会我们就成了好朋友。她告诉我，这里有一个很美的地方叫空中五彩池，是王母娘娘洗澡的地方。我俩一起来到五彩池，那池中的水清极了，有红、黄、蓝、绿、紫5种颜色。听小仙说，五彩池的水，不仅能净化人的身体，还能净化人的心灵。红色是让人的心灵更加纯洁善良，而黄色是让有过错的人得到醒悟。

  小仙看着我惊奇的目光，告诉我："天上好玩的地方很多，既然你来了，我再带你去看看龙园吧！""啊！有龙园，是不是真的龙？""当然了。"小仙答道。

  啊！太好了！马上就能看到真正的龙，我兴奋极了！那是什么样的景象呢？我想象着无数条龙，相互交错，排着各种队形在天空中飞舞，肯定十分壮观！一眨眼工夫就来到了龙园。啊！原来是恐龙呀！我更兴奋了。只见一条威武的剑龙正在平静地吃草，它显得那么温和，看起来也没有多可怕。突然一声巨响，一条巨大的霸王龙冲了过来，目中无人，横行霸道，它大声吼叫着，震耳欲聋。其他种类的恐龙都被吓跑了，只有剑龙仍旁若无人地埋头吃草，像是任何事都没有发生似的。霸王龙一看，十分恼火，以为剑龙没有把它放在眼中，它气愤地冲过去，一场恶战开始了。可怜的剑龙毕竟不是它的对手，很快成了它的手下败将。霸王龙好像打得不过瘾，回头看到我和小仙，猛然扑了过来，张着血盆大口，想要吃掉我们。我吓得大喊："妈妈救我！妈妈救我！"接着就是一身冷汗，一下睁开了眼睛。这时妈妈正趴在我脸上轻轻叫："宝贝，起床了！"我长出了一口气。唉！太可怕了，好在是一场梦，一场惊险有趣的梦！

同学的话

　　这篇作文用了比喻、拟人等修辞手法,数量词、标点符号也应用得恰到好处。作文不仅是写经历,更是写自己的认识。在第二段中,徐杨梦菲就暗喻了"要净化人类心灵"的道理。写龙的时候,她将自己的动作、语言、心理全部描写出来,还将各种各样的龙从多方面一一刻画。像"手下败将""血盆大口""震耳欲聋"这样的成语也用得恰到好处,很有节奏感。结尾自然舒展,留给读者无限的遐想空间。

　　梦,我们大家都做过。但谁又能将它如此惟妙惟肖地描写出来?如果我们都能像小作者这样把梦中的奇遇用自己的笔写出来,那多有趣呀。

(唐　金)

我想……

◆ 岳婉臻(四年级)

不知为什么,小时候,我总会幻想另一个世界。那里有美丽的风光,就像电影《阿凡达》中的悬浮山一样,被层层叠叠、轻纱似的云彩包裹,恍若仙境。

那里有许多小精灵,它们拥有轻盈的翅膀,在月光下发出莹莹的绿光,当它们聚集在一起时,还会不断地变换队形,交织成一幅幅动人的图画。白天,它们总是自由自在地穿梭在花丛中,或是去小溪边举行有趣的比赛,或是高高兴兴地去山顶野营。每只精灵都有事做,没有哪一个会浪费时间。每当夜色降临时,它们都会把一天做过的所有事情记录在用树叶做成的小本子上面,再写上第二天的计划。

那里还有一些奇怪的小动物,比如:长着长耳朵的猿猴,没有尾巴的波斯猫,全身都是蓝色的小松鼠……它们总是很调皮,几乎每片草地上都有它们打闹嬉笑的身影。

那里的每一棵树都会结果子,沉甸甸的香蕉,粉嘟嘟的桃子,各种浆果随处可见。

还有一种生活在溪水里的彩虹鱼,它们家族世世代代都在做一种工作:写故事。彩虹鱼写出的故事非常有趣,让人百听不厌。不管精灵们也好,动物们也好,都很喜欢彩虹鱼创作的故事。但是,彩虹鱼是个马大哈,它们写故事时,喜欢到处散步,寻找灵感,这虽然是个不错的主意,可总是想一段、写一段,写一段、扔一段,所以故事总是东一点西一点,而彩虹鱼自己也总是想不起来把故事放到哪儿了。因此每天都有很多小精灵、小动物们四处寻找它们写的故事。

在那个世界里,每个生命都是单纯、善良的,那里没有欺骗、仇恨、自私。有的只是机灵可爱的小动物,自由自在的小精灵。虽然现在我已经长大,不会再相信真的存在这样一个世界,但是,这些美好的想象,会一直留在我的记忆里,不会被抹去。

老师的话

萨特说,"阅读是自由的梦",我猜想小才女有如此古灵精怪的奇思妙想,离不开她丰富的阅读。读书的女孩真可爱!感谢她给我们奉献这么美、这么真、这么灵动的文字。

恐龙之战

◆ 徐小龙(四年级)

一天,我正在看《侏罗纪时代》这本书。突然,一道光把我带到了侏罗纪时代。

我看见了一只成年三角龙,它正悠然自得喝水呢。喝完水,它向身后那片树丛走去,走到离树丛两三米的地方,它发现树丛后藏着一只暴龙。三角龙就用它尖锐的角来攻击,暴龙把三角龙的角咬住,它们用尽全力厮杀。三角龙把暴龙推倒在地,暴龙后退几步。三角龙又发起了第二次进攻,暴龙被推到了沼泽地。就在这千钧一发之际,暴龙把三角龙的角咬断了,三角龙这回没有了武器,开始逃跑。暴龙紧追在三角龙后面,没多久,暴龙就追上了这只三角龙,贪婪地吃起了自己的猎物。不久,三角龙就被吃的只剩下骨头架子,很血腥。

在一片空旷的草地上，有一只饥饿的暴龙有气无力地走着。忽然，它眼睛一亮，发现两只小霸王龙正在吃一只剑龙，暴龙左看右看，观察霸王龙的母亲在不在。呵呵，不在！暴龙放慢脚步，在离小霸王龙10米的地方冲了过去，小霸王龙还没来得及转身，就被暴龙狠狠抓了三道伤口。

这下，真正的决斗开始了。两只小霸王龙一起冲了过来，暴龙孤军作战。暴龙跑过去，咬住一只小霸王龙的脖子，往另一只小霸王龙那儿一扔，它们都倒下了。一只挣扎着站了起来，另一只受了重伤，站不起来了。暴龙见状，一个撞击就让那只受重伤的霸王龙一命呜呼了。正在这时，小霸王龙的母亲回来了，它看到倒在地上的孩子，一声长吼，冲过去一口叼起暴龙就扔了出去，就这样反反复复三四次，那只暴龙终于不动了。霸王龙这时走到它的孩子眼前，围着它的尸体转圈。我可以想象到母亲的悲伤。

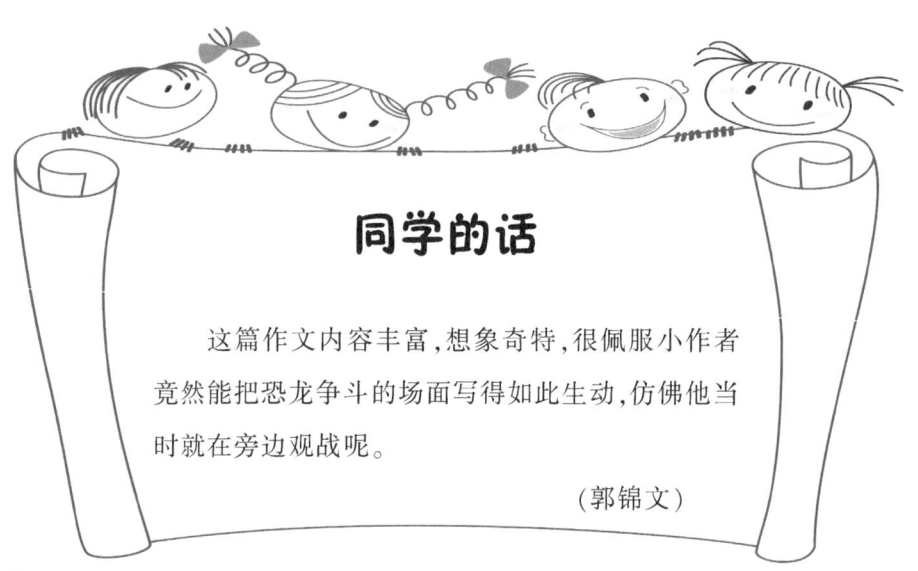

同学的话

这篇作文内容丰富，想象奇特，很佩服小作者竟然能把恐龙争斗的场面写得如此生动，仿佛他当时就在旁边观战呢。

(郭锦文)

我想成为一名特种兵

◆ 赵昱博(五年级)

穿着迷彩服,踏着沼泽地,握着狙击枪,冒着枪林弹雨去打仗。这一幕,常常出现在电视银屏上。我梦想能够亲身体验,成为一名真正的特种兵。

我知道特种兵非常不平凡。在野外行动中,不论环境怎样恶劣、条件怎样困难,他们心中只有一个信念,就是完成任务。在城市执行任务时,会遇到种种障碍和阻力,有时会被无孔不入的媒体记者拍下来,所以他们的脸总是被打上马赛克。他们付出的是泥泞汗水、艰辛奉献和自我牺牲,给予社会的却是繁荣富强、平安稳定。

我酷爱特种兵,不是因为他们一身戎装、魁梧高大,而是他们在关键时刻会挺身而出。在国际维和部队执行任务中,他们军姿严整,军纪严格,完

成一次次急、难、险任务,受到国际社会的一致赞誉。我也热爱和平。在爸爸的部队,我很高兴看到了95式突出步枪、88式狙击步枪,等等,全部都是国产的。我羡慕战士们在训练场上练擒拿格斗,打射击比赛,使用各式各样的武器。我最喜欢的是狙击步枪,他的射程和杀伤力是其他步枪不能比拟的,而且精准度很高。特种兵还有手势密码、无线电台、直升机。

我的理想是当一名优秀的特种兵,也像他们一样保家卫国、无私奉献,甚至战死沙场。

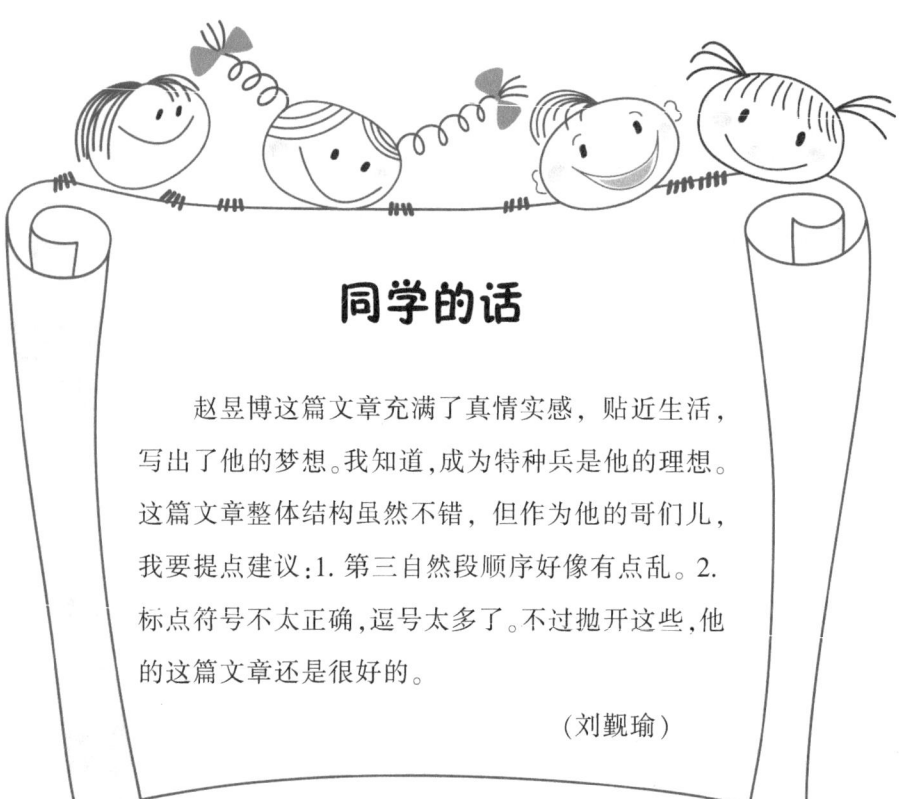

同学的话

赵昱博这篇文章充满了真情实感,贴近生活,写出了他的梦想。我知道,成为特种兵是他的理想。这篇文章整体结构虽然不错,但作为他的哥们儿,我要提点建议:1. 第三自然段顺序好像有点乱。2. 标点符号不太正确,逗号太多了。不过抛开这些,他的这篇文章还是很好的。

(刘觊瑜)

我梦想成为一名……

◆ 师浩琨(五年级)

我有许多奇幻的梦想,
怎么数也数不清楚。
长大了我该何去何从?
这个问题让我开始梦想。

我梦想成为一名作家,
续写动人的故事。
让五壮士安全返回,
使鼹鼠小弟开心快乐,
令桃子收到阿狸的信,
将粗心的卡索护送回家。

我梦想成为一名编程员,
方便大家的生活。
制造比百度更快捷的搜索引擎,
创新搜狗输入法,
录制美妙的音乐MV,

拥有学习外语的翻译软件。

我梦想成为一名宇航员,
探索宇宙的奥秘。
看看金星的光彩,
瞧瞧水星的神奇,
证实黑洞到底有多强大,
考察外星人是否存在。

我梦想成为一名歌手,
唱响自己的人生。
像《回来》一样高亢,
如《残酷月光》一样深邃,
似《Hey Jude》一样动人,
随《Love Worrior》一样轻盈。

我梦想成为一名老师,
我梦想成为一名……

老师的话

没有梦想的人生是遗憾的,这首小诗运用第一人称来写,亲切动人。小作者写了自己多姿多彩的梦:作家、编程员、宇航员、歌手……想象丰富,充满童趣,读来朗朗上口、娓娓动人,可以感受到小作者丰富多彩的内心世界,同时也让读者心生共鸣。

童年生活趣事多

作文的本质在于唤醒。我经常会看似漫不经心地和学生闲聊,旨在不露痕迹地引导学生留意生活,感之于外,受之于心,捕捉感受,表达真情,唤醒学生的童心、童真、童趣。

童心闪耀着童趣。学生的文字时时让我喜出望外,甚至拍案叫绝。清代余学成说:"学文之事,可授者规矩方圆,不可授者,心营意造。"的确如此,习作,是学生心灵的自然流淌,习作中的许多"闪光点"是学生用心体会出来的,不是老师教出来的。因此,我在阅读课、作文课上,该讲的基本要求、基本范式一定要讲深、讲透、讲明白,但是绝不越俎代庖。因为这些年和孩子接触,我才真正明白,习作的本质是唤醒。指导学生的习作,重要的不是讲授多少写作的技巧、传授多少高深的理论,关键是最大限度地激发起学生写作的兴趣和欲望,叩开他们无比广阔的想象之门,让他们在习作的百花园中自由驰骋、任意高飞。

藏虾记

◆ 郭亭岩(四年级)

小时候,我做过很多傻事,其中有一件一直让我记忆犹新,现在想起来还觉得自己很傻呢!

一天中午,妈妈买了一些大虾回来,我看见这些虾一个个蜷缩在那里,好像知道自己就要被吃掉了似的,样子好可怜。我对妈妈说:"你不能吃它们,它们应该和妈妈住在一起!"妈妈笑着对我说:"虾生来就是被人吃的,你吃了它们以后就会变得更聪明了。"妈妈边说边准备红烧大虾。我听了妈妈的话心里很不满,虾也有生命,也会怕疼的,于是我就准备"解救"这些可怜的虾。妈妈看见一定不会同意,能救几只就救几只吧!趁妈妈不注意,我偷偷抓了一把虾从厨房跑了出来,想把它们保护起来,可是把它们藏到哪儿才不会被妈妈发现呢?我先来到客厅,打开茶几下面的抽屉,把虾放了进去,又一想,不行,妈妈经常打开这个抽屉拿东西,这儿太不安全了。我抓起虾又轻手轻脚来到卧室,一进屋,就看见爸爸的衣柜门半开着。我有主意了,爸爸长期出差,把它们藏到爸爸的柜子里,妈妈一定发现不了,这样大虾就安全了。

我在爸爸的柜子里翻来翻去,不知道藏到哪儿才不会被妈妈发现。突然,我抬头看见爸爸的大衣挂在柜子里,大衣上还有一个口袋,于是我喜滋滋地把抓来的虾放进了爸爸的口袋。看了看觉得还不够保险,四下一望,又看见爸爸的一双手套正躺在柜子里睡觉呢,我又拿起手套放到爸爸的大口袋里把虾盖起来。这样,虾就不会被妈妈发现,也不会被人吃掉了!做完这一切,我跟什么也没发生一样蹦蹦跳跳地玩去了。

过了几天,爸妈的卧室里经常莫名其妙发出一股很臭的味道,妈妈翻遍了床底下、沙发下面,怎么也找不到臭味的来源,而我,也早把那几只虾忘到了九霄云外。又过了几天,整个卧室臭得都进不去人了。妈妈通过她灵敏的嗅觉终于找到线索破了案,发现了爸爸口袋里的虾。它们全都腐烂了,发出阵阵刺鼻的腥臭味,我捏着鼻子很多天都不肯进卧室睡觉。妈妈狠狠地批评了我,我知道自己错了,低着头一句话也不敢说。

这件事虽然过去几年了,但每次妈妈提起来,总是哭笑不得,说我有一颗天真、善良的心!

小作者的话

我认为我这篇作文的优点主要体现在以下几点:

一、很真实,确实是小时候做过的傻事之一。

二、写的时候仿佛回到了当时的情景,有现场感。

三、整篇文章思路清晰,记叙完整。

四、开头结尾简洁。

这篇文章的缺点是:

一、在找地方藏虾时,描写得不够生动,应该多用些动词。

二、语言太过于生活化,有点简单。

通过自评,我意识到自己在写作方面还有很大的进步空间,以后一定要坚持多读书、读好书,写出让自己满意的作文。

牙齿"美容工程"

◆ 岳婉臻（四年级）

从小到大，我那一口不争气的牙齿可把我害苦了，整得我三天两头就往口腔医院跑。现在，我落下了一个可怕的后遗症：一看见那些瓶瓶罐罐的药水，腿就会发软，牙齿就会打战，还会有一种不祥的预感——世界末日来啦！

前几天，老妈下了道圣旨：岳婉臻，你要带牙套。"NO！上帝啊，可不可以不带啊。"可老妈的态度坚决，一副不容置疑的样子。唉，我只好乖乖听从"母令"了。

到医院，医生让我张嘴，他只看了一眼，果断地吐出两个字："拔牙！"这句话就像晴天霹雳，一下子击倒了我。拜托，我是下了很大决心才来的。

没办法，医生的话和法官的差不多，我只好慢吞吞地去拔牙。虽然大夫打了麻药，可还是好疼哦。最后当我看见四颗被拔下来的血淋淋的长牙时，忍不住哭了起来。

经过一番周折，终于到了关键时刻——带牙套。我的心里像是有一只小兔子在乱跳，特别紧张。医生叫我躺在椅子上，不要乱动。那一刻，我的表情肯定惨不忍睹。

医生先把许多红色、蓝色、绿色和黑色的小金属块贴到我的牙上，接着取出一根铁丝穿过它们，最后拿着一把剪刀夹住铁丝，像耍杂技一样转啊转，直到好紧好紧才松手。"好了，回家以后喝一点稀饭，不能吃泡泡糖，吃完饭后要刷牙，你可以回家了。"医生不紧不慢地告诉我。

下午，我去上学，同学都大惊小怪地围住我，叽叽喳喳地说个没完。好朋友郭锦文开玩笑似的对我说："你还真成四眼钢牙妹了！"我的死对头史宇轩干脆叫我大板牙。就这样，我在五分钟之内被人扣了两个外号。

放学时,爸爸给我买了几个包子,我居然咬不动,这就是不爱惜牙齿的代价!可世界上没有后悔药,唯一的补救方法就是以后好好刷牙啦!

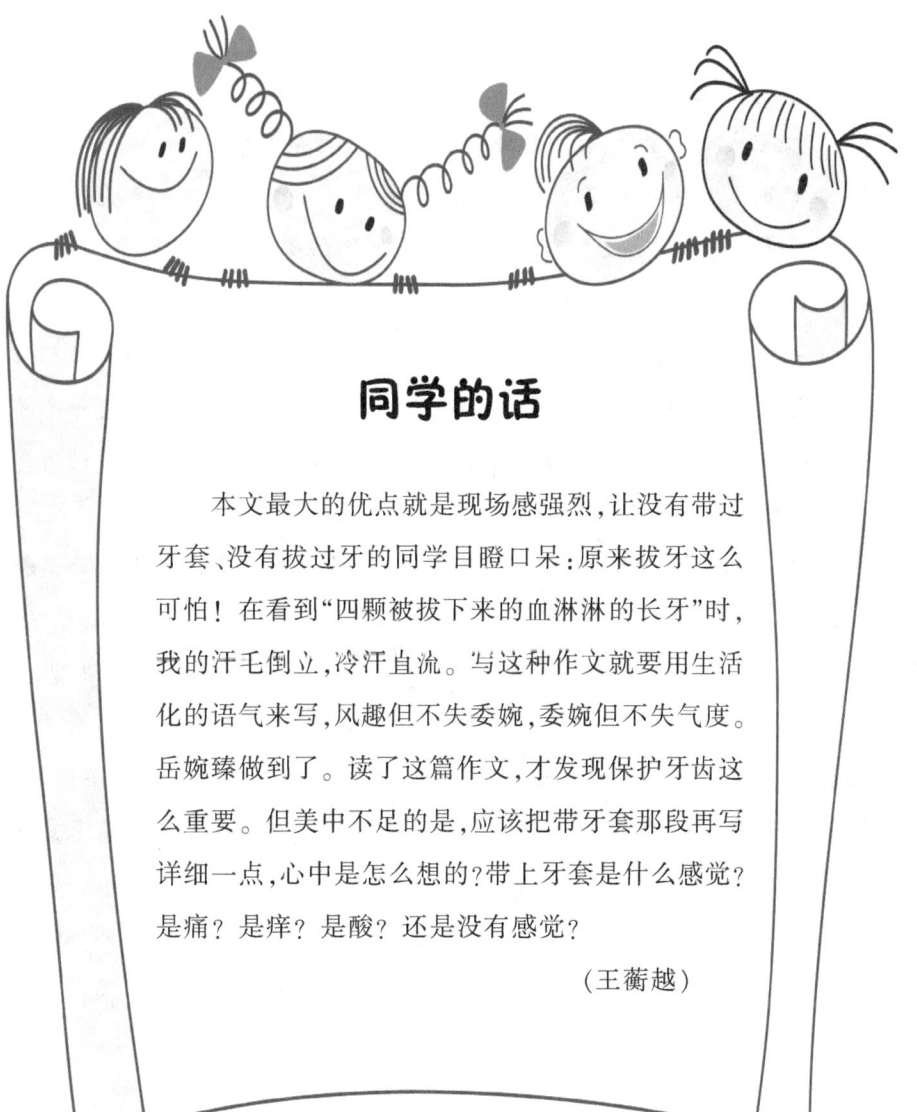

同学的话

本文最大的优点就是现场感强烈,让没有带过牙套、没有拔过牙的同学目瞪口呆:原来拔牙这么可怕!在看到"四颗被拔下来的血淋淋的长牙"时,我的汗毛倒立,冷汗直流。写这种作文就要用生活化的语气来写,风趣但不失委婉,委婉但不失气度。岳婉臻做到了。读了这篇作文,才发现保护牙齿这么重要。但美中不足的是,应该把带牙套那段再写详细一点,心中是怎么想的?带上牙套是什么感觉?是痛?是痒?是酸?还是没有感觉?

(王蘅越)

搞不清的辈分

◆ 吕　田(六年级)

提起我家的辈分,我的头就大了,因为太复杂了!

我的老家在会宁,那儿和其他的小乡村一样,家家户户的人几乎都是亲戚,所以我平白无故多了许多亲人。要把住在我家对面的大妈叫几婶婶啦,要把住在后面的叔叔叫几叔叔啦。

对了,我还没告诉你我真正的亲人呢!我家是五世同堂,我的太奶奶已经去世,可太爷有很多,从几太爷到十几太爷。比如我家旁边有一个羊圈,一问,竟是十三太爷家的,上次六太奶奶和爸爸聊天时,我还隐约听到了"十五太爷"几个字。

我奶奶有六个儿子一个女儿,所以我有很多哥哥姐姐,都是几个叔叔的子女。我五十多岁的大爸都已经抱孙子了,我还是那个小孩的姑姑呢!我爸妈竟然当爷爷奶奶了。啊!越说越乱了,还是好好整理一下。从太奶奶说起吧!太奶奶生了爷爷。爷爷奶奶有了我爸爸他们几个兄弟。哥哥和姐姐是几个叔叔的子女。其他像姑姑姑父之类的,我一点儿也搞不清楚。

因为这复杂的辈分,我可闹过不少笑话。在会宁,每逢过年,家家户户都要聚在一起放鞭炮、写对联、吃羊肉,连在会宁县其他地方的亲戚,也要来我们家一起欢度新年。我这笑话,就出在这儿。好像是我七岁那年的春节,一天,家里来了一位看起来很陌生的叔叔,我有点害怕,躲在妈妈的后面不肯出来。

"吕田,快来看看,你去年见过的,猜猜是谁?"妈妈拉着我的手说。

我心中暗暗叫苦,我的妈呀,你不要为难我了好不好,别说去年见过的,今年的我都搞不清呢。我在脑海里飞快搜索,终于蹦出了一个词:"大舅舅?"

妈妈愣了一下,然后笑道:"什么呀,这是你小姑父。"我的脸立刻成了一块大红布,恨不得找个老鼠洞钻进去。

还有一次,我在小河边玩抓石子的游戏,尕爷赶着一大群羊来了,我很有礼貌地问了一句:"四爷好!"尕爷听了哈哈大笑,"什么四爷,我可是你尕爷啊!"我觉得自己的脸一下子要烧着了,我没好意思再看尕爷一眼就低着头慌忙地跑出了河畔。至于把姐姐叫成姑姑,把太爷叫成爷爷之类的事儿,多了去了。

唉,真不知道我什么时候才能弄清楚这复杂的辈分,不再闹笑话。

同学的话

选材好。现在我们的亲人越来越少,像姑姑呀、婶婶呀,都很少有。你的这篇作文让我很有同感,我的父亲小时候生活在农村,所以我也有很多亲人。我同样分不清辈分,都是爸爸妈妈指认的,有时也会闹出同样的笑话。语言独特,话语中带着几分幽默,又有几分感情,让我从头到尾都是带着笑意去读的,读完还回味无穷呢!结构清晰。本文先总说你搞不清辈分,然后用事实说话。文章做到了一步三回头,步步扣题眼,抓住了"搞不清辈分"这个关键词。唯一的不足是语言还需要再精炼一些,不要啰唆。

(谈弈扬)

难忘那场课本剧

◆ 王蘅越(五年级)

那是四年级的事了。那节课是班里的课本剧比赛。同学们各个满脸微笑,信心满满。从道具就可以看出来,四个大组都做了充分的准备。我们组表演的是《巨人的花园》。这篇童话故事讲的是一个巨人看到孩子们在自己的花园里玩耍,很生气,便在花园周围筑起围墙,不让孩子们进入花园。但是,从此花园里都是寒冷的冬天。一天,孩子们从墙洞爬进去,园里立刻有了春意。但巨人再次将孩子们赶出了花园,花园又被冰雪覆盖了。后来,巨人醒悟了,他拆除围墙,花园变成了孩子们的乐园,巨人生活在漂亮的花园和孩子们中间,感到无比的幸福。

剧中,我和白璟读旁白,郭泽雄演巨人。为了使巨人外出那一段更生动,郭泽雄还特地戴了帽子、手套,背上旅行包。王熙君饰演有一个缺口的墙,为了不和其他人搞混,他专门写了个"墙"字贴到身上。饰演植物的同学挺多,他们摆出了各种各样的姿势。朱昱霖饰演的小花儿给我的印象最深,她双手撑开托住下巴,嘴角上扬,露出洁白的牙齿,真是惟妙惟肖。其他同学扮演的自然就是那些想要溜进花园的小孩子了。

郭泽雄饰演的巨人躺在用桌子拼成的床上,盖着舒服的毛毯,拉着响亮的呼噜,看起来睡得很香。几个小朋友在墙那里探头探脑,意欲进去玩

个天昏地暗，但又担心吵醒巨人惹下麻烦，一时半会儿抓耳挠腮，难以取舍。

终于，巨人睡醒后出去旅游，我们课本剧的高潮也就此拉开了大幕：小伙伴们从"墙缺口"处蜂拥而入，在"花园里"玩得不亦乐乎，教室里闹翻了天。有踢毽子的，有跳皮筋的，有踩着凳子假装摘果子的，还有几个像模像样"写生"的，几个男生甚至拿出汽车模型来飙车。杨沐田更是夸张，毽子都快踢上天花板了，眼镜歪了，头发乱了，让人一看，就觉得巨人的花园真是一片乐土！

正在大家玩得忘乎所以的时候，冷不丁发现巨人正站在门口。那模样，既像被老师罚站的小学生，又像只会咧嘴憨笑的傻大个！最后，当巨人上气不接下气地赶到自己的花园时，小伙伴们一下炸了锅，有吓得战战兢兢逃跑的，有壮着胆子向巨人打招呼的，还有恶作剧在巨人脸上亲一口的……

我们组的课本剧最后得了第二名。其实，对我们来说，名次并不重要，重要的在于我们都能准确理解课文的含义，然后用各自理解的方式表演出来。一堂课、一幕剧，才发现语文原来这么有趣！还发现协作与配合原来如此重要！

小作者的话

这是一节让我终生难忘的语文课。因为为了表演好这个课本剧，我们一起做道具、对台词、想动作、挑毛病……付出了很多很多。写这篇作文，我最大的收获是删繁就简，直接写课堂表演，并重点突出地写了高潮部分，这是我以前不会的方法。

鸟叔风波

◆ 程雨晴(五年级)

"欧巴刚那style……"下课铃声一响,这歌声绝对在我们教室响起。

上学期,鸟叔的《江南style》可以说是火爆全球,一上信息技术课,马上会有同学放《江南style》。男生们一进门,像着了魔似的,一个劲地跳骑马舞。同学们也像得了传染病似的,就连下课到小书社借书,也是骑着"马"来回跑动。最典型的是冉熙瑜,英语老师叫他去办公室,他回来时便双手交叉,上下摆动,双脚一点一点、一颠一颠地从五楼颠到教室来。

有一件事让我很头疼。大家都知道,要让马儿跑得快,得给它点刺激,时不时得抽一下它的屁股。所以啊,男同学们一跳骑马舞,我呀,手就会有那么一点点痒,就想拍拍"马屁股",让他们跑得快!

让我意想不到的是,奶奶的太极拳团队也受了流行趋势的感染。大清早,大音响放着《江南style》,老爷爷老奶奶们双手交叉,双脚轻轻点地,左脚一下下,右脚一下下,竟跳出了中国风。他们的领队很有创意,在中间加入了太极拳,又将音乐放慢,真是别有一番风味呀。如果从高空往下看,你

会看见一只只"白色的鸽子"在那飞舞,身上的羽毛变化着,多美啊!奶奶热爱《江南style》到了这种程度:中午回到家,我的天,只见奶奶随便找个头巾,拿黑色的笔在上面写下两个大大的字——"必胜",然后把音响开得震耳欲聋,开始尽兴地跳《江南style》!她双眼闭着,嘴巴微微抿着,两个嘴角轻轻上扬,一副非常享受的样子。吃完饭,我打开电视看娱乐新闻,奶奶在另一个屋子里睡觉。突然娱乐新闻里播放起《江南style》。在音乐响起的瞬间,我都不知道奶奶怎么一秒就站在了我面前,双手交叉,又跳了起来。天啊!惊得我嘴巴都合不拢了,奶奶什么时候有这么大的潜力了?

再说上学期过元旦时,我们班联欢会上,最为闪亮的便是几位帅哥为我们表演的《江南style》!帅哥们带着墨镜,穿着闪闪发亮的银色礼服、黑色的裤子,简直换了一个模样。音乐响起,几位帅哥双手交叉,还是那几个老动作,往这边扭一下,往那边扭一下,有时因为动作不协调屁股还会撞在一起。劲舞最后,几位帅哥还做了自己认为最酷的动作,哇噻,帅呆了!

鸟叔凭借一曲《江南style》红遍了世界,但是这一阵风波不会待太久,也许这就该走了吧。

小作者的话

我是个时尚的女孩,总能紧跟流行趋势。这篇作文一上周报就赢得一片欢呼。我想第一是因为选材有时代感、时尚感,第二是我较为巧妙地把和《江南style》相关的内容进行了有效的组合,这样所有的选材都在为中心服务,中心能不突出吗?

"跳蚤"真好

◆ 岳凌云(五年级)

盼望着,盼望着,我们实验小学五四班第一次"跳蚤市场"终于开张喽!

一下课,我们便急匆匆地奔向操场。集合时大多数人都和我一样——人在排队心在飞。没等张老师讲完活动注意事项,我们便像一匹匹脱缰的野马飞也似地冲向那四个乒乓球台——书籍、玩具、文具、饰品交易陈列台。

大家都被琳琅满目的物品所吸引:漂亮的布娃娃、精美的玩具、各式各样的书……令人眼花缭乱。这个拿起看看,那个随便翻翻。再看看管理员,一个个胜似专职推销员,亮着嗓门,好像拿了扩音器似的拼命叫卖。顾客们似乎也被这热闹的集市感染了,异常激动。顿时,买的买,卖的卖,讨价声、还价声混成一片,热闹非凡。每个店门口都挤满了人。想进去,那可不容易,首先得费九牛二虎之力挤入重围,方可细细挑选。

我呢,正为换不上东西而着急。我猴似的东瞅瞅、西望望,盼着有人来光临。呵,还真有。没一会儿工夫,唐金发现了我的节骨魔杖。一番讨价还价后,本人无可奈何地将自己曾经的爱物交给了她,手中则多了一本《七个人的偶遇》。

正当暗暗窃喜时,突然眼前一亮——《欧战风云》!我一个箭步冲上去,刚欲开口,一只无情的手取走了它。我的心情顿时从天堂跌入了地狱,要知道这本书我可是心仪已久。当何家仪把一本《谁杀了我的牛》放入我的手中时,上帝的好运天平开始向我倾斜。

"拍卖,拍卖《欧战风云》!"一声清脆的叫卖飞入耳畔。难道是我听错了?再听听。嗯,千真万确,《欧战风云》。我不管三七二十一,连珠炮般问道:"快,谁的书?换不换?"袁铎被我的举动惊得目瞪口呆,半天才回话:"当然可以。"捧着失而复得的《欧战风云》,我如获至宝。

更值得庆幸的是就在市场快关闭时,我又促成了一单生意。当我心满意足时,班里的蜘蛛王雒修国走了过来。我灵机一动,神秘兮兮地拦住他,一本正经地说道:"雒先生,一看你就是明眼人,特意向你推荐一个蜘蛛专用窝,冬暖夏凉,舒适无比。"

"拿出来瞧瞧。"嘿,投其所好,果然成功。

我故弄玄虚,不紧不慢地从包里掏出一个小盒子。其实哪里是窝,不过是一个老式修正贴盒子而已。功夫不负有心人,凭着我的三寸不烂之舌将它吹得天花乱坠:什么通风,还有冰箱,可以晒太阳……果然,蜘蛛迷没经得住忽悠,用他的一本书把这个"高档别墅"换了回去,而此书名叫《365天读名人》,我的激动劲儿甭提了。因为该书全套三册,上、下册我都有,唯独缺中册。这下可好,踏破铁鞋无觅处,得来全不费工夫。这使我换购的欲望又一次得到满足。

这次跳蚤市场可谓好处多多:许多同学都换旧为宝,既得到了自己心仪的东西,又省下了父母的血汗钱,真是一举多得。

同学的话

岳凌云的这篇作文文题扣得很紧，突出了自己对跳蚤市场的喜爱，还有初次经历的激动。当我第一次看到这个题目的时候，就觉得很简洁、很清楚。开头一句直奔主题，内容有详有略，点面结合。先详写开始时大家的激动，再简写整个场面，重点写自己的换购。我最喜欢这句："想进去，那可不容易，首先得费九牛二虎之力挤入重围，方可细细挑选。"这句话写得真实、精炼、有韵味。而那句"当何稼仪把一本《谁杀了我的牛》放入我手中时，上帝的好运天平开始向我倾斜"更是把过渡句写得惟妙惟肖。我个人认为这篇文章的闪光点在他换购《欧战风云》和推销修正贴盒子。精彩的提示语让对话充满趣味！在尾声时，他简洁地总结了这次活动的意义。整篇文章结构清晰，语言简练，真是一篇好文章！

（谈弈扬）

苦涩的跳蚤市场

◆ 郝　晨(五年级)

今天下午,我们班在操场举办了一次跳蚤市场,这次活动对于我来说有些苦涩和无奈。

让我们把镜头拉到今天中午。张老师提前通知我们把自己不用的、闲置的物品拿到跳蚤市场上和同学交换,希望大家都能换到自己需要的物品。为此我非常用心,细心挑选了《走吧!马小波罗》《猫王》《剑桥少儿生物百科》这三本有趣的书籍,但是爸爸却让我带《丁丁历险记》。没办法我只好拿了三本《丁丁历险记》不情愿地来到学校。

下午活动的时候,可能因为二年级时我们全班都读过《丁丁历险记》的原因,同学们对我带来的书不感兴趣,没有一个人看一眼,更别说交换

了。看着热闹的市场,再看看自己摊位前的冷落,我失望极了,顿时没有了兴趣参加活动,就一个人默默地坐到旁边的台子上。我的心里开始不由自主地埋怨爸爸,为什么我不能拿自己选好的物品?为什么不能拿几本好书呢?如果别的家长也像我爸爸这样,跳蚤市场能这么热闹吗?

我眼馋地看着越来越多的同学都换到了自己想要的东西,可我却一样都没有,那种失望、无奈充满了我的整个内心。下课铃响了,我站起来,拍了拍屁股,拿起我那三本可怜的、没人看一眼的《丁丁历险记》,默默地回到了教室……

小作者的话

我最喜欢的一句话是:"在活动时,没有一个人来跟我交换,我绝望了,顿时没有兴趣参加活动了,就一个人默默地坐到旁边的台子上。"这段话表明了我当时的内心活动,心里有点埋怨爸爸。我认为写得最好的是最后一个自然段,因为把我当时无奈、苦涩的内心都表达出来了。

给张老师过生日

◆ 马丽娅(六年级)

2013年12月24日,平安夜的前一天,轮到我们组搞值日。

值日搞完,剩下我、魏镜如、白璟、殷钶垚。白璟和魏镜如在填学生成长报告册。我突然想起第二天是张老师的生日,便将一旁写作业的殷钶垚拉上讲台,告诉她我想给张老师过生日的想法,她满口答应,帮我在黑板上画画。

首先,我们在黑板上写了大大的8个字"祝张老师生日快乐"。之后,殷钶垚负责装饰,我负责画蛋糕。虽然我没有能力去买五层大蛋糕,但张老师看见黑板上的蛋糕,心里一定会有五层大蛋糕的味道。

画好了,在门口放哨的魏镜如大喊:"张老师来了!"我们像热锅上的蚂蚁,生怕张老师发现这个秘密。张老师进来了,没有看见黑板上的画,只顾着去往"育人墙"上粘贴优秀作文。看张老师快贴完了,我们几个一字排开站在黑板前,挡住了黑板上的画。张老师急急忙忙就走了。我们四个人这才边笑边往楼下跑。到了校门口,笑意还是挥之不去。分别了小伙伴们,我怀着激动加高兴加成就感爆棚的幸福心情,蹦蹦跳跳回家了。

晚上,我望着柔柔的月光,翻来覆去,总是睡不着。

第二天一早进教室,只见十几个同学趴在黑板前,修饰昨天下午我们的杰作:黑板上满是"花瓣"与"彩色碎片",蛋糕上"插"满了彩色的蜡烛,

填满了"水果",几个字被修饰得几乎完美无缺。

不知是谁,竟然拿来了一个超大的生日蛋糕,放在讲桌上。几个男生在电脑里准备好了生日歌。估计张老师快来了,不知谁把灯关了,教室里一片漆黑。我们想给张老师一个惊喜。就在这时,报信的同学说张老师上楼了,我们都激动极了,做好了准备。

"蹬、蹬、蹬蹬……"张老师上楼了。门刚一开,全班同学不约而同地大喊:"祝张老师生日快乐!"随后开始唱《生日快乐歌》:"祝你生日快乐,祝你生日快乐……"张老师看着我们,满脸惊喜,当她一转身,看到漂亮的黑板,竟然激动得说不出话来,一下用手捂住嘴,眼眶也红了。

接下来,张老师给我们每个人都分了蛋糕。我从来没有这么高兴过,也从来没有吃过这么香甜的蛋糕。下午,我们教室的桌上竟然又出现了两个超级漂亮的大蛋糕。同学们有多开心就甭提了。看到张老师和同学们开心的笑脸,我的心里格外甜。

这是我们第一次为张老师过生日,也是毕业前的最后一次。这件事将会深深地印在我的心里,永不消逝……

小作者的话

这是我最得意的一篇作文。不怕做不到,就怕想不到。我的一个好点子,给大家带来了一次感恩的机会,同学们都积极响应。看到张老师和同学们那么开心,我当时就有了写作的冲动,所以这篇作文就诞生了。通过这次作文,我也知道了,只要有真情,就能出佳作。

我快乐,我成长

◆ 吴浩冉(六年级)

一晃六年过去,马上就要小学毕业,就要离开陪伴我们快乐成长的母校了。虽然这六年里,我的成绩一直不是很理想,但我依然很快乐,因为老师、同学都对我很好,我也有自己的成长。

还记得刚上学时的情景。上课了,张老师教我们a、o、e,我一个也不懂,就做小动作,一会看看这儿,一会看看那儿。几乎整整一年,我都没有学会怎样听讲。虽然爸爸妈妈和老师们给了我很多帮助,但我学习起来一直很吃力。直到有一天,当我和同学们一样,爱上读书时,我才发现,书里原来有那么多好玩的事。我总算找到了学习的乐趣,可是一到考试,我还是很紧张,成绩还是很糟糕。不过,不管成绩怎样,老师们都从来没有责怪过我,我也没有放弃过努力。我一有进步,不管在哪方面,老师们就鼓励我,有时候给我发小奖品,让我继续加油。

记得有一次考试,卷子还没发,我的手就开始乱抖,心开始乱跳,东张西望,焦躁不安,感觉自己的头有几个大,快爆炸了。这时同桌悄悄鼓励

我:"吴浩冉,别慌,你一定可以的。"没想到那次卷子发下来,我破天荒得了86分。这可是我从来没有考过的成绩呀!我高兴得像个猴似的,跳来跳去,满教室都是我的声音。上课了,我才不得不闭嘴坐下。那一次,我懂得了努力的快乐,学习的快乐。

要离开学校了,张老师,您非常漂亮,您的语文课让我们永生难忘。

贾老师,您帅呆了!字写得好,教得也好。

李老师,您最年轻、最漂亮,您上课虽然我经常听不懂,但我一直在努力听。

同学们,六年就要过去了,我们的打打闹闹,你们的帮助,我会永远记住的。

爸爸妈妈的话

张老师经常对我们说:"并不是每一朵鲜花都在春天里开放。"这给了我们坚持的动力。吴浩冉的这篇考场作文真的让我们激动了很久。虽然,他没有其他同学写得那么好,但熟悉他的人一读,就可以读出他的真实、真情。

蓦然回首,往事如烟

◆ 岳婉臻(六年级)

柔和的春风从耳边掠过,桌上的五色水仙爆出丝丝若有若无的香,我乘着记忆做的时光机,穿梭游走在时间隧道里,思绪也飘回了从前……

一年级的我,有一些胆怯,后来慢慢的,变得活泼、开朗。上课时,频频举手,总喜欢紧锁着眉头,静静思考;下课时,漆黑的眼眸中还闪现着疑惑,非要追上已经走远的老师,不停地问各种问题,直到弄懂了,才肯回去。写作业时,我总是努力把每个笔画都按老师说的那样写完美,一使劲,"啪",铅笔又折断了。我不懈气,固执地削好铅笔,再把它写一遍,这才满意地合上本子。

二年级课间时,操场上不见了我的身影。原来,我正在书海中自由自在地遨游。通过读书,我明白了许多以前不知道的事:世界上最大的蜘蛛生活在南美洲的热带森林里,一只蜜蜂一天可以采0.5克的蜜,水母可以预知风暴的来临,一株野苋一年能长出50万颗种子……书中的许多知识老师都不会讲。碰到问题,我开始喜欢从书中寻找答案,每当自己动手找到答案时,我对"书本就是最好的老师"这句话越发深信不疑。看的书多了,竟有种和书相见恨晚的感觉,似乎我们前世是很要好的朋友一样。

一年级时,总是很羡慕六年级鼓号队的哥哥姐姐。且不说那一身金光闪闪、英武帅气的制服,那些乐器更是好看得不得了:白色的鼓,银色的号,金色的镲,每个乐器上都镶着银边,崭新发亮。那时的我,连摸一摸它们都是奢望,更是不敢想两年后我也可以亲自奏响它们。三年级,学校又组织了鼓号队,恰好定在我们年级。分配乐器的那一天,300多号人聚集在操场上,大家都怀着忐忑的心情,又紧张又期待,我也在焦急的等待下拿到了我的乐器——小鼓。拿到小鼓后,我都不敢使劲敲,生怕敲碎了梦幻般的现实。记得有次鼓号队训练,刚练了一会儿,天上就飘起了雨丝,划到脸上,怪舒服的。五分钟后,雨丝成了雨滴,落在鼓上,被鼓槌一敲,跳了起来。又过了一会儿,雨下大了,地上渐渐有了一个个小水坑,同学们的脸上、身上都被雨水淋透了。可是,没有一个人停下,训练继续进行,我们这些平时爱撒娇、爱抱怨的学生,此刻谁都不肯回教室躲雨。大家都咬着牙,坚持训练完最后一首曲子才结束。那天下午,我成长了许多,也懂得了许多。

六年来,班主任张老师牵着我的手,陪我走过潮起潮落;闺蜜好友,帮我出谋划策,排忧解难,和我一起分享快乐;同班同学,给我提出很多中肯的建议,鼓励我继续前行。难忘的小学生活像一首六年才演奏完的乐曲,每一个音符都荡漾着我们的喜怒哀乐。

如果说,人生是一本画册,那么小学的这几页已经被我描绘得五彩缤纷,初中的画页上还是一片空白,每一页都要我亲手画上。我期待着为初中生活谱下更绚丽的诗篇。

六年的往事似青烟、如白雾,从记忆的盒子里悠悠地飘了出来。霎时间,房子里出现了无数个回放镜头和无数张熟悉的面孔,我打开窗,将它们放了出去,目送它们飘向远方,直至看不见的地方。

同学的话

岳婉臻的这篇作文又一次触动了我的心。她的语言不像傅莉安、谈弈扬、许子晗那样简朴,而是很华丽,让读者有一种心旷神怡的感觉。按事件发展的顺序来写回忆,许多语言优美典雅,用排比句一一列举自己六年来的生活,就这几点,便足够让我学习一番了。总之,岳婉臻的作文无不体现出她对文字的热爱,她对书籍的向往以及她对写作的认真态度。

(杨沐田)

花香弥漫,依依惜别

◆ 殷铷垚(六年级)

在这艳阳高照、花香弥漫的日子里,我们最后欢聚在一起,一起在这花儿的芬芳中嬉戏。

从入学开始,那些花儿已经盛开了六次,每一次新生,都是一幅优美的画卷,记录了我们的点点滴滴。这时我又听见了朗朗的读书声,欢乐的笑声,柔美的歌声,纯净的心声;我眼前不经又出现了唇枪舌剑的辩论,热火朝天的劳动,有趣开心的郊游,你追我赶的赛场……

记得那是小学一年级刚入学时,一进校门,我就爱上了这所小学。一开始吸引我的是门口那几棵树,入学时是初秋,树木枝叶茂盛,在一片片绿叶中还隐隐约约看见几朵红色的小花。深入校园,忽然飘来一阵花香,我闭上眼睛,慢慢用鼻子闻着那清新的花香。睁开眼,看着同学,看着老师,仿佛又多了一个大的"家"。

还记得上三年级时,只要是在课间,我们一定会飞奔向健身器,摇摆器便成了我们的目标。那时,我们一个比一个跑得快,生怕被别人抢了去。我们不像平常一样站在上面,而是坐在上面"荡秋千"。为了更好地享受那

美好的时刻,我们总是向后一躺,眼睛一闭,享受太阳公公的照耀。这时我又闻见一阵清新的花香,我站了起来,看见在一片草丛后面,有几棵开着迎春花的树木,红色、黄色、紫色……那一朵朵花儿犹如一个个仙子,为我们学校增添了不少色彩。

更记得五年级时,学校竞选大队委。一向胆小怕事的我经过几番思想斗争,决定试试看。虽然在前一晚认认真真写了一篇竞选稿,但真正到了竞选,轮到我的时候,心里还是特别紧张,哆哆嗦嗦地上了讲台。虽然脑中出现了放弃的念头,但心中又给自己鼓劲儿:"加油!别怕!"最终我鼓起勇气顺畅地读完了竞选稿。虽然最后我没有当上大队委,可我却克服了恐惧。下课了,我走到操场上,又闻见那弥漫的花香,身心一下子放松了下来。

往事历历在目,它们是我仓库中一颗颗闪亮的钻石!

再见,母校,谢谢您让我在您的怀抱中成长,谢谢那次竞选大队委的活动,它让我从胆小变得勇敢。

再见,老师,我一定不会忘了您的教诲,不会忘了您为我们的付出,更不会忘了您对我们像父母一样的关心。

再见,同学,我们把友谊的种子栽种在了心中,我们在校园里一道学习,一道成长,我会记住我们的友谊,更记得我们之间发生的一切一切。

母校——一个花香弥漫的地方。

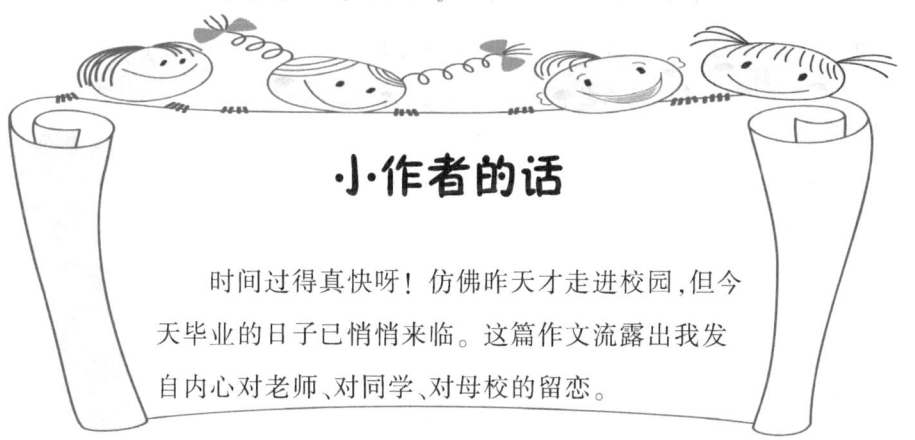

小作者的话

时间过得真快呀!仿佛昨天才走进校园,但今天毕业的日子已悄悄来临。这篇作文流露出我发自内心对老师、对同学、对母校的留恋。

特殊日子有故事

　　作文,从真感受开始。当学生明白这个道理之后,他们就会把目光投向自己的生活,并用真情去拥抱、去感受、去体验。这样,他们便会认同,生活就是习作的源泉,习作的内容原来如此丰富多彩、用之不竭,而写作文的所谓技巧又是何等简单——就是把自己的所见、所闻、所思、所感用文字写下来,是一种浑然天成的自然而然。生活之中,那些特殊的日子就值得一写。

　　春节贴对联、放鞭炮;正月十五吃元宵、闹花灯;端午节划龙舟、吃粽子……除了这些传统节目,还有圣诞节、愚人节等洋节日,更不用说自己和家人的生日,等等,这些都是作文的好素材。

学生习作

老家的除夕

◆ 吕　田（六年级）

春节是我们中华民族的传统节日。春节期间我最喜欢的日子莫过于除夕。

就像老舍在《北京的春节》中所写的那样："家家赶做年菜，到处是酒肉的香味。男女老少都穿起新衣，门外贴上了红红的对联，屋里贴好了各色的年画。"这些在老家的除夕中都有体现。早上一起来，就闻到空气中飘荡的香味。跑到厨房一看——嘿，原来是三妈在做皮冻。她把猪肉皮熬成汁，盛在各种形状的容器里，冷却凝固就成了可口的皮冻。

到了中午，是贴对联的时辰了。"人和家顺福星照，心想事成鸿运开。"多好的对联！再看看一边的日月神，都骑着高头大马，好不威风！

下午闲了，当然是要串串门。我瞧见家家户户都在忙着准备晚上的除夕年夜饭：有的在盛放从县城买回来的各色糖果，有的正在把腌好的腊肉取出缸，有的在欢天喜地地包饺子，有的从仓库拿出各式各样让人眼馋的小零食，总之乡亲们都在变着花样显示自家年货的丰盛，处处是让人欢喜的气氛。

晚上,除夕的高潮才算来到:家中满是亲朋好友,电视中播着春晚,演着让人捧腹的小品。大人们唠着家常,小孩儿们在院中玩耍。

到了半夜,这种气氛被推到了顶峰。大家都知道,除夕晚上要守岁,不过十二点不许睡觉。老家守岁,午夜还要放烟花,就是家乡人口中的"旧年烟",以庆祝新一年的到来,告别旧一年的时光。

"咻——"第一枚爆竹打破了夜空的沉静。它仿佛是这乐曲的第一个音符,天空中呼应似的响起了"噼噼啪啪"的爆炸声。这里面有打着转的"通天猴",也有会开花的"大力炮",有响声如雷的"二踢脚",也有名副其实的"天老鼠"。这些色彩各异的爆竹,把夜晚变成了白昼,把一望无际的寂静变成了人尽皆知的欢喜。家家户户都挂着火红的灯笼,一直延伸到天边……

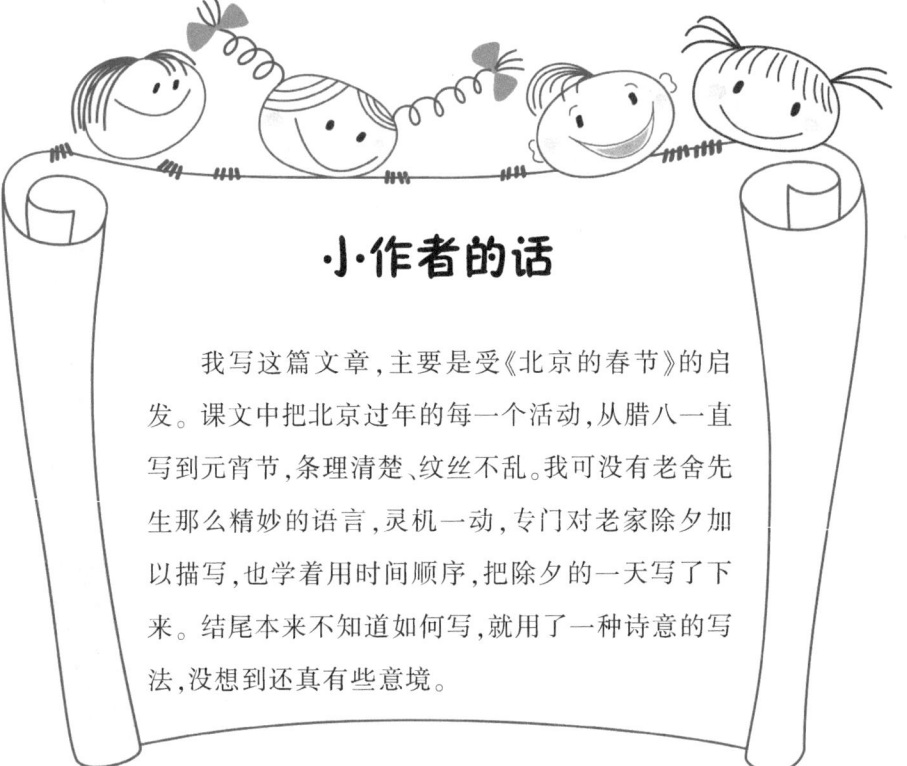

小作者的话

我写这篇文章,主要是受《北京的春节》的启发。课文中把北京过年的每一个活动,从腊八一直写到元宵节,条理清楚、纹丝不乱。我可没有老舍先生那么精妙的语言,灵机一动,专门对老家除夕加以描写,也学着用时间顺序,把除夕的一天写了下来。结尾本来不知道如何写,就用了一种诗意的写法,没想到还真有些意境。

悲喜交加的"六一"节

◆ 张永辉(六年级)

这个"六一"节我的心情用《让我欢喜让我忧》这首歌来形容,很是恰当。

"六一"的前一个星期天,妈妈给我买了我梦寐以求的"六一"节礼物——遥控直升机。它外观新潮、色彩艳丽、机身轻盈、外壳美观。捧着这个宝贝疙瘩,我反复研究,好几次想试飞,可一想到和妈妈的约定("六一"节到了才能玩),我只好恋恋不舍地把伸出去的手又缩了回来。

盼星星,盼月亮,"六一"节终于到了,我的飞机有了冲向蓝天的机会。表演完学校排练的"六一"节目,我一路小跑赶回家,飞速冲向遥控机,拆开包装,掏出崭新的飞机和帅气的遥控器,拉着妈妈飞奔到广场的草坪上,将飞机放在草地上,准备试飞。

我轻轻推动遥控器,螺旋桨发疯似的转了起来,再推一下,飞机以火箭一样的速度升空到二十多米高。我傻眼了,紧张得不知怎么操作,飞机像刚出窝的小鸟一样左右翻飞,摇摇欲坠。我十指发抖,根本不知道怎么样才能让它安全降落。我把遥控器前进后退再前进后退,但是无济于事,飞机一直在近3米的高空摇晃。我怕它飞丢,更怕它坠落,顿时乱了方寸。最后我将遥控器按钮一下拉到了底,飞机像流星一般,狠狠地坠在地上一动不动。我飞奔过去捡起飞机,把它像孩子一样心疼地抱在怀里,捧在手上翻来覆去地检查,看看伤在了哪里。还好,我的心肝宝贝没事,只是外壳蹭破点儿皮,我心里揣着的一大块石头落了地。

第二次飞行,我有了教训。我轻轻操控遥控器,让它慢慢上升。它很听话,不像刚刚那样横冲直撞。我试着慢慢起飞,一米两米三米五米……它慢慢地升高,我开心极了。试着让它转弯,它转弯的弧线优美极了。哇!我成功了。一股兴奋的快感涌上心头，我控制不住激动的心情，威风地让它来了个高空急转，好显示我那高超的飞行技术。可心里的小算盘打错了，飞机因飞得太高，空气涡流阻止螺旋桨旋转，在空中摇摇晃晃像个醉汉。终于，气流击中了螺旋桨，飞机像被炸药击中的小鸟一样，栽在地上一动不动。我傻了，嗖地冲过去，捡起飞机，左摇右看，机身摔裂了，怎么也打不开，开关按钮被摔得不知去向，我的心凉了半截。当我意识到飞机坏了时，心全凉了。天哪！太残忍了，这可是我的心肝啊！这可是妈妈省吃俭用给我买的"六一"礼物啊！才第一天飞行，就机毁身亡，怎么办啊？如果当时不那么耀武扬威，当时别飞那么高，当时别急着转弯，当时……我后悔得原地打转，五脏都快悔青了。呜！我的"六一"礼物。我控制不住呜呜大哭起来。

哎，这个悲喜交加的"六一"节，滋味真是不一般哪！

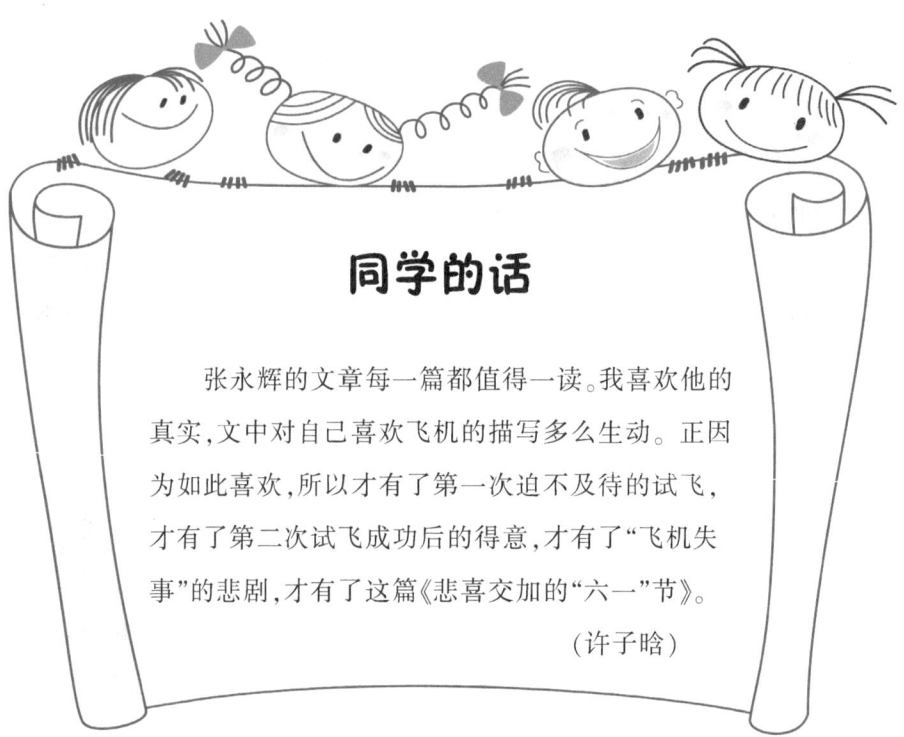

同学的话

张永辉的文章每一篇都值得一读。我喜欢他的真实，文中对自己喜欢飞机的描写多么生动。正因为如此喜欢，所以才有了第一次迫不及待的试飞，才有了第二次试飞成功后的得意，才有了"飞机失事"的悲剧，才有了这篇《悲喜交加的"六一"节》。

(许子晗)

特别的生日

◆ 王熙君(五年级)

今年我的生日正好撞上元宵节,妈妈说这次12岁的生日要过得很特别,我开心地期待着。

生日这天,我们约了小姨一家去了小红姑姑的昆山别墅。这是一座三层楼的别墅,门外还有花园。我们几个小朋友一见如故,刚见面不到半分钟就开始捉迷藏、打水仗。虽然是冬天,但我们蹦来跑去的还是玩得满头大汗、热火朝天!我们正玩得起劲,忽然听到了大人们的呼喊:"小朋友们,快过来!自己动手,丰衣足食喽!"我这才反应过来,原来妈妈说的"特别的生日"就是自己动手做午餐!我们争先恐后地跑到餐厅,洗完手开始制作第一个美食——比萨!我们先配料,大家切了洋葱圈、挤了番茄酱,然后再把牛肉丁、熏火腿、菠萝和最重要的芝士准备好,放在桌子上。把半成品比萨烘好后,制作就开始了。我们先用刷子涂了一层厚厚的番茄酱,然后放上一层芝士,接着又放上肉丁、熏火腿等配料,再撒上一层芝士。最后,比

萨被放进了烤箱,开始了漫长的烘烤。先出炉的是弟弟的比萨,他的比萨芝士放的太少,上面的一部分已经焦了,我不禁暗自庆幸我放了很多芝士。约一个小时后我和姐姐妹妹的比萨相继出炉,没想到第一次做的比萨还真不错,一个比一个好吃。看来我们真的可以告别"衣来伸手、饭来张口"的生活了!

因为生日当天是元宵节,所以我们第二个做的就是元宵节必吃的元宵。大家先和好面,准备了黑芝麻、核桃仁、花生仁、麦芽糖和蜂蜜。我们先调馅,把黑芝麻和花生仁、核桃仁放进炒锅,用铲子不停翻炒,炒好后放在搅拌机内,搅成粉末状,再把麦芽糖和蜂蜜搅拌进去,搓成圆球状后放入冰箱内冰冻。把糯米粉做成很厚的皮后,把馅团像包饺子一样包进去,最后搓圆就大功告成了。在煮的过程中,有的已经破得不成样子,有的却完好无损。大家吃着自己做的元宵,心里别有一番滋味。

在一片欢声笑语中,我渐渐明白:我已经12岁了,不再是小孩子,很多事情都要自己去完成,以后要学会独立面对很多事情。

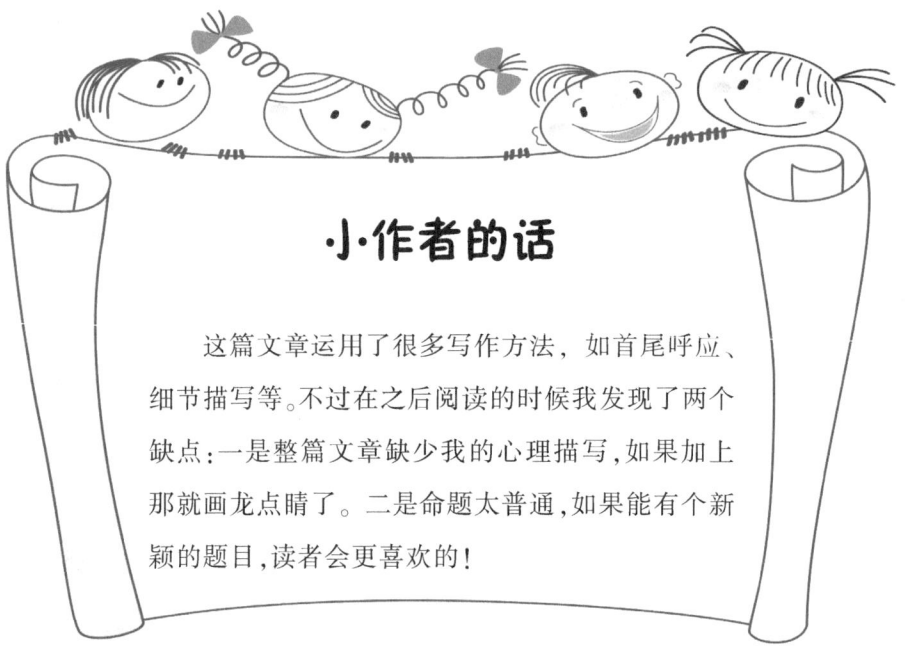

小作者的话

这篇文章运用了很多写作方法,如首尾呼应、细节描写等。不过在之后阅读的时候我发现了两个缺点:一是整篇文章缺少我的心理描写,如果加上那就画龙点睛了。二是命题太普通,如果能有个新颖的题目,读者会更喜欢的!

爸爸的生日

◆ 白　璟（四年级）

六月一日除了是全世界小朋友们的节日，还是我最亲爱的爸爸的生日。今年为了"六一"，我和妈妈准备了好几天，计划给爸爸一个生日惊喜。

我和妈妈各自给爸爸买了生日礼物。从几天前开始，我就天天期待着六月一日的到来。朝思暮想，终于迎来了六月一日。我和妈妈早早就给爸爸买好了生日蛋糕，计划一家人好好玩一天，可是爸爸却说单位有事，要到晚上才能回来。虽然很失望，但一想到能有更多的时间来准备，就又浑身是劲。晚上我和妈妈放好蛋糕，插好蜡烛，准备好音乐等爸爸。已经十一点了，爸爸还没回来。关了灯，我们大概彩排了一下过程后，就听到了钥匙开门的声音。按照原计划妈妈去开门，我在电脑旁放音乐。

爸爸一进门，妈妈就快速用红领巾遮住了他的眼睛。爸爸不知道怎么回事，只好配合着，我在沙发后都快笑出了声。爸爸坐好后，妈妈开始点蜡

烛,音乐开始,顿时《祝你生日快乐》的歌声在房间里飘荡。做完这些,妈妈对爸爸说:"可以取掉红领巾了。"爸爸照办。刚摘下,我和妈妈便拿着各自准备的礼物异口同声地大声喊道:"生日快乐。"爸爸脸上的笑容像涟漪一样荡漾开来,我们一家三口一起吹灭了蜡烛。爸爸闭着眼,一副很认真的样子,许了愿。开始拆礼物了,爸爸先拿起了我送的礼物盒,打开一看,是一艘做工精致的小帆船。我想祝爸爸一帆风顺。妈妈的礼物则是一个水晶球状的音乐盒,一拧发条,优美的音乐回荡在我们耳边。看着爸爸满脸都是幸福的微笑,我和妈妈也乐开了花。这一刻,永远留在了我心中。

爸爸妈妈的话

由于一直在外地工作,对孩子的关心和爱护还是不够,在一起的时间也不多,但是非常感谢孩子能记得我的生日,并给我买了礼物。我把她的礼物放在办公桌上,就能时时想起她。文章虽短,但蕴含的感情非常丰富,证明女儿长大了,学会了关心父母。文章的好坏,不在是否有华丽的辞藻,而要有真实的情感。因此,从这个角度看,本篇文章是成功的,成功地表现了女儿对父亲的爱。同时,也表现出了学校和老师教育的成功。感谢老师!

生活处处是美景

　　写景对小学生来说是有困难的。一是孩子们对景的类别模模糊糊。二是孩子们不会对材料进行剪裁。写景的文章一般有三类：一类是游记，写的是在游览过程中所见的景物；一类是描写自然景象，如风、雨、雪、霜；一类是写生活处所周围的景。写景要明确景物特点、描写顺序。

　　写好景物必须注意以下三点。

　　一、根据中心对素材进行合理剪裁。

　　二、在按照整体→局部(重点观察部分)→整体的步骤进行观察的基础上，抓住景物特点进行描写。尤其要写出第一印象。

　　三、大胆进行合理想象。

　　说到旅游，哪个孩子不喜欢？可是说到旅游回来写游记，孩子们就高兴不起来了。三五天，甚至十几天的行程，可写的东西太多了，但一提笔，孩子们又不知道该从哪儿写起。写游记，第一，选"景"要小。第二，紧扣题眼展开内容。比如，甘梓辰同学的海南之旅，浩瀚的大海、美丽的贝壳、漂亮的椰子树、神奇的天涯海角，可以写的内容太多了，如果面面俱到，就会蜻蜓点水，没有重点。而他只选了旅游中最难忘的一天来写，这就容易多了。岳凌云则在云南之旅中选了一个更小的点——石林。第三，文中要有"我"，也就是我们常说的景中要有人。因为"我"在游览，沿途的景物是

"我"看到的。可是很多同学往往写着写着就把"我"丢了。张津宁同学是我们班学生公认的写景高手,我们看看她在《药水峡探险记》中,如何让"人"进入"景"中的。"此时,我们一家三口与驴友正在去青海民和县药水泉的路上","刚到此地,进入眼帘的便是……","我们一行五十多人终于进了深山","来到河边","经历了千辛万苦,我们终于走到终点了","我三口两口吃完了,便到河中的小岛上去"……这些句子点明了作者探险的踪迹。没有它们的导引,文章就会给人零乱的感觉。这些句子之间有先后之分,是连续的,但不重复。如果缺少了踪迹的交代,读文章的人是"进"不了药水峡的,更看不到那里奇异的景色。可见游踪是游记中的"动脉",只有点出游踪,文章才能脉络分明。

难忘天水

◆ 王蘅越(四年级)

　　我的故乡在山川秀美的天水,那里一年四季游人如织,许多人去了一次还想去第二次,恨不得在那里安下家来。

　　每年假期回天水,我总要痛痛快快吃一顿呱呱面皮,尽管被红红的辣椒辣得眼泪汪汪,但我总能从这种泪眼朦胧中看到自己刚记事时缠着妈妈要吃面皮的情景。

　　小时候,我最喜欢过大年和过元宵节。特别是元宵节那天,不光可以吃元宵,还能去花鸟市看大戏。一连三天,我都吊在戏场寸步不离。《白蛇传》里爱管闲事的法海和神通广大的白娘子,《窦娥冤》里诡计多端的张驴儿和蒙受不白之冤的窦娥,那么多的人物、那么丰富的脸谱、那么动人的唱词,总是令人难以忘怀。

　　麦积山,是我最爱去的地方。那挂在悬崖上的楼梯,曲曲折折,快要通入云端;那慈祥的大佛,目不转睛,千百年来一直温柔注视着脚下的芸芸众生。最有趣的是,从后山爬上麦积山顶,眼前豁然一亮,夏日层林尽染,秋季万山红遍,简直是美不胜收!

　　麦积山旁有个小悬崖,边上长了许多大松树,地上铺着厚厚一层针叶和松塔。有一次我们全家去麦积山游玩,我在地上捡了一大堆松塔,回家数了数,竟然有二十多个。我把它们串起来,做成一个项链,到现在还挂在我的书桌上呢。山里有许多顽皮的小松鼠,有一次我还跟爸爸一起用帽子扣住了一只小松鼠,可惜揭开帽子时一不小心又让它跑掉了。看着它慌慌张张几下子跳上悬崖,转眼就消失在悬崖裂缝里,心里感觉挺遗憾的。

　　到了夏季,虽然爬山太热,也没有大戏看,可是那洁白的棉花糖却跑不了。我跟妈妈出去玩时,妈妈总会带我去一个卖棉花糖的叔叔那里,给他两毛钱,他就给我卷一个小的。我拿着棉花糖欢天喜地地边跳边舔,那味道真的好极了。买的次数多了,人也熟了,有的时候那个叔叔就不收钱。后来每次经过,我总要向妈妈要一块钱,去买一个大大的棉花糖,小心翼翼地拿着回家,舍不得吃掉。

对了,春节期间我们还去玉泉观"朝观",就是向供奉在观里的玉皇大帝请安问好,同时为自己的健康快乐许一个心愿。

呱呱、面皮、棉花糖、戏曲、麦积山、玉泉观,这是每年回天水必不可少的项目。加上那里一年四季空气清新,总想一直待在那儿。可是,爸爸妈妈在兰州工作,我也只好在兰州上学。要不然,我可舍不得回兰州呢!

同学的话

　　人人都说家乡美,王蘅越就用自己的文字向我们展现了这一点。呱呱面皮、天水大戏、麦积山、棉花糖、玉泉观几个天水特色小吃和景观活灵活现地在我们眼前浮动。我最喜欢的莫过于对戏曲的描写。一张张丰富的脸谱,一个个动情的故事,我们仿佛已经坐在了戏场,正享受着一部部优美的戏曲。本文首尾呼应,开头点题,结尾扣题,有详有略。看戏、爬麦积山两个段落是详写的,吃面皮、朝观两件事是略写的。我曾经看过几篇写家乡的文章,大多都没有几件具体的事,全篇上下都是华丽辞藻,看完都不知写了什么。而这篇作文却让人耳目一新,可以说是一篇写家乡的好范文。

(郑　直)

老 楼

◆ 谈弈扬(六年级)

我家住在雁滩的一个小区里,那里没有高楼大厦,只有一排排淡灰色的老楼,最高也就八层,不会再高。

一栋栋灰色的老楼,像迷宫一般巧妙地让出了道路,树木和草地让它们有了无限生机。每一栋楼都有编号,也许是时间让那些数字不再那么清晰,甚至消失。也许它们不是那么老,可能只有十几年光阴,但常年雨水的冲刷和阳光的暴晒,让它们失去了原有的艳丽,变得稳重、沉默了。

春天,路旁的大树发出了新芽,小草也为泥土增添了一抹绿。沉默的老楼渐渐睁开了眼睛。爱劳动的爷爷奶奶们开垦出一片片菜地,一圈圈篱笆霎时点亮了一片绿。下午遛狗的人开始多了起来,他们聚在一起谈天说地,身旁的小狗也和自己的同伴追逐打闹。

夏天似乎给老楼披了一身绿,一棵棵大树早把老楼遮得严严实实。树下有爷爷奶奶在那儿下棋打牌,孩子们也蹦蹦跳跳聚在一起玩:爬树、骑车、滑旱冰……小区热闹起来了!老人们注视着这一切,笑声点亮了四面八方。

秋天让菜地变得丰富多彩,爷爷奶奶们都忙着大丰收。树上的叶子渐渐转黄,那趴在墙上的爬山虎尤其好看,火红火红的叶子随风摇摆。老楼打了打哈欠,它有些困了。

冬日里的一声声爆竹把黑夜变成了白天,家家户户都洋溢着过年的喜悦。老楼笑了笑,又沉沉地睡去了。

无论是去旅游,还是去亲戚家,再大再漂亮的楼房也不如我们的老楼。一节节粗糙的楼梯,总是让我感到无比亲切。在我眼里,老楼就如同一位慈祥的老人,看着我成长。它总是在那里笑,默默地为我们遮风挡雨。老楼里的住户走了又来,总是很热闹。大家都深爱着它,共同保护着我们的老楼:老楼的门锁坏了,大家帮它修好;老楼的窗户旧了,我们给它换新……也许有一天老楼将要离开我们,但在我们心里,永远会留下老楼的身影。

同学的话

在第102期周报中,我最看好的文章就是谈弈扬写的《老楼》,这篇文章用一个词来点评就是——真情流露。我从来没有对我住了12年的老楼产生过写作的兴趣,可谈弈扬却有。她细致的观察力着实令我钦佩。开篇的第一自然段十分简单,但却能读出大家风范。接着,谈弈扬写出了老楼春、夏、秋、冬四个季节的不同:春,老楼是温暖的;夏,老楼是绿绿的;秋,老楼是平静的;冬,老楼是沉睡的。

谈弈扬在整篇文章中并没有用到多少华丽的语句,只有朴实的、简单的语言,却表现出了她与老楼之间难舍难分的情义。

(唐　金)

教学楼后的那片地

◆ 雒修国（六年级）

在实验小学的这六年,给我快乐最多的不是体育课,不是健身器,也不是教学楼,而是教学楼后的那片地。

刚上学时,我们的教学楼后有一小片荒废的土地,那应该是实验小学最古老的地方,也是小学这六年来带给我快乐最多的地方。那片地在我最初的记忆里被一片绿色淹没,爬山虎盖满了地,还有高过膝盖的绿草。进到里面,仿佛置身另一个世界,把城市的嘈杂全部抛在身后,让人忘记了一切。

秋天到了,爬山虎的叶子掉光了,草枯了,那片地尽头的几棵树也只剩下零零星星的几片树叶,露出一片荒凉的景象。冬天来了,大雪覆盖了一切,只露出那几棵光秃秃的树。抬头向上看,天空中飞舞着的雪花不时掉进眼睛里,空气中散发着一股凉飕飕的气息。只要吸一口那纯洁的空气,仿佛能感觉到它对心灵的净化。冬去了,春来了,那片土地开始苏醒,尽头的几棵大树长出斑斑点点的绿叶,地上的小草长出一指头高的长度,起先并不密,到后来就越来越密了。

我最喜欢那片地夏末秋初时的样子。那个时候,它被一片浓浓的绿意包围。没膝高的草上面飞着蝴蝶、蜜蜂和各式各样的昆虫,草丛里甲虫、蚂蚱、蚂蚁等各种各样的小虫随处可见。

那片地里的蜘蛛最多,地的尽头曾经有一块松动的墙皮,许多蜘蛛都栖息在那一大块墙皮上,许多张蜘蛛网牢牢地粘住墙和墙皮。直到有一天,我打破了那儿的平静。喜欢探险和抓蜘蛛的我早就发现了那一片乐土。于是有一天,我趁着清洁工大叔不在的时候,偷偷跑进去用手搬掉了那的第一片墙皮,发现了一只又大又黑的蜘蛛。那只漏斗网蜘蛛突然发现他的庇护伞没有了,连忙往其他的墙皮里跑,可惜一切都太迟了,我早用盒子将它扣在了里面。心满意足的我不忍心搬第二块墙皮,于是将装着大漏斗网蜘蛛的盒子放进口袋,准备离去。可就在这时,清洁工大叔不知什么时候走了进来。我一看,已经出不去了,灵机一动,拿出随身携带的钢笔,准备好我提前编造好的故事,让清洁工大叔放我出去。清洁工大叔发现草地里的我便径直走来:"在这做什么,小朋友?"

"叔叔,早上我的钢笔不小心从楼上掉下来了,我过来找一下。"

"哦,好了,我知道。下次不许进来了,不然我告诉你的班主任。"

"谢谢叔叔。"一看叔叔这么轻易就相信了我的故事,不知道为什么,我并没有高兴,反而还有些于心不忍。

从那以后,我便和清洁工大叔玩起了捉迷藏,总是趁他不在的时候跑到里面玩耍,抓虫子、捉蜘蛛。等他来的时候我就赶快溜走。

就这样,我在教学楼后面的那片地里留下了童年最快乐的时光。

后来,那片地得到改造,水泥和人类的浮躁进入了实验小学最古老的土地。从此,学校再也没有哪一个地方可以让我那么近距离地接近自然,亲近昆虫。那段和清洁工大叔玩捉迷藏的记忆也被深深掩埋了。

同学的话

　　这篇文章与雒修国以往的作文大不相同,在这篇文章中,那个爱笑的大头娃娃不见了,取而代之的是一个沉稳的少年。读完这篇文章,我惊讶地发现,他的作文竟已有了几分鲁迅的味道。质朴的语言给人一种神清气爽的感觉,并让人陷入沉思;在科技如此发达的今天,工业建筑以及高楼大厦正在将为数不多的绿地慢慢吞没。日本的校园是不铺塑胶的,作文课上学生有的抱着大母鸡,有的摸着小兔子,有的在池边捞鱼虫,老师只是笑眯眯地看着、笑着。我想可能是《窗边的小豆豆》给了日本人太多的启示。真羡慕日本小朋友,他们可以那么近的接近自然,也许这也是雒修国的想法。

(甘梓辰)

小院的四季

◆ 岳婉臻(六年级)

这是一个普通的小院，在众多美丽气派的大花园中，它一点也不起眼，甚至微不足道。每天一群又一群的人们穿过这里，他们穿着西装革履，夹着公文包，踏着急匆匆的脚步，恨不得把时间掰成两半。对于这个小院，他们从来都没有仔细观察，他们生活在"快"的世界。然而，只要放慢脚步，这小院，便是另一个世界。

春，带来了一片嫩绿，几枝星星点点的桃花被映衬得格外娇艳。燕子忙着筑巢，精心挑选着最好的树枝和泥土，一刻也不肯停歇。清晨，是小院最快乐的时候，树枝愉快地抽出新芽，花儿迎着和煦的春风为自己梳妆打扮。几只野猫从一堵矮墙后跳了出来，为首的那只带着自己的"子民们"跳上树去捣乱，三下两下就把燕子新筑好的巢穴捅了个稀巴烂。找完吃的准备回巢的燕子发现自己辛辛苦苦搭的房子被野猫毁于一旦，气得吹胡子瞪眼睛，可又不敢和它们打上一架，只好大声鸣叫发泄对野猫的埋怨。闹够了的猫咪们三三两两从树上溜下来，在"国王"的带领下去花丛中找露喝。小院里充斥着生机勃勃的气息。

夏，像个烦躁不安的孩子。知了不分昼夜地鸣叫着，在只有十七天的生命里不知疲倦地唱着，直到耗尽最后一口气。阳光竭尽所能地烘烤着每一寸土地，毫不留情地蒸发着一切水分。等到九点之后，暑气散去之时，才陆续有野猫出来觅食。

秋，是一年中最美的时节。一阵风吹过，霎时间，道路被金黄色的树叶掩埋。燕子们呼朋唤友、携妻带子准备回南方过冬，最后留恋地看了这片土地一眼，便义无反顾地朝南边飞去，只有小燕子还在不停地回头，拼命想记住小院的模样。野猫们欢快地在落叶堆中打着滚，嬉戏打闹。此时，树的头发已经掉光,只有一颗光秃秃的大脑袋露在外面,像一位出门匆忙忘戴帽子的老人。

冬,让小院安静了不少。一切都是白色的,淘气的野猫想上树玩耍,谁料刚刚伸出爪子,便被突如其来的寒冷冻得直打哆嗦,不巧的是,它在抽回爪子的同时,后腿陷进了雪地里。这只小猫还不足半岁,没见过雪,以为雪是怪物,它喵喵地叫着,给自己壮胆,可是双腿还在不停地发抖。不远处传出猫妈妈催它回家的呼唤,它便头也不回地往窝里跑,雪地上留下一串惊慌失措的小爪印。雪,还在下,不一会儿,就看不见那些爪印了。小院,也沉默了。时间好像停止了,心灵,也静静的,唯有漫天的飞雪……

三个月后,又是春天。

同学的话

我最喜欢的就是这篇文章拥有的散文气息,它让人感到愉快和轻松。这篇文章处处都有诗意。开头,是普通小院和美丽花园的对比,人们的匆忙和小院宁静的对比。结尾,虽只有一句话,却写得意味深长。整篇文章围绕着小院的四季,每一个季节也都有中心,重点描写野猫与燕子的生活,并不是漫无目的地畅谈一番,春生机勃勃,夏烦躁不安,秋慢慢消沉,冬默默宁静。文字虽不够华丽,却写出了我们孩子眼中的世界。

(张津宁)

敦煌游

◆ 程馨文（四年级）

今年暑假，爸爸妈妈带我去敦煌旅游。我们去了莫高窟、鸣沙山、月牙泉。

莫高窟是世界上历史最悠久、保存最完整的佛教艺术宝库，是不可移动的文化遗产。爸爸告诉我：敦，是大的意思；煌，是盛的意思。莫高窟背靠鸣沙山，面对三危峰，上下五层，窟区南北全长1600多米，洞窟大小不一，密布在崖面。洞窟里有栩栩如生的佛教塑像，他们造型精美，大小不一，最高的43.5米，最小的不到一尺高。飞天女神姿态万千，有的在吹笛子，有的在反弹琵琶，有的脚踩祥云、徐徐降落，有的昂首挥臂、腾空而上。看得人眼花缭乱！

参观完莫高窟，我们来到了鸣沙山、月牙泉景区。走进景区的大门，我看见沙子堆积成山，一座又一座，一眼望不到边。长长的驼队，载着乘客在沙漠中行进，很是壮观。我和妈妈骑了一头骆驼，一边说说笑笑，一边观看沙海的美景。骆驼在主人的牵引下一排连着一排，在起起伏伏的沙丘上前进，不愧是沙漠之舟。不知不觉，我们来到了鸣沙山的山顶，在这里骆驼开

始休息,游人们有的去滑沙,有的去玩沙漠冲浪。在爸爸和妈妈的鼓励下,我鼓起勇气去玩沙漠冲浪。一个教练叔叔带着我骑上沙漠四驱车,从高高的沙丘上往下冲,我吓得大声尖叫,紧紧抱住叔叔的腰。四驱车在一个个沙丘间上下疾驰,我不停地嗷嗷乱叫,心也提到了嗓子眼儿,身上一个劲儿冒冷汗,最后终于顺利回到了起点,真是又刺激又好玩呀!

接下来我们又骑着骆驼来到了月牙泉。月牙泉处于鸣沙山的环抱之中,它的形状像一轮弯弯的月亮,独自躺在沙山里,好神奇。早就听说月牙泉里的水剩得很少,但是在人们的保护下,现在水位升高,泉水从围栏底下流到了旁边的沙滩里,形成一大片水池。很多小朋友们都在水池里玩耍,我也跑到水池中一会儿抓鱼、一会儿挖沙子、一会儿又和其他小朋友修水渠,玩得不亦乐乎,连好多大人也加入了我们的行列,这里简直成了我们的世外乐园。太阳西下,,爸爸妈妈催了我好几次,我都不愿意离开,一直玩到晚上八点多,我们才恋恋不舍地离开。

这次敦煌之旅,我看到了世界闻名的莫高窟,看到了神奇的鸣沙山、月牙泉,真是大开眼界呀!

小作者的话

　　这篇作文是我写景的作文里最好的一篇了!当时,为了达到张老师经常讲的写景要"心中有读者"这个要求,我用了门票上面景区简介的文字。写的时候还边看照片边回忆。写好第一稿后,自己先修改了一遍,接着又读给爸爸听。他给我提了些建议,最后我又来了个整体性修改。就这样,一篇佳作出炉了。真应了那句话,"作文是写出来的,好作文是改出来的"。这篇作文在讲评课上受到了老师的大力表扬,老师还让我给大家介绍如何活用景区简介,她说这是写游记的好方法。同学们因此对我刮目相看了呢。

三亚游记

◆ 陶嘉明(四年级)

春风从湖面划过,留下了浅浅的涟漪;阳光从云层中穿过,留下丝丝温暖;岁月从树梢间飘过,留下圈圈年轮;时间从我身边走过,留下三亚的记忆。

刚到三亚的那个晚上,我激动得几乎一夜没睡。第二天天一亮,战争开始了,急速穿上"军服"(花花绿绿的岛服),带好"武器"(铲子等),出发!目标——海滩。到了海滩,我就疯玩起来,用沙子堆城堡、砌围墙。不一会儿,一座城堡就建成了。可惜天有不测风云,正在我喜滋滋地欣赏我的劳动成果时,一个海浪冲过来,毁坏了我的城堡。看来,建城堡千万不要离海水太近,否则……你懂的!我慢慢发现,海滩上还有小螃蟹出没。那些小洞洞就是小螃蟹的家。我抓了十几只大大小小花纹不同的螃蟹。它们也很聪明,如果被抓到,就装死,以为你会放过它。

到了傍晚,海边的日落也很美。火红的太阳一点一点滑进了海里,海

面上泛着橙色的光,身上还有暖暖的气息。

　　第三天,爸爸告诉我三亚还有猴岛。猴岛!What!在大海里有一个岛专给猴子!人们实在太溺爱monkey了。不过也让我去感受一下这个奇特的岛屿吧!猴岛到了,我的眼睛都要蹦出来了。整个鸟屿一片绿意,叶子沙沙作响,好似大自然的歌谣。从山下乘缆车到山上,看到好多猴子在人群中嬉戏。猴子也不怕人,见了人就像见到老朋友一样。导游说这里的猴子野,都是"流氓猴",不是"绅士猴"。导游还提醒我们吃东西千万不要让猴子看见,要偷着吃,否则猴子们会一顿乱抢,非常危险。岛上还有猴子演出,我抢到第一排,等待"猴孩儿们"的表演。它们来了!个个都骑着自行车,有骑单车的,有骑双人车的,车子的大小和样式也都不一样。它们骑得像模像样,一本正经,十分滑稽可笑。接下来是羊和猴子的表演,看见一只老山羊慢慢走到一根细细的钢丝上,我的心都要蹦出来了。动物的平衡力就是比人厉害!还有猴子摇呼啦圈,一只大猴站在高处,一只小猴站在跷跷板的一头跳下来,小猴一飞抓住栏杆,翻了几十个圈。大猴子摇着呼啦圈,左三圈,右三圈,天天锻炼身体棒的样子!节目到这儿也告一段落。一切都平静了,只有树叶在沙沙作响。

　　虽然现在我已回到兰州,却感到三亚那带点儿腥味的海水还留在我的心中。

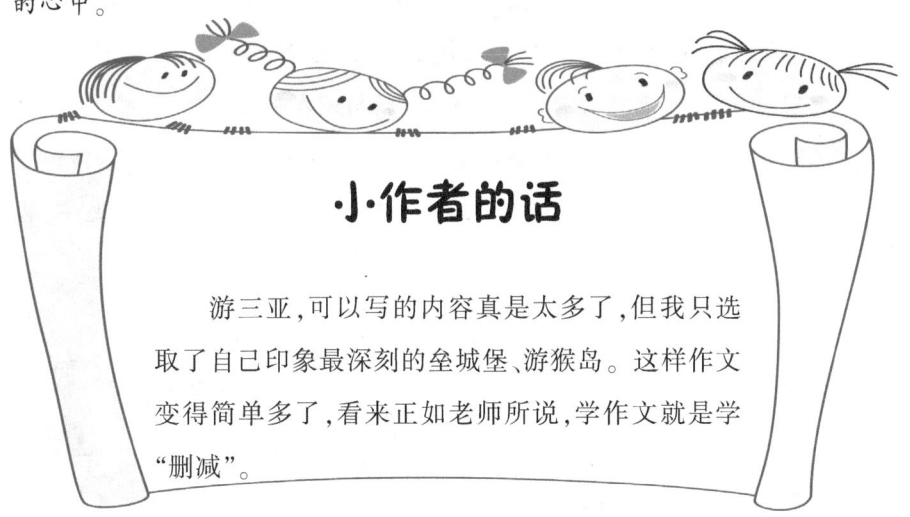

小作者的话

　　游三亚,可以写的内容真是太多了,但我只选取了自己印象最深刻的垒城堡、游猴岛。这样作文变得简单多了,看来正如老师所说,学作文就是学"删减"。

游云南石林

◆ 岳凌云(五年级)

石林,是我一直向往的地方。早就听说那里风景优美,无数大大小小的岩石在大自然的鬼斧神工下演变成世界闻名的天然奇观,十分独特、极其罕见。

今年寒假我如愿以偿,爸爸妈妈带我去云南旅游。终于可以领略我国四大旅游胜地之一的石林了,我十分开心。

到了昆明,一大早我们便乘车前往石林。途中,导游向我们介绍:石林在两亿多年以前是一片汪洋大海,海底沉积了许多厚重的石灰岩,经过各个时期的造山运动和地壳变化,岩石露出海面,形成了今天的岩石森林。不知不觉,我们到达了目的地。

一进景区大门,呈现在我眼前的便是一个巨大的湖泊。水是那样的绿,似乎比石林里的石更引人注目。湖中几块造型独特的石头恰到好处,水在石中,石在水中,令人心旷神怡。

没走几步,令人眼前一亮。两个铿锵有力的大字——石林——映入眼帘。听导游讲,此乃赫赫有名的"云南王"龙云之子所题。再往里走,嗬,全是大家的手笔,可真是大开眼界。别急,精彩还在后头。

如果我告诉你我看到了猫和老鼠谈恋爱,你一定会大吃一惊:猫和老鼠不是冤家吗,怎么会谈恋爱呢?不知道了吧,这可是云南十八怪之一。其

实,这全是奇形怪状的石头。远望,一只巨大无比的猫身穿官袍,手拿拂尘,两只眼睛睁得好似铜铃,似乎在寻觅什么。而不远处,一只可爱的老鼠探出半个身子,好像在焦急地等待着心上人的到来。难道不是猫和老鼠谈恋爱吗?呵呵,真如导游所讲:在这里一定要三分看,七分想。

导游带我们到最高的观景亭时,我以刘翔冲刺的速度三下五除二就登了上去。眺望石林全景,啊!比黄山奇石还奇:有的像老虎,有的像大象,有的像大公鸡……真是美不胜收,无与伦比。看着想着,我突然觉得一座座石峰更像是将士手中寒光闪闪的兵器,而我的思绪早已回到了那战火纷飞的年代。将士们左冲右突,手中兵器闪闪发光,杀声震天,乱箭纷飞,石林成了刀剑挥舞的战场。"儿子,走了",妈妈的一声呼喊把我拉回和平年代。

关公抢大刀,吉祥三宝,大鹏展翅……说起石林的景点,三天三夜也说不完。千言万语汇成一句话:大自然的鬼斧神工创造了美丽神奇的昆明石林。

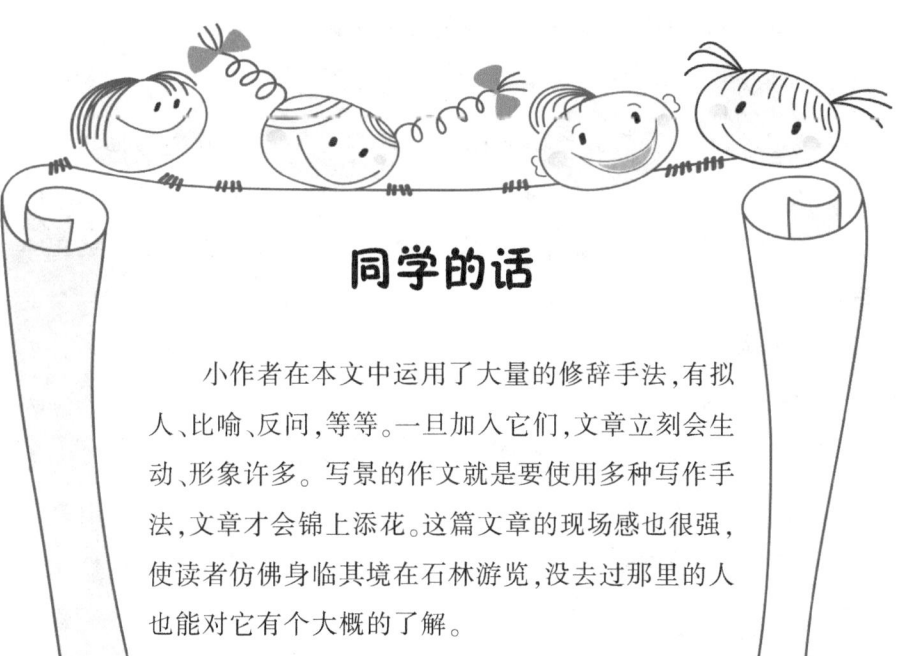

同学的话

小作者在本文中运用了大量的修辞手法,有拟人、比喻、反问,等等。一旦加入它们,文章立刻会生动、形象许多。写景的作文就是要使用多种写作手法,文章才会锦上添花。这篇文章的现场感也很强,使读者仿佛身临其境在石林游览,没去过那里的人也能对它有个大概的了解。

(岳婉臻)

药水峡探险记

◆ 张津宁(五年级)

紧张的期末考试终于结束了!又可以亲近大自然了!我的心里充满了期待!

此刻,我们一家三口与驴友正在去青海民和县药水泉的路上,真是心潮澎湃!

药水泉,顾名思义,肯定有泉水。刚到此地,进入眼帘的便是一群群排队的男女老少。他们的手里都拿着水桶,走近一看,才恍然大悟,这些人都在灌泉水呢! 我很好奇,接了一杯,怀着神农尝百草的心情喝了一口,呀! 这简直就是带有铁锈味的汽水嘛!

我们一行五十多人终于进了深山。走了不久,山路就变得艰难,枝叶交错的灌木丛和上面数不胜数的小刺让你不得不低着头。凹凸不平的小路甚是狭窄,既茂盛又高大的野花总会让人寸步难行,得耐心地把它们拨开。有些攻击性极强的花老是亮出那细小的倒钩,把我扎得"嗷嗷"直叫。不过,野花很漂亮,有细密的小白花,有颇像蝴蝶兰的紫花,还有又矮又胖的黄花,真是漂亮! 小河里的水"哗哗"地流淌着,令人心情愉快。

来到河边,我挽起裤腿,把脚轻轻放进河里。水很冰,似乎要把人的骨头凉透,在水里站了一会儿,我的脚便一点知觉也没有了。因为来来回回要过十几趟河,光脚容易在水里滑倒,大家都穿着溯溪鞋,小心翼翼地过河,但仍有好多人免不了湿身的"好"运! 有个阿姨在水里滑倒了,全身湿透,鞋还被水冲走了一只,她只好在脚上套了一个塑料袋,艰难前行。我呢,为了安全,干脆不踩露在水面的大石头,直接蹚河过去,哪管水有多么急、多么凉,统统抛在脑后。

山间的羊肠小道曲曲折折,汹涌的河水仍在奔流,经历了千辛万苦,

生活 习作的源头活水

我们终于走到了终点。筋疲力尽的人们坐在河边开始吃饭,我三口两口吃完便到河中的小岛上去,这里的河床变缓了,河水也平静了许多,有的地方水很深,已经没过了我的大腿。水中央的大石头上有一大片一大片松松软软的苔藓,我和妈妈想带几块回家种,却惊奇地发现差不多所有苔藓上都有一个圆圆的小洞,把苔藓抠下来一看,竟然有一种貌似蚯蚓、长着蜈蚣一样的小头、全身白色的奇怪小虫子。最后终于找到一块漂亮的没有虫眼的苔藓,我立马挖下来塞到了包里。刚爬上岸,我们的大队伍就要开拔了,我急忙背上包,匆匆赶了上去。

我们一家三人跟在队伍后面,一会儿拍照,一会儿采蘑菇,走走停停,悠闲自在。可是好景不长,天突降大雨,搞得我们猝不及防,而我们三人只有一把伞和一件一次性雨衣。我折腾了好半天才穿上那件一撕就破的雨衣,妈妈打着伞,爸爸头顶着我的防晒衣,三人艰难地在灌木丛中穿梭。雨越下越大,雨衣被划烂,雨伞撑不开,很快我们就成了落汤鸡。更糟糕的是我们迷路了!前面的队伍已经消失得无影无踪。走这边?不对。走那边?好像也不对。小路都在灌木丛中,好不容易选了一条路,到头来却是错的,只能又折回来。不知是迷路的紧张,还是大雨的催促,之前过河磨磨蹭蹭要用好长时间,现在却三步并作两步迅速蹚过,似乎河底的石头也不滑了,水也感觉没那么冷冰了。管他路边枝叶的遮挡还是尖刺的摧残,我们

的脚下疾步如飞,速度是之前的几倍。羊肠小道又湿又滑,加上我们赶路匆忙,我差点就从小路上摔下去,小路底下就是湍急的河流,落差有两三米,掉下去可不得了,幸好我及时来了个鞍马动作,撑住了自己。爸爸滑倒了两次,摔得比我还狠,只有妈妈走得最平稳。我的心一直都像揣了小兔子一样"怦怦"直跳。路上的垃圾渐渐多了起来,我心里立即感到一阵欣慰,因为有垃圾的地方就有人,我们的路走对了!我还在河边的大石头上发现了阿姨被河水冲走的鞋子,静静地等着它的主人领它回去。刚出山,雨便停了,我的心里一阵欢快,进山的时候用了两个多小时,出来却只用了不到50分钟,真是破纪录了!

最后才发现,我们苦苦追的那队人马原来是白银来的驴友,兰州的队员被我们远远地甩在身后,还在山沟里没出来呢!

同学的话

游记总是让我很头疼,可说起张津宁的《药水峡探险记》,我真是记忆犹新。读这篇作文,我被她那既包含美丽风景又描写险奇举动的精彩文字打动了。她将自己的感受真真切切地写了出来,让读者仿佛也在与她一同游玩。她的文字正如她的人一般,安安静静、默默无闻,却总会给大家带来很多惊喜,没有人能猜透她的文笔。

(成济同)

神奇张家界

◆ 郝彦博(六年级)

这个暑假,我去了举世闻名的张家界。那里风景如画,景色宜人,我被大自然的鬼斧神工深深震撼。

我们从长沙行驶了长达7个小时的车程后,到达了张家界。晚上,我们马不停蹄地观看了一场精彩的演出。人们通常用上刀山、下火海来形容一个人的忠诚、坚强。以前我也从来没有亲眼目睹过,而这次《魅力湘西》的演出,让我大开了眼界。晚会中,有个人赤脚在一把长6米、高2米的大刀上走了一个来回,而他的脚却安然无恙。也许你们会问:这把刀会不会是假的呢?主持人为了鉴定刀的真假,让走大刀的人拿了一块红布,在刀刃上轻轻一扯,红布断为两截!这一精彩的表演引起了全场雷鸣般的掌声。接下来的演出也让人久久难以忘怀,两位巫师赤脚在将近半米多高的火焰上来回走动。刚开始,我以为那堆火是假的,可当我闻到木柴烧焦的那种特殊味道时,不禁倒吸一口凉气,场内的尖叫声也是此起彼伏。

第二天一大早,我们便去了龙王洞。洞里的清凉立刻化解了早上的沉闷。一进洞,就是满洞的石钟乳和石笋,这些石钟乳据专家考察发现一百年才长一厘米。看到那些高大的石笋,你就能推算它们的年龄有多少岁了。走了许久,我们看到一尊酷似龙王的石钟乳:那长长的身体、浓密的胡须、气派的王冠、尖尖的牙齿,无不显示出它的凶猛和霸气,可是仔细一看,龙王怎么没有尾巴呢?再往前走,只见由许多石钟乳构成的"玉米"挂在半空中,栩栩如生,好像是龙王为了欢迎我们这些游客而准备的食物,令人惊叹不已。我们一边走一边看,沿途又欣赏了许多形象逼真的石钟乳,如:圣僧沐浴、龙王后宫、千叶琴……当我们走到溶洞的最里面时,才看见了龙尾,这可真是印证了那句话——神龙见首不见尾。

参观完龙王洞,来到了天子山。当我们坐在缆车里向外看时,不由得惊呆了:平时看到的山不管是远的泰山、黄山,还是近的五泉山,都是连绵起伏的山峰,整个山都是连在一起的,而张家界的山却与众不同,都是一个一个分开的,仿佛鹤立鸡群一般。一座座山峰仿佛一支支利剑,直冲云霄;仿佛一个个士兵,排兵布阵;仿佛一根根柱子,支撑着一片蔚蓝色的天空。似乎没有什么更好的词汇能够描绘这些山的雄伟壮观。著名的3D电影《阿凡达》中美丽动人的悬浮山景色可能令你痴迷,让你有一种身临其境的感觉,没错,那正是以我今天介绍的天子山的一部分为原型而创作的。

第三天早上,我们来到了有名的金鞭溪。走了一会儿,忽然望见几座形状奇特的山峰,再定睛一看,原来那三座山峰的样子恰似唐僧、孙悟空、

沙僧。咦？猪八戒去哪儿了？哈哈，原来贪财好色的猪八戒在不远处背着一个苗族小姑娘正乐呵呵地往这边走呢！通过导游讲解，我知道了这正是当年拍摄孙悟空三打白骨精的地方。再往前走，不远处一座形状像剪刀手的山峰吸引了我，在这座山峰的不远处，还有"一把斧头""一只狗"，看到这儿，你想到了哪个故事情节？其实这就是沉香劈山救母的情节，那只狗当然就是二郎神的哮天犬了。在返回的途中，我们看到了许多野猴，在金鞭溪，人和猴之间是没有距离的，甚至有时你在路边走，从旁边冷不丁就会蹿出一只猴子，吓你一大跳。

转眼就到了第四天，我们要结束这次愉快的旅行了。啊！张家界，好一个多姿多彩的神奇宝地。

爸爸妈妈的话

本篇文章写作题材来自作者的亲身经历，通过耳闻目睹和对大自然美景的赏析，写出了一篇游记。写作手法取自老师平时的教导，运用的词语得益于平时的积累。在实际写作时，小作者一气呵成。正如鲁迅所言：写文章要"静默观察，烂熟于心，一气呵成"。

武夷山之游

◆ 王颢璇(六年级)

我们一家三口经过高空飞行,总算在天色刚暗的时候来到了武夷山。一进景区,由于天已完全黑了下来,什么也看不清,但是扑面而来的桂花香沁人心脾,顿时使人神清气爽,感到浑身有股使不完的力量。

夜 景

武夷山果然名不虚传,哪怕在夜晚都能体会到武夷山的秀美。

这里空气十分湿润,沿途树木、花草遍布,时常传来昆虫鸣唱的"小夜曲"。因为宾馆就在武夷山景区内,隔着一幢幢小型楼房,我看到了近在眼前的小山峰。虽然黑乎乎的,但外形独特的小山在夜幕下反而有一番别样的景致。

大红袍和天游峰

第二天,坐车来到景区,中间通向各座山峰的大道是由石板铺成的,路的一边靠山,另一边长着不知名的花草树木,更显美丽。武夷山以茶著名,所以山中有好多茶园。其中最夺目的就是"大红袍"。"大红袍"最初是进献给皇帝的,因其乃红茶,又在进献之时盖着红袍,因此取名为"大红袍"。

漫步走过一丛又一丛茶树,伴着清泉,绕过山壁,顺着人们的目光,映入眼帘的是长在陡峭山崖上的六棵茶树。在得知这些茶树就是几百年前最早的大红袍时,我不禁感叹"物不可貌相"。看似普通的几棵茶树,居然能产出举世闻名的武夷岩茶——"大红袍",它们不仅产出了当时献给皇帝的贡品,更是所有现代"大红袍"茶叶的祖先。

从生长大红袍的山谷出来,走过一阶阶潮湿的石台,总算来到了天游峰的脚下。我心里正琢磨着:听说天游峰是武夷山最高的主峰,不知怎么样?猛一抬头,我不禁"哇"的一声尖叫,呆住了,简直人山人海啊。由于上山的路较窄,只见通向山顶的台阶上几乎都站着向上攀爬的游人。从远处看活像一条巨龙,蜿蜒盘绕在山体之间。

我上、我上、我上!跟随着"巨龙",我拼命移动着脚步。走走停停,总算爬到了最高点。哇!真是一览众山小啊!觉得离天都近了。放眼望去,只见四周都是绿油油的山峰,脚下"九曲"溪流像条缎带缠绕在群山之间,竹排轻轻滑过,阵阵凉风吹来,真是美不胜收。

"九曲"和玉女峰

早在山顶就领略了"九曲"之美,于是我们迫不及待地从天游峰冲下来,直奔"九曲"码头。

"九曲"是一条溪流,两岸绿树、山峦环绕。坐上竹排,随着竹竿在溪流、岸边间起落,我们已滑行、漂流在闻名遐迩的"九曲"之上。

过了"一曲",来到二、三曲时,两旁的山峰、巨石有的像小象,有的像雄鹰,有的像骆驼,还有的像乌龟。凉风习习,水声潺潺,活似舟行碧波上,人在画中游。

就在这时,竹排停了下来,原来我们来到了玉女峰前。好一座挺拔秀丽的山峰!只见这座山峰像她的名字一样,高耸在水中,昂首翘望,亭亭玉立,跟旁边的山峰没有一丝牵连,浑身上下透露着一种威严与冷艳,使人

不敢靠近。

　　大饱眼福之后,我们的竹排小心翼翼地绕过玉女峰,向后面的几曲飘去。来到八曲,这里的溪水时缓时急、时快时慢,好像一个变化无常的小姑娘,让我们也真正体验了一把漂流的感觉。绕过最后一座山峦,听过最后一丝水声,"九曲"漂流的终点到了,我恋恋不舍地离开竹排,好似刚从梦境中走出。

　　再见,武夷山!这次武夷山之行让我深深感受到了大自然的美,古老的美。

同学的话

　　我去过很多地方,但回来写作文,却不知道从哪儿下笔。感谢王颢璇,我才发现原来写游记有时并不需要太刻意,自然开始便好。我还注意到,她的小标题有的包含了两个景点。我写作的时候,总是一个景点一个小标题,这样写了好多都结不了尾,不但把自己写烦了,还越写越啰唆。我印象最深的是这一段:"这座山峰像她的名字一样,高耸在水中,昂首翘望,亭亭玉立,跟旁边的山峰没有一丝牵挂,浑身上下透露着一种威严和冷艳,使人不敢靠近。"这一段现场感很强,仿佛我也站在玉女峰前。

(吕　田)

南京长江大桥

◆ 李岩洮(四年级)

放暑假的时候,我和妈妈去上海,途经南京长江大桥。

南京长江大桥是进入南京市区的必经之路,汽车在公路上飞驰,雄伟的南京长江大桥便展现在我眼前了。当我们的车随着车流缓缓开上大桥时,我看了一下时间是14:05。"唉,桥下面怎么没有江水呢?"我疑惑地问妈妈。妈妈说:"小傻瓜,你自己想吧。"哦!对了!原来是引桥哇。桥两旁,是一盏盏白玉兰灯,一眼望去,总有几百盏吧,要是晚上灯火明亮,该多壮观、多美丽呀!再向前,我隐约看见远处两座高大的桥头堡,桥头堡顶上的三面五星红旗在蓝天中迎风飘扬。车到桥头堡时,我仰头一看,觉得它比十层楼还高。上正桥了,雄伟的工农兵雕像出现在眼前,壮丽的景色把我迷住了,我尽情欣赏着美景。桥下的江水滚滚向东流去,宽阔的江面上大大小小的船只来来往往,十分繁忙。

"呜——"这时一列火车在公路桥下飞驰而过。转眼我们的车也驶下了大桥。

小作者的话

这是我四年级时的一篇作文,现在读来还很亲切。写这篇作文时,我牢牢记着张老师讲过的写景一定要写出"第一印象""第一感觉"。看到什么,就写什么,突出了观察的顺序,所以感觉很有条理。

我爱新疆

◆ 于佳瑞(六年级)

"我走过许多地方,最美的还是我们新疆……"听着这美妙悠扬的乐曲,我怀着激动的心情和家人踏上了去往新疆的旅途。火车隆隆作响,我体验了从没有过的漫长旅程,新疆这片从未接触的神秘地方,真的离我们很遥远。

经过一天一夜的漫长时光,终于到达了我期盼已久的净土。妈妈说:"新疆的日照时间非常长,所以小姑娘和小伙子都非常美丽和俊俏。"一出乌鲁木齐火车站,果然看到火车站里的人几乎个个都是浓眉大眼、鼻直口红。

到达乌鲁木齐的第二日,我们正式开启了新疆之旅。

首先去的是天山天池。哥哥是导游,他的讲解绘声绘色,我看着他,静静地听着想着。我多么想留在这里不回去啊!

哥哥告诉我们,新疆维吾尔自治区简称"新",首府乌鲁木齐市是由蒙古语翻译过来的,意思是"优美的牧场"。在这片优美宁静的牧场中住着47个相亲相爱的少数民族,有维吾尔族、哈萨克族、回族、俄罗斯族、蒙古族、柯尔克孜族、锡伯族、塔吉克族等。这里的少数民族实在是太多了,一时半会儿还真是记不过来。

到了天池,四周的雪山、两岸葱翠的天山松倒映其中,湖中间有游船驶出,游人在湖边拍照留念,就像一幅画一样。我问爸爸这个湖有多大,因为从来没有见到过如此清澈见底的水域。爸爸告诉我天池是一个高山湖泊,南北长3400米,东西宽1500米,湖水非常深,最深处要100多米!我一听吓了一跳,还是站在高处远远地欣赏美景吧。爸爸笑了笑说:"哈哈,傻孩子,我们是可以坐游船去看湖的,不要害怕。"我摸摸脑袋,很不好意思,看来以后不管去哪里,我都要像爸爸一样做足了功课。

游览主景区后,我们在哥哥的安排下去了热情好客的哈萨克族朋友的家中做客。哥哥说他们是马背上的民族。他们给我们端来了许多可口的奶制品,比如酥油、奶皮子、奶酪、奶茶等。我觉得最可口的是马奶酒了,是用马奶配以纯净的米酒酿造而成。大家说不能拒绝哈萨克族敬酒,我就以茶代酒喝了一小口奶茶,但我觉得奶香都是醉人的。在开阔的草坪上,座座毡房散落,听着悠扬的哈萨克民族歌声,在阳光的照耀下半躺在绿色的草坪上,看天上的苍鹰飞过和远处具有浓郁风情的哈萨克族叼羊、赛马、姑娘追等表演,享受着在城市无法体会的宁静和安详。真是舒服啊!

哈萨克族人非常尊敬老人,他们会把烤全羊中最好的肉献给年纪最长的人,吃饭时等到家里的老人吃完第一口,大家才能动筷子。想想自己,在家里爷爷奶奶总是疼我爱我,把最好的留给我。以后我要像哈萨克族人

学习,好好孝敬老人。

或许是我年纪小的原因吧,哈萨克族的姐姐在表演的时候给了我好多瓜果。我听大家说新疆是瓜果之乡,这里的气候和日照对瓜果的生长非常有利。我觉得我吃到了全国最爽口的水果,葡萄、哈密瓜、西瓜、苹果、香梨、无花果、杏子等都大个儿多汁,真是让我饱了口福。我们跳舞唱歌,一直欢闹到了太阳西下。

稍事休息后我们便和热情的哈萨克族朋友告别,踏上了回家之路。坐在车上,听着歌曲,看着蜿蜒曲折的小溪,心里想的却是这次旅行带给我的感动和快乐,正应了那句话:"最好的教育在路上。"

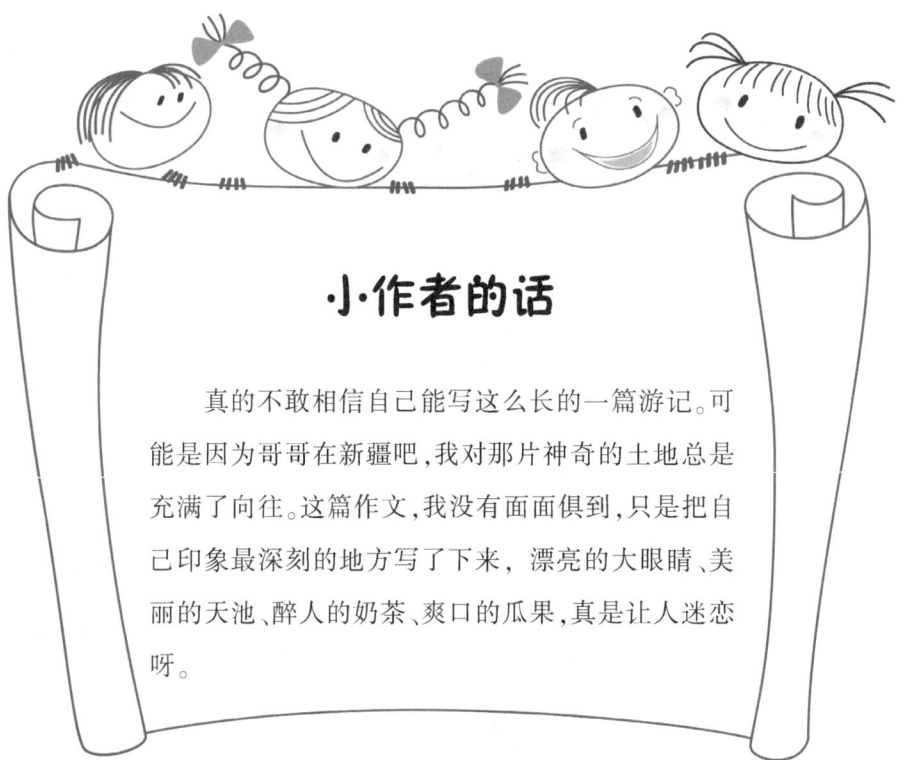

小作者的话

真的不敢相信自己能写这么长的一篇游记。可能是因为哥哥在新疆吧,我对那片神奇的土地总是充满了向往。这篇作文,我没有面面俱到,只是把自己印象最深刻的地方写了下来,漂亮的大眼睛、美丽的天池、醉人的奶茶、爽口的瓜果,真是让人迷恋呀。

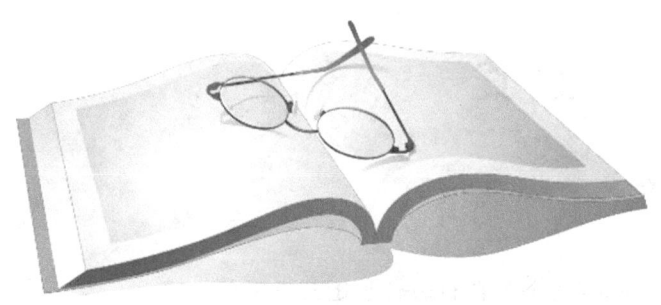

放眼社会素材多

长期以来,作文之所以令人头疼、让人心烦,主要是因为许多老师总是将作文教学的着力点放在写作方法、技巧的指导上,总是将作文水平单纯看作是语言文字的问题,没有使作文真正贴近生活、融入生活。这就使作文成了一种机械的、枯燥的、苦恼的事。当我们将作文"镶嵌"在丰富多彩的活动中,"浸泡"在浓浓的生活"汁液"里,用生活的方式写生活,使作文真正成为由内而外的、灵动的东西,成为生命历程的表达,生活、育人、写作就有机地融为一体。作为小学高年级学生,不仅要"风声雨声读书声,声声入耳",还要"家事国事天下事,事事关心"。放眼社会,素材多多。郑直、徐杨梦菲同学抓住钓鱼岛事件给我们的生活带来的影响,写出了自己和同学的困惑。"老人跌倒了该不该扶"一度成为社会热点问题,岳凌云敏锐地捕捉到这一素材,他的习作《扶,还是不扶》立即受到同学们的热捧。"兰州国际马拉松赛"不仅是兰州的一张宣传名片,更为我们的运动爱好者冉熙瑜提供了一个极好的写作素材。当孩子把目光投向社会,选材的范围、作文的立意就又上了一个大台阶。

"囧"途

◆ 郭亭岩(四年级)

每年春节,都是回家的高峰期,今年我和妈妈也赶上了这个时候。

2月6日晚上,我和妈妈怀着快乐的心情早早到了飞机场,足足提前了两个小时!要知道,过年前的机场可是人山人海,安检时更是连个落脚的地方都没有,我们就在这样的环境中等啊等啊。

就在我等得有点不耐烦的时候,广播突然响了起来,我兴奋地想:终于可以登机了!可是广播播出的竟然是飞机晚点的通知,真是太气人了。登机口的座位都坐满了人,排队时挤得动都动不了,我的脚都被挤得悬在半空中,更别提放行李了。就这样,我们又等了将近一个小时才登机。加上前面早来的两小时,整整等了三个小时才坐到飞机上,我的脚麻木到好像不是自己的了。更让人抓狂的是因为气流原因,飞机在飞行时一直不停地晃,整个过程中我的心都是悬着的,太吓人了。还好最终我们安全到达了

新疆乌鲁木齐。

在乌鲁木齐待了几天,我们要去妈妈的故乡了。这次我们坐的是长途客车,听妈妈说,最少要7个小时才能到。因为晕车,我一上车就靠着座椅迷迷糊糊地睡着了。大概走了将近一个小时的时候,车突然停了。我起来往外一看,前面的车排成了一条长龙。从大家的议论中我才知道,原来下雪路滑,前面连连发生车祸,警察把路封了,谁也不知道车什么时候才能走。又因为是过年,路上没有一家饭店营业,我们在车上又冷又饿。就这样原本七小时的路程,最后九个多小时才到达目的地。下车的时候天已经非常黑,又和接我们的姨妈错过了,最后我和妈妈只能拿着大包小包在冰天雪地中拦到一辆出租车回了家。

唉,这次的旅途真是太"囧"了,以后回家还是避开春运高峰期吧!

同学的话

第一眼看到文章的题目,就觉得十分新鲜。"囧"是当下流行的一个字,小作者用这个字作为题目的一部分,也告诉我们一个写作方法:可以将当下的流行元素加入作文,这样作文会更贴近生活。第三段描写尤为细致,真实地写出了自己当时的囧态。

(岳婉臻)

砸，还是不砸

◆ 郑　直(五年级)

最近，因为日本政府强行购买我国钓鱼岛，致使中日关系到了剑拔弩张的地步。随着摩擦的加剧，中国人民自发组织了各种抗议活动：取消日本旅游、抵制日货、甚至打砸国人自购的日本车……这些行为对于日本政府应该起到了一定的威慑作用。大家肯定想这些都是大人们的爱国行为，不关我们小孩子的事，其实不然，这事跟我们关系密切着呢。

"九·一八"国耻日那天，我听到外面的警报声，立刻喊道："砸日货，砸日货！"旁边的甘梓辰问我："先说说你家的车啥牌子。"我一下噎住了："本……本……本田。"在场的同学都笑了，不知谁来了一句："那我们就先去砸郑直家的车。"我尴尬地张着嘴，不知该说砸，还是不砸，幸亏上课的铃声替我解了围。

中午发生在小饭桌的事儿更让我困惑了。师浩琨的爷爷在暑假里因为心脏病离开了人间，这对师浩琨是沉重的打击，因为他爷爷在世时，最疼的就是他。现在爷爷去世了，师浩琨经常会想起他的爷爷，情绪很低落。中午吃饭时，当我们说起打砸日货时，他开始呜呜咽咽地说："爷爷在世时有一个索尼的收音机，不过是假的，用了十年，现在在爷爷的坟墓里，是爷爷的陪葬品，你们也要砸吗？"

我们同班的同学当然不会说什么,可别的班的同学大家起哄道:"砸!当然砸了,索尼是日货哎!"

想不到师浩琨竟然"呜呜呜"地哭了起来。大家很吃惊,他和爷爷的感情真是太深了。起哄的人知趣地离开了,就剩下我们四个铁哥们儿陪着他,安慰他:"不砸不砸,肯定不能砸呀,那收音机毕竟是你亲爱的爷爷的东西呀!"不知谁又来了一句:"再说,它是假日货!"师浩琨的脸上顿时洋溢出欣慰的笑容。可我心虚了,马上又想到了妈妈的车。它到底该不该砸呢?

晚上一见到妈妈,我就把自己的困惑告诉了她。妈妈说,虽然日本政府很可恶,我们要抵制日货,可是已买到手的东西,就算是日本的,还是留下吧,毕竟那是我们用自己的血汗钱买来的。尤其是那款收音机,它还承载着一份爷爷的温暖。

说是这么说,我心里还是不舒服,唉,如果全世界都在用质量过硬的"中国制造",谁还会去买日本货呢?现在,我们真的很纠结,很无奈!

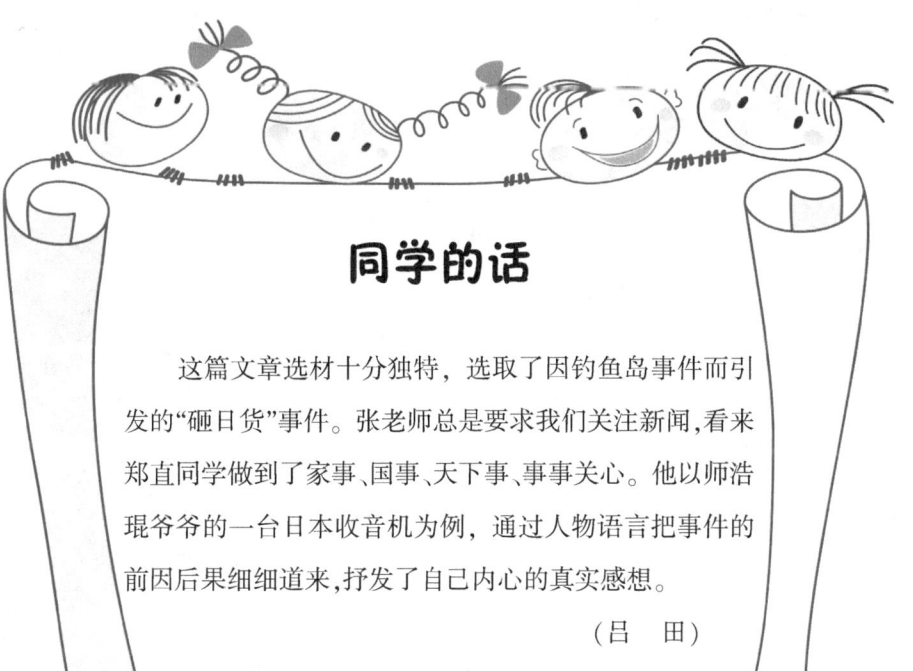

同学的话

这篇文章选材十分独特,选取了因钓鱼岛事件而引发的"砸日货"事件。张老师总是要求我们关注新闻,看来郑直同学做到了家事、国事、天下事、事事关心。他以师浩琨爷爷的一台日本收音机为例,通过人物语言把事件的前因后果细细道来,抒发了自己内心的真实感想。

(吕　田)

怎么办

◆ 徐杨梦菲(三年级)

最近,日本的购岛事件让同学们很气愤,也很郁闷。

这不,一下课,同学们就议论纷纷:"你们都听说钓鱼岛事件了吗?"

"当然知道了!"

"听说黄诗迪她们家的车都被砸了!"

"为什么呢?"

"日货呗!"

"哎!也太不讲道理了,这可是人家的私有物品啊!"

放学的时候,我问黄诗迪:"你们家的车被砸了,真的还是假的?"

黄诗迪一脸不爽的样子:"当然是真的了,砸了这么大一个坑呢!"说

完,她用手比了比,大概有五六个鸡蛋那么大。

"为什么要砸呢?我搞不懂他们为什么没有理智地砸私家车呢?"

"就是,我们已经把车买了,他们有本事上钓鱼岛啊!"黄诗迪的声音越来越大。

这时,冉熙瑜跑过来了,大声喊:"抵制日货,懂不懂!"

作为女生的我当然也要帮帮女生啊:"黄诗迪家都已经把车买了,抵制日货,就要把车还回去吗?何况我们的钱已经让日本赚了,还能怎么办呢?"

冉熙瑜见说不过我们,便溜走了。唉,其实我们家的车也是日本牌子的,怎么办呢?

回家的路上,我忽然想起以前语文课上,张老师说过,她们小时候看的日本动漫《聪明的一休》《铁臂阿童木》等等都非常好看,可是现在日本动漫带来的更多是暴力、凶杀。日本人把这些动画片输入中国,一方面是赚钱,还有不可告人的目的,就是用它们来腐蚀我们的心灵,摧毁我们的精神。张老师经常教育我们不能看低俗的日本动漫书。我想,我们小学生能做的就是从我做起,坚决抵制低俗的日本动漫。不仅自己不读,看见别人读也要提醒和制止。

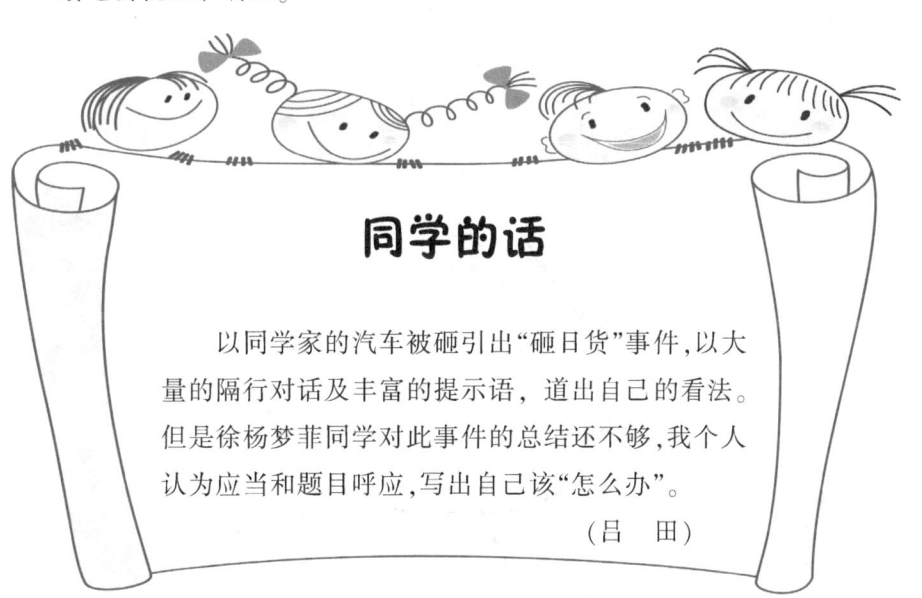

同学的话

以同学家的汽车被砸引出"砸日货"事件,以大量的隔行对话及丰富的提示语,道出自己的看法。但是徐杨梦菲同学对此事件的总结还不够,我个人认为应当和题目呼应,写出自己该"怎么办"。

(吕　田)

扶,还是不扶

◆ 岳凌云(三年级)

近几个月的中国社会,似乎变得冷漠了。当老人摔倒在街头时,他们无奈、无助的眼神打动不了冷漠的路人,得到的只是熟视无睹。

是什么让尊老这一中华传统美德变得那么遥不可及?

是教训,是现实。

"扶不扶"正是当下热词,太多太多的好人因出于好心伸出援手后,却被不知出于何故的老人反咬一口,将他们从助人为乐者变成了肇事者。一男子因扶起老人,却被反讹一口,悲愤下自杀身亡;三学生扶起老人,被反

讹索取钱财,蒙受不白之冤;两巡警出于职责扶起老人,送至医院,老人苏醒后睁眼第一句话不是谢谢、不是称赞,而是"小伙子,你怎么撞我?"

这些啼笑皆非的事例活生生地摆在我们眼前。"为老不尊""倚老卖老",这些成语似乎在冷嘲热讽这一古怪现象。平日里怎么也想不出来的成语此刻竟如连珠炮般蹦了出来,排着整齐的队列刺向那些老人与路人。可这些在背后评头论足的人们未曾想过,当他们遇上如此情形时,他们扶,还是不扶?

经过几个月,这场风波没有归于平静,倒是愈演愈烈。一位老人终成了这场风波的牺牲者:摔倒在马路上无人搀扶,没有及时得到救治,因失血过多不幸去世。一时间,"扶不扶"的问题又被推上了风口浪尖。今年的春晚小品《扶不扶》也对此现象有所讽刺。可是这都无济于事,路人的心似乎已被冷漠封存,热心肠的人越来越少,取而代之的是一味地冷漠、指责。前两天网上疯传的黑色笑话"不是老人变坏了,而是坏人变老了"似乎为那些懦弱无能的人找到了借口。一个拥有十三亿儿女的泱泱大国,仿佛被这个问题紧锁在了瓶颈,在面对那些无助的老人时,失去了五千年历史沉淀的应有的风范。人与人之间心照不宣的漠然无视,早已将中华民族的美德——"尊老"禁锢在了内心深处,任凭良心悲愤地呐喊,他们,却还在一遍遍地纠结:

扶,还是不扶!?

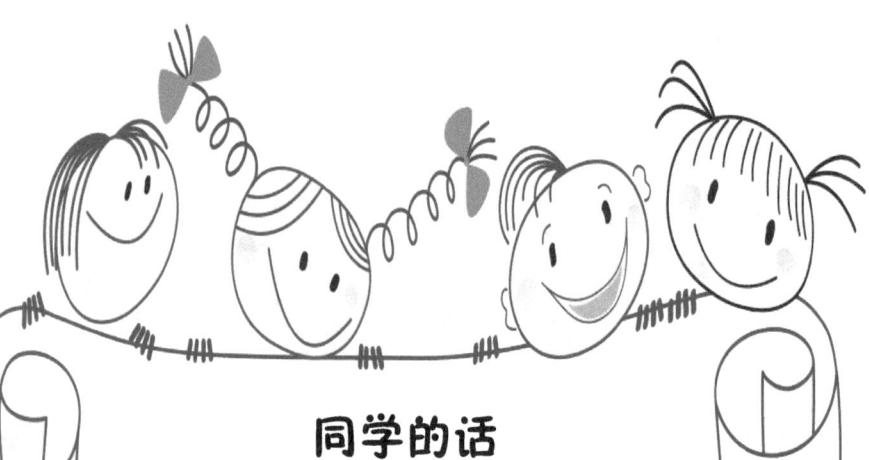

同学的话

  这篇作文的字里行间透露着一股悲戚,除了侧面烘托,作者还派了一只"成语小分队"从正面切入,使文章进入高潮。最后将一些客观事实及主观理念用自己独特的语言解释出来,并在句末总结全文,戛然而止,给读者留下一种回味无穷的感觉。

  纵观整个文章,气势磅礴,用词奇妙,侧面烘托恰到好处,正面切入不失美感,"高端大气上档次,低调奢华有内涵",真可谓经典中的经典啊!给我印象最深的是最后一段,感觉跟"童话大王"的写法如出一辙——将所有刺激性的语言集中到一起,发出连珠炮般的感叹,最后总结全文,给人一种十分震撼的感觉。

  也许,几十年后的中国会发展成一个大国、一个强国,但炎黄子孙千万不能忘了祖宗传下来的东西——美好的品德!

(俞江瑞)

兰州国际马拉松

◆ 冉熙瑜(三年级)

周六早晨,我观看了兰州国际马拉松赛的现场直播。据了解,本届马拉松共有43600人参加比赛,其中全程选手2221名、半程选手4102名,这两个数字均比去年多了一倍左右。从这些数据可以看出,人们开始重视体育,对运动的热情也提高了。

直播过程中,我比较看好1001号,一位来自肯尼亚的重量级选手。较黑的皮肤上穿的鲜黄色运动服使他看起来比别的运动员更加与众不同。他的耐力和爆发力感觉比别人更胜一筹,这就是我为什么要支持他的原因。

在电视中看到全程运动员快跑到天水路,距终点只有两公里时,我们一家人按捺不住激动的心情,想到现场去体验一下那激情四射的场面,并为运动员加油助威,所以三步并作两步跑到现场去近距离观看。

到了现场,只见跑道两旁排起了两条长龙,人挨人、人挤人。男的女的、老的少的,各个满脸兴奋的样子。大家都踮着脚、昂着头、眼睛盯着运动员跑来的方向。我们好不容易才选好地方,站稳脚跟,便开始焦急的等待。

忽然,远处传来了加油呐喊声,大家皆敛声屏气,准备为运动员们送上自己最真诚的祝福和衷心的祝愿,让他们再加把劲,冲向终点。

来了!运动员来了!人群一下躁动起来。第一梯队运动员跑来了,大家不约而同地为他们鼓掌、呐喊并竖起大拇指鼓励他们。现场的加油声不绝于耳。当看见支持的运动员时,我便用最大分贝的声音为他加油,希望他能突破自我,杀进前三,为国争光。

在现场观看比赛时,10815号选手最令我震撼。人称"励志哥"的他,左手残疾,但还是坚持跑完了全程。我为他加油呐喊的同时也不禁流下了感动的热泪。

本次比赛,中央电视台主持人朱军也回到了家乡,为我们现场解说马拉松赛况。解说途中,朱军还时不时冒出几句兰州话,逗的大家哈哈大笑。

这次比赛,我亲眼见证了运动员们挑战自我、超越极限、坚韧不拔、永不放弃的马拉松精神。

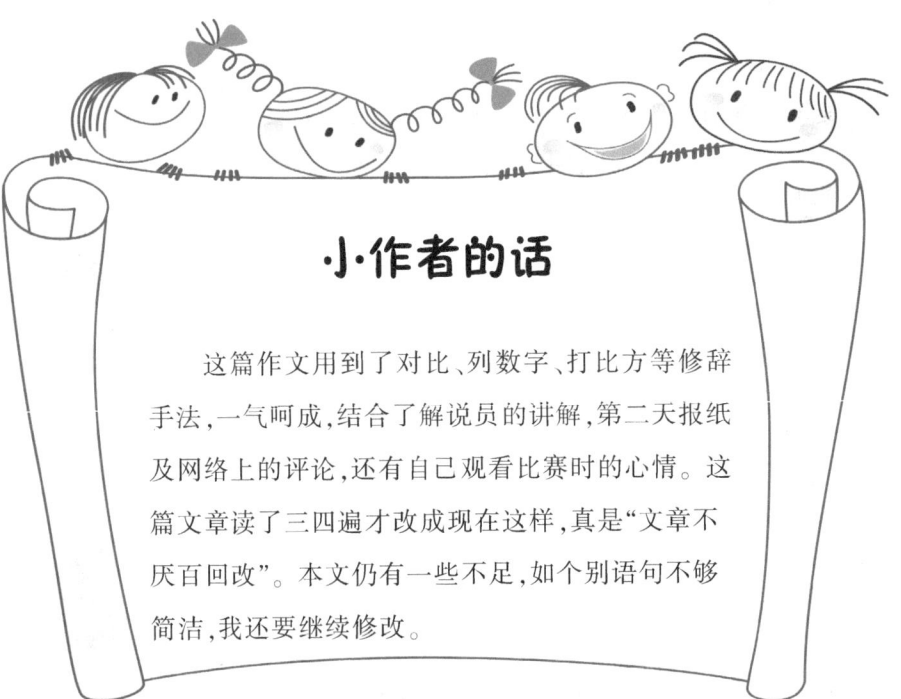

小作者的话

这篇作文用到了对比、列数字、打比方等修辞手法,一气呵成,结合了解说员的讲解,第二天报纸及网络上的评论,还有自己观看比赛时的心情。这篇文章读了三四遍才改成现在这样,真是"文章不厌百回改"。本文仍有一些不足,如个别语句不够简洁,我还要继续修改。

后记

正式出版一本书的难度远远超出了我的预期。

现在的心情是复杂的。有欣喜，终于可以出版了；有愧疚，让大家等了这么久；更多的是感谢，那么多人为这本书辛勤付出，给我真诚的帮助。

翻阅这本小集子，我一次次被孩子们真挚的文字感动。阅读每一篇习作，文字背后都会探出一张充满童真的笑脸、一颗渴求知识的小脑袋。这六年里，不是我教会孩子们写作文，而是他们教会了我怎样给孩子教作文。感谢生命里有这群孩子。回忆和他们一起学习的每一天，都是累并快乐着。

我化阅读于孩子的习作，以阅读来开启孩子的心智，以经典丰富孩子的心灵世界。一方面让他们对文学作品有了发现，有了对话，有了内化；另一方面，升华了感悟，使他们有了表达的欲望，从而使阅读有了更深刻的走向，那就是写作。我的作文教学以孩子的立场呵护孩子，回归孩子生命的本真，让孩子用自己的语言叙述自己的故事。我坚信每个孩子都是自由的作家。和孩子们灵动鲜活的文字相比，我的内容还有些零碎、有些肤浅，它们只是我在作文教学中的一些杂思碎感和在语文教学实践中留下的比较"清晰"和"坚实"的脚印。跟许多优秀的同仁相比，它太不值得一提。我只想用此来记录自己的作文教学经历，鞭策自己更加努力。当然，如果能引起你些许思考，给予你些许启迪，那将是我莫大的幸福。

  需要感谢很多人。因为他们的鼓励、督促、指导和帮助,才有了这本书的问世。感谢甘肃省兰州实验小学杨桦校长和学校领导班子的大力支持;感谢亲爱的同事们;感谢所有的家长和孩子们;感谢恩师于永正先生的指导和鼓励;感谢王蕗越爸爸多次为我们联系出版事宜;感谢成济同爸爸的指导,感谢他为书作序;感谢唐金父母对本书的大力资助;感谢徐杨梦菲妈妈、郑直妈妈、岳凌云妈妈前期给我的大力协助;感谢好友高雪莲、强家秀;感谢为此书出版付出辛勤劳动的甘肃文化出版社李园编辑;更要感谢我的家人,他们是我最坚强的后盾。

  本书中的习作都是原汁原味的孩子语言,几乎没有老师和家长的润色,甚至一些口语也一如原样。我认为,惟其如此,才能叫孩子的作文。但这样做是不是合适,还有待于读者的评判。希望大家能将意见和建议毫无保留地传达给我(邮箱:1043976966@qq.com),以便沟通交流。

  谢谢。

张艳平

2016年3月